游泳池救生与场馆管理

YOUYONGCHI JIUSHENG YU CHANGGUAN GUANLI

主　编　王思明

副主编　余泳龙　纪昌飞　陈　诚

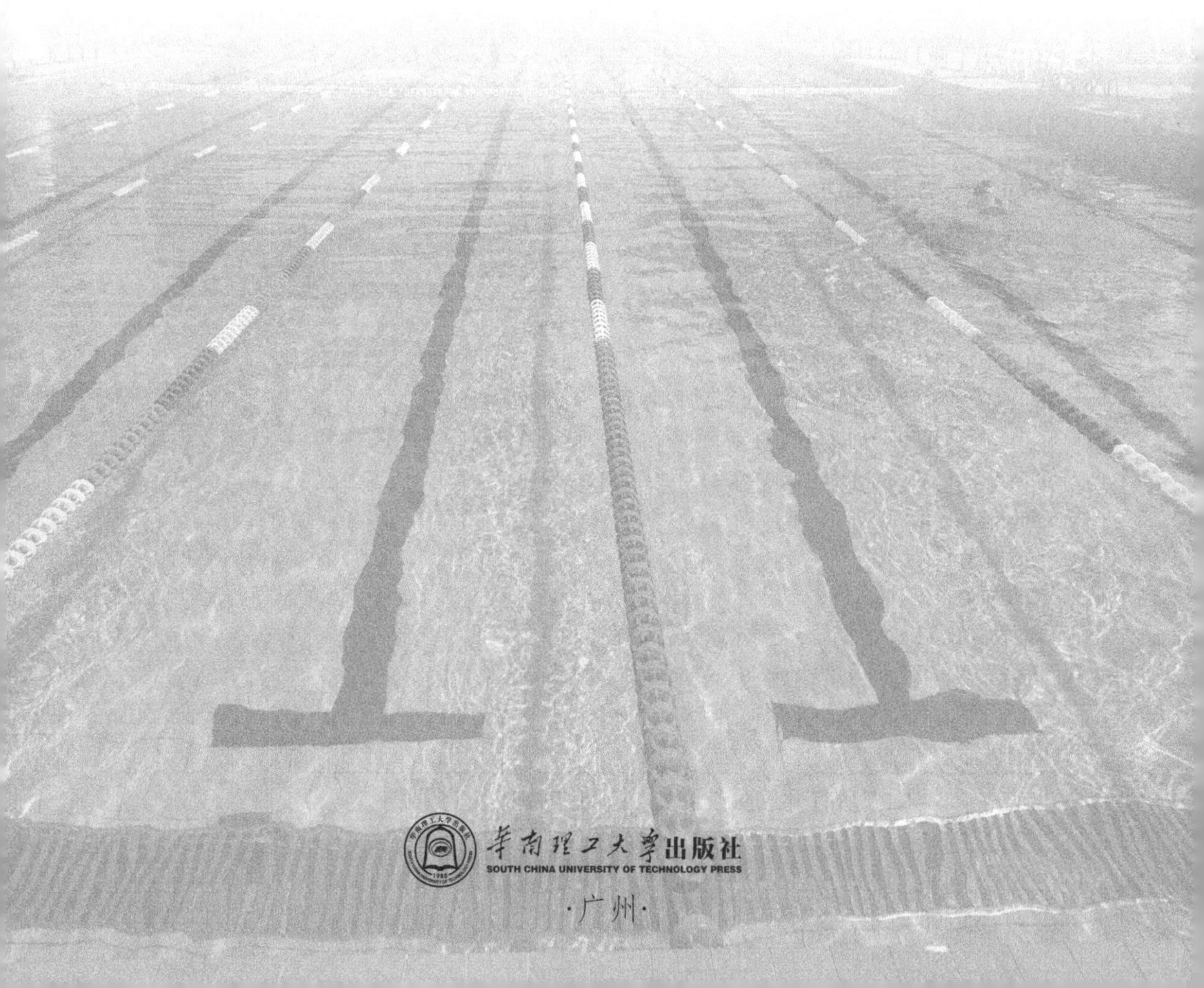

华南理工大学出版社
SOUTH CHINA UNIVERSITY OF TECHNOLOGY PRESS
·广州·

图书在版编目（CIP）数据

游泳池救生与场馆管理/王思明主编．—广州：华南理工大学出版社，2023.5（2024.9重印）
ISBN 978-7-5623-7255-4

Ⅰ.①游… Ⅱ.①王… Ⅲ.①游泳-水上救护 ②游泳池-管理 Ⅳ.①G861.1

中国国家版本馆CIP数据核字（2023）第027074号

YOUYONGCHI JIUSHENG YU CHANGGUAN GUANLI
游泳池救生与场馆管理
王思明　主编

出 版 人：柯　宁
出版发行：华南理工大学出版社
　　　　　（广州五山华南理工大学17号楼，邮编510640）
　　　　　http：//hg.cb.scut.edu.cn　E-mail：scutc13@scut.edu.cn
　　　　　营销部电话：020-87113487　87111048（传真）
责任编辑：毛润政
特邀编辑：龙　辉
责任校对：王洪霞
印　刷　者：广州小明数码印刷有限公司
开　　本：787mm×1092mm　1/16　印张：16　字数：341千
版　　次：2023年5月第1版　印次：2024年9月第2次印刷
定　　价：45.00元

版权所有　盗版必究　印装差错　负责调换

前　言

游泳是一项深受广大人民群众喜爱且较普及的运动项目，同时也是一项高危险性的体育运动项目。近几年夏季来临前，国务院教育督导办发布的1号预警均是预防溺水，游泳救生工作的重要性日趋突显。人民群众在游泳运动中，需要生命保护者游泳救生员的守护。游泳救生工作是一项拯溺救难、拯救生命的高尚事业。

游泳池救生是我国体育高职院校甚至普通高等学校体育专业的一门职业技能类课程。本教材以游泳救生员国家职业培训教材《游泳救生员》为基础，参考了近几年国内外游泳救生各方面的最新成果，结合对游泳场馆一线管理者的实际访谈及体育高职院校游泳池救生课程的特点，对游泳场馆安全管理要素进行梳理，重视内容的实用性，运用超星学习通信息化平台，采用微课视频的方式呈现技术动作的要点、结构以及常见错误动作的纠正，化繁为简、由浅入深，满足体育高职院校不同层次学生的需求。

本教材由"校、行、企"三方合作编制，由在各高校从事游泳及游泳救生教学工作的教师、中国红十字（广东）水上救援师资培训教师、游泳救生员培训与考评鉴定方面具备丰富的理论知识和实践经验的教师团队编写。广州体育职业技术学院王思明担任主编，广东省游泳救生员职业技能鉴定委员会专家余泳龙、广州体育职业技术学院纪昌飞、广州美术学院陈诚担任副主编；广州商学院孙嘉怡，广州体育职业技术学院陈伦成、欧艺驰、陈琳，广东第二师范学院体育学院徐飚琦，广州市新水致好水处理技术有限公司总经理蔡予参与编写。广州体育职业技术学院董超、宋占孔对本教材的主要章节进行了修改；全书由王思明统稿。

本教材在编写和整理过程中，得到了广州体育学院罗智教授、广州体育职业技术学院顾有华主任以及华南理工大学出版社的大力支持和指导，在此表示衷心的感谢。

教材中技术动作图片和视频由袁浩鹏、梁建生、郭朝伟、余远贵、陈伦成、陈朗星、周沛君等示范。在教材编写的过程中，我们参考引用了部分同类课程的研究成果与资料，在此表示感谢。

由于编写人员水平、经验有限，教材若有不妥或错漏之处，敬请各位师生提出宝贵意见和建议，以期进一步完善。

教材编写组
2022 年 10 月

目 录

第一章 游泳救生概述 ························· 1
第一节 游泳救生的定义、意义、分类与原则 ············ 1
第二节 游泳救生员职业规范 ····················· 2
思考题 ······························· 7

第二章 观察与判断 ························· 8
第一节 游泳救生的观察 ······················ 8
第二节 游泳池救生的观察区域划分 ················ 13
第三节 游泳池救生的判断方法、要求与分类 ············ 15
思考题 ······························ 16

第三章 游泳救生的基本技术 ····················· 17
第一节 抬头爬泳技术 ······················· 17
第二节 侧泳技术 ························· 18
第三节 反蛙泳技术 ························ 20
第四节 踩水技术 ························· 21
第五节 潜泳技术 ························· 22
思考题 ······························ 27

第四章 游泳池现场徒手赴救技术 ··················· 28
第一节 入水技术 ························· 28
第二节 接近技术 ························· 32
第三节 解脱技术 ························· 35
第四节 拖带技术 ························· 70
第五节 上岸技术 ························· 73
第六节 肩背运送技术 ······················· 79
思考题 ······························ 82

第五章　游泳池设施器材与施救 …… 83
第一节　游泳池救生设施设备 …… 83
第二节　游泳池救生器材与施救 …… 86
第三节　救生浮标直接赴救技术 …… 90
第四节　游泳池急救器材 …… 101
思考题 …… 103

第六章　游泳救生的现场急救技术 …… 104
第一节　溺水的分类、原因及表现 …… 104
第二节　溺水者的心肺复苏 …… 106
第三节　颈托的使用 …… 115
第四节　急救板的使用 …… 121
第五节　自动体外心脏除颤器 …… 129
思考题 …… 133

第七章　游泳场馆常见损伤处理和应急预案的制定 …… 134
第一节　运动损伤处理的基本原则 …… 134
第二节　常见损伤的处理 …… 135
第三节　游泳场馆应急预案的制定 …… 145
思考题 …… 150

第八章　游泳场馆管理 …… 151
第一节　游泳场馆管理制度 …… 151
第二节　游泳场馆各级人员工作职责 …… 153
第三节　救生员队伍的安全保障 …… 157
思考题 …… 160

第九章　游泳公共卫生安全和预防溺水 …… 161
第一节　游泳公共卫生和安全常识 …… 161
第二节　预防溺水与自救方法 …… 165
思考题 …… 170

第十章　水质净化处理设备与技术 … 171
第一节　游泳池水质检测方法 … 171
第二节　游泳池水的消毒 … 175
思考题 … 182

第十一章　法律法规基础知识 … 183
第一节　《中华人民共和国民法典》基础知识 … 183
第二节　合同法基础知识 … 184
第三节　体育法律法规基础知识 … 186
思考题 … 191

参考文献 … 192

附录 … 193
附录1　高危险性体育项目经营活动行政许可申请书 … 193
附录2　游泳场所体育设施符合相关国家标准的说明性材料 … 194
附录3　卫生许可证申请表 … 195
附录4　游泳救生员国家职业技能鉴定考核实施细则及申报流程 … 200
附录5　经营游泳场馆相关审批条件和程序 … 243

第一章　游泳救生概述

【学习目标】

1. 增强生命安全意识，培养游泳救生职业道德精神；
2. 掌握游泳救生的定义、分类及基本原则；
3. 熟悉游泳救生岗位工作行为准则及规范。

【章节导引】

游泳救生是一项"拯溺救难"的高尚工作。游泳救生员是在游泳场所保证游泳者活动安全、进行有效监护并在意外发生时对溺水者进行赴救和现场急救的职业人员。

本章对游泳救生的定义、意义、分类与原则，游泳救生员的职业守则与道德、行为规范与工作守则进行阐述，使学生了解游泳救生工作的意义及岗位职责，树立生命安全意识，培养"防溺、救溺"精神。

第一节　游泳救生的定义、意义、分类与原则

一、游泳救生的定义和意义

救生，顾名思义就是拯救生命。游泳救生是保证游泳者及在水周边从事有关活动者安全的一项重要救助措施。游泳救生员是指在开放的游泳场所中对游泳者的安全进行有效监护，并在发生意外时进行赴救和现场急救的职业人员。

游泳救生工作是一项"拯溺救难"的高尚工作。在游泳救生工作中要贯彻"以防为主，以救为辅，防救结合"的精神，健全组织，重视安全教育，以防止意外事故的发生。

游泳救生工作的经验和教训告诫我们："防"字当头，是杜绝所有事故隐患发生的基础保障。当意外事故发生时，救生员必须大胆沉着，进行准确的操作，只有操作准确才能达到相应的效果；与时间赛跑，做到就近、就便、就快；使用施救方法时，动作、顺序要正确，做到准确无误；齐心协力、紧密配合救助溺水

者,为挽救溺水者的生命做最大的努力。因此,只有始终坚持防、救结合,才能有备无患,才能为"保护人民的生命和健康"做出更大贡献。

二、游泳救生的分类

游泳救生可分为"游泳池救生"和"公开水域救生"。

"游泳池救生"是指在人工建造的规则或不规则的游泳场馆中的救生活动。

"公开水域救生"是指在江、河、湖、海等公开水域中的救生活动。现代奥林匹克把公开水域比赛纳入正式比赛项目,这使得游泳救生在公开水域竞技比赛中也发挥着重要的作用。

三、游泳救生的赴救原则

游泳是深受大众喜爱的体育项目之一,也是高风险体育项目之一,游泳救生也就成了必不可少的特殊职业。以游泳救生工作的指导思想和宗旨作为基础,本书结合游泳救生工作在我国的现实情况和游泳救生的职业特征,通过多年的救生实践,总结出以下游泳救生工作的基本赴救原则:

(1)岸上救生优于水中救生:救生员在岸上采取救助措施可以在保障自身安全的前提下,使得救生视野更为宽广,从上向下的观察可以更为准确和快速地发现溺水者,从而争取到有利的救助时间,救助的有效性和准确性得到更大提高。

(2)器材救生优于徒手救生:救生员借助专门的救生器材或其他可用于救生的物品救助溺水者,可以首先保护好自身安全,同时能够更有效、更快速地对溺水者进行施救。

(3)团队救生优于个人救生:救生员团队合作,充分发挥集体的力量与智慧,不但可以在施救时间上更快,抢救操作上更准确、更有效,还可以在施救过程中保障溺水者的生命安全。

(4)先施救有意识者后施救无意识者:救生员遇到同时出现的多起溺水事故时,首先对有意识的溺水者采取救助措施可以大大提高救助的生还率,有效降低死亡率。

游泳救生工作的指导思想以及实践经验和教训告诫我们,"'防'字当头,贯彻始终"是消除一切可能发生的事故隐患的基础保障。

第二节　游泳救生员职业规范

一、游泳救生员的职业守则与职业道德

(一)游泳救生员的职业守则

具体化的职业道德规范体现出游泳救生员的职业守则,职业活动中个人与他

人、集体与社会之间的利益关系通过它来调整，人们行为优劣、善恶的标准通过它来判断。不同行业对于职业守则的具体要求各不相同，游泳救生员的职业守则是游泳救生员必须遵循的行为标准，基本内容包含以下7个方面：

①遵纪守法、爱岗敬业；
②忠于职守、履职认真；
③操作规范、确保安全；
④救助及时、分秒必争；
⑤严守岗位、服从指挥；
⑥团结协作、尽职尽责；
⑦服务周到、举止文明。

(二) 道德与职业道德的概念

道德是由社会的经济基础所决定的，以善与恶、美与丑、正义与非正义、公正与偏袒、诚实与虚伪为评价标准，以法律为保障，依靠社会舆论、传统习俗和信念来维系的，是调整人与人之间以及个人与社会之间关系的行为准则和规范的总和。

职业道德的概念有广义和狭义之分。广义的职业道德是指所有从业人员在职业活动中应该遵循的行为准则，涵盖了从业人员与服务对象、职业与职工、职业与职业之间的关系。狭义的职业道德是指在一定的职业活动中应遵循的、体现一定职业特征的、调整一定职业关系的职业行为准则和规范。

职业道德的主要内容在我国《公民道德建设实施纲要》中有详细的描述。该纲要指出，要大力提倡以爱岗敬业、诚实守信、办事公道、服务群众、奉献社会为主要内容的职业道德，同时，鼓励人们在工作中做一个好的建设者。

(三) 游泳救生员的职业道德

游泳救生员的职业道德是指救生员在参与救生工作和活动中应遵循与救生职业特征相适应的职业行为准则和规范。救生员职业道德既是救生员在进行救生活动时应遵循的行为规范，同时又是救生员对游泳场所和所有游泳者所应承担的责任和义务。游泳救生员的职业道德是个人道德行为规范在参与救生活动中的具体体现。例如，上岗前仔细检查救生器材与装备；值岗时认真观察负责的区域，保持高度的警戒心，不放过任何事故隐患；救援时，同心协力，不惧危难。

游泳救生员职业道德的核心是爱岗敬业，游泳救生员所从事的工作是崇高的，具有风险高、责任重的特点，它要求每个救生员在受聘执岗时，必须全身心地投入，忠于职守，全心全意地服务游泳消费者。爱岗的集中体现是关爱职业服务对象——广大游泳消费者，要真诚地爱，要有为了每个消费者的安危敢于牺牲自我的奉献精神。当然，提倡职业精神，不等于蛮干，而是职业特性所要求具备的思想境界和优秀品质，只有这样才能真正做到尽职尽责，才算具备了良好的职业道德。

保障游泳者的安全和安全的组织管理等是游泳救生员应承担的社会责任,忠实履行社会责任和工作任务是得到社会认可和内心满足的前提,反之则会受到舆论和良心的谴责。游泳救生员的职业道德正是从社会和内心这两个方面来制约、调节和规范其行为的。

（四）游泳救生员的职业道德规范

游泳救生的职业操守含义深刻,涵盖内容广泛,对每个从事游泳救生的人员而言,都要具备较高的职业道德规范。

1. 应具有较高的职业责任感

职业责任感是指以高度负责的工作态度和工作原则,尽职尽责地做好本职工作。从广义上讲,是指人们对从事某种工作的一种自觉的忠于职守的认识与行为。游泳救生员的本职工作是拯救服务,是具有极大危险性的特殊服务,容不得半点马虎与疏忽,人命关天,责任重大,稍有闪失就有可能留下终身遗憾。保证游泳消费者的人身安全,以百倍的警惕消除安全隐患,做到以防为主,杜绝意外,这是对从事救生工作的基本要求,也是衡量特殊服务行业的重要标准。擅自脱岗、干私活、聊天、迟到早退等极不负责的行为,都是职业道德所不允许的,是救生工作之大忌。所以,强调游泳救生员应具备较高的职业责任感,以自身的努力树立良好的职业形象,是游泳救生员应具备的素质。

2. 应具有较强的法律意识

随着法治建设的深入人心,广大消费者依法保护个人正当权益的意识不断加强,尤其是游泳这种潜在危险极大的消费,人们花钱来游泳,自购票之时起,就与经营者和在岗的救生员建立起了法律合同关系,每个从事拯救服务的救生员自登上执岗台的一刻起,就对责任区内每个消费者承担起了法律责任,就必须严格依法履行职责和义务,一旦不能使消费者满意或出现不该发生的意外事故,就应当承担一定的法律责任,就要接受法律的制裁与惩处。所以,我们要求每个游泳救生员必须有较强的法律意识,持证上岗,并用法律规范约束和衡量自己的执业行为和服务质量。

3. 应具有较好的诚信理念

"诚信为本,服务至上"已成为社会生活的通用信条,因此,"靠诚信增强游泳消费者的安全感"是合格游泳救生员的又一重要标准,是每个救生人员在执业中都万万不可忽视的,必须警钟长鸣。市场化服务,服务对象的理念改变了,对诚信的要求也不同了,再用过去那种"听不听由你,管不管在我,谁出事谁兜着"的服务态度与观念,显然已不能适应行业发展的需要。所以,我们必须用全新的诚信理念做好救生服务工作,珍视广大游泳消费者的信赖和社会信誉,这是确保游泳市场蓬勃兴起的根本。

（五）游泳救生员基本素质要求

①应具备警示的视觉洞察能力;

②应具备机敏的快速反应能力；
③应具备果敢正确的判断能力；
④应具备冷静而不受外界干扰的心理承受能力；
⑤应具备沉着面对突发事态的应变能力；
⑥应具备娴熟的水中赴救和陆上急救规范技术以及程序工作的专业能力。

二、游泳救生员的行为规范与工作守则

（一）救生员的行为规范

救生员的行为规范是所有救生员应共同遵守的行为要求。救生员的行为规范建立在维护游泳场所秩序的基础上，对全体救生员具有引导和约束的作用，主要包括以下几方面内容。

1. 爱岗敬业，恪尽职守

救生员要对自己从事的救生工作认真负责，热爱自己的本职工作，以恭敬、严肃的态度对待自己的职业，对本职工作一丝不苟、尽心尽力、忠于职守，为确保游泳场所和所有游泳者的安全而努力工作，要有爱岗敬业的职业精神。

2. 钻研业务，精益求精

救生员应勤奋好学、刻苦钻研，勤练救生基本技术，保持良好体能，同时精通救生的理论知识，还要学习运动训练学、医学、社会学、管理学等相关理论知识，通过自觉的刻苦学习，做到"心中有书"，达到理论与实践相结合。

3. 诚实守信，尊重生命

救生员在参与救生活动时要讲信用、守诺言，这是职业道德的最基本准则。游泳者将自己的生命安全交付给救生员，救生员就必须对得起这份信任和重托，要认真做游泳者生命安全的守护者。

4. 遵纪守法，办事公道

救生员在处理发生在游泳场所的各种纠纷和事故时要公道正派、客观公正、不偏不倚，对不同对象一视同仁、秉公办事，不因游泳者的职位高低、关系亲疏等的差别而区别对待。

5. 文明服务，态度友善

救生员在工作中要文明对待游泳者，包括语言、仪表以及态度等方面。礼貌用语是每个救生员必须具备的基本素质。当游泳者需要帮助时，要热情、及时、主动；当游泳者违反游泳场所规定时，要耐心解释和规劝，不使用脏话、粗话。救生员在工作时要穿着救生职业装，端正服务态度，提高服务质量，让游泳者高兴而来，满意而归，提高救生员在社会上的声誉。

6. 拯溺救难，奉献社会

救生员要履行对社会、对他人的职业义务，自觉努力地为社会、为他人做出

贡献，这是职业道德的出发点和归宿。当社会利益与集体利益、个人利益发生冲突时，要求每一名救生员都要把社会利益放在首位。当突发意外事故需要赴救时，每一名救生员都应该勇于担当，竭尽全力对溺水或受伤的游泳者进行施救。

(二) 游泳救生员的工作守则

游泳救生工作的宗旨是"同心协力、拯溺救难"。

游泳救生工作的中心是安全。安全是指人和物都受到保障，使之处于没有危险、不受伤害、没有事故的状态。为保障游泳者的安全，首先要以安全教育和可靠的防范为前提，从而真正做到认识到位、责任到位、领导到位、措施到位；其次要自觉遵守救生工作的原则，立足于"防"，以"救"辅之，自始至终坚持防、救结合，认真细致地做好安全防范工作，力求消除一切事故隐患，做好一切应急救助的组织工作。游泳救生员的工作守则包括以下6个方面：

1. 热爱本职、勇于奉献

游泳救生工作是一项拯溺救难的高尚事业，是人道主义精神和精神文明的具体体现。我们应该热爱游泳救生事业，以从事这个职业而感到骄傲和自豪。

2. 同心协力、拯溺救难

同心协力、拯溺救难是每一名合格称职的游泳救生员所必须具备的基本观念和素质。在发现有人溺水时，游泳救生员要沉着冷静、胆大心细、齐心协力地救助溺水者，为"保护人的生命和健康"做出贡献。

3. 见"溺"勇为"五做到"

见"溺"勇为是游泳救生员的重要职责。要用最短的时间和最快的速度拯溺救难。要做到不怕脏、不怕累、不推卸、不拖延、不随意终止抢救。

4. 严守岗位"九不准"

所有游泳救生员在登上执岗台之时，就对所属责任区域内每名游泳者承担起了法律责任，就必须严格依法履行职责和义务。"九不准"是指：值岗时，不接打电话、不会亲友、不兼任教练、不离岗、不串岗、不随意换岗、不吸烟、不聊天、不携带任何与值岗无关的物品。

5. 精神饱满，仪表得体

游泳救生员的精神面貌与游泳者的安全感有直接的关系，与游泳者的身体健康和生命安全更有直接的关系。游泳救生员在值岗时，要做到精神饱满，仪容仪表得体大方，穿着统一游泳救生员服装，颜色鲜明，这既是对自己的一种责任和约束，也是对游泳者的一种安全象征。

6. 遇事不慌、实事求是

在游泳场所发生事故时，作为游泳救生员，要及时、积极地进行救助和处理。同时，要有客观公正的态度，负担起应尽的责任，相信组织，不随意发表个人见解。

思考题

1. 游泳救生员的工作职责是什么?
2. 游泳救生员应该遵循哪些工作守则?
3. 救生员的行为规范包含哪些内容?
4. 游泳救生可分为哪几类,分别是什么?
5. 救生员在救援过程中应遵守哪些基本赴救原则?

第二章 观察与判断

【学习目标】

1. 树立"以防为主、施救为辅"的游泳救生意识;
2. 掌握游泳者常见的高危行为及溺水表现;
3. 具备岗位安排、观察区域划分及快速判断能力。

【章节导引】

　　游泳救生中的观察与判断是救生员的必备技能,是其岗位工作的重要组成部分。本章主要讲解游泳救生中观察的定义、作用、要求、方法与技巧、内容、区域划分及原则,判断的定义、方法、要求及分类等,并通过对游泳救生员日常岗位工作中的观察与判断经验进行提炼总结,阐述游泳者常见的高危行为及溺水表现。

第一节　游泳救生的观察

　　游泳救生中的观察是指救生员有目的、有计划地通过目光不断扫描自己岗位上所负责的救生区域的知觉活动。观即及时看,掌握水面情况、溺水事故隐患和游泳者的行为;察即分析思考事件性质,是救生员以视觉为主,融合各种感觉为一体的综合感知,包含着积极的救生思维活动。观察是救生工作的第一重要环节,是工作中"以预防事故发生为主"的救生意识的具体体现。

一、观察的作用与要求

　　救生工作由观察与判断、水中赴救、岸上抢救和后期治疗与康复等环节组成,观察作为救生工作的第一重要环节,是整个救生工作最基础的部分,观察俗称"看水",在观察中既要及时地看和听,也要有积极的救生思维活动。只有通过这种统合各种感觉的感知活动,才能做到对事故的预防,确保泳客的生命财产安全,秉承水上救生工作的宗旨。

(一) 观察的作用

在观察岗位上,观察有助于及时发现溺水和伤害事故的苗头,排除潜在的风险,防止酿成事故。

1. "分辨对象,突出重点"

值岗救生员所负责的区域内,都应该有其重点观察对象和重点观察区域,救生观察其中一个作用就是帮助救生员分辨自己岗位上的重点对象,从中仔细分辨出哪些是擅长游泳的,哪些是游泳技术比较差的,哪些是老弱年幼或需要重点观察的对象。

2. "跟踪重点,照顾全面"

筛选出需要重点照顾的对象后,除了需要持续关注这些对象外,还应该对水域进行全面观察,与邻岗相互补漏、相互协作。

(二)观察的要求

值岗救生员在所负责区域观察时,必须严格遵守以下五项要求,做到工作认真仔细,及时发现、处理问题,避免事故发生。

1. 明确观察的责任区域

值岗救生员在所负责区域观察时,应明确自己负责观察的责任区域,了解负责区域的范围,做到观察注意力保持高度集中、不打瞌睡和与他人闲聊,及时发现和预防隐患。

2. 主次兼顾,交叉观察

值岗救生员在所负责区域观察时不得擅自离开自己的岗位,以防漏看。每一个观察岗位,都有自己重点观察的区域,在重点观察主要责任区的同时,还应兼顾自己岗位上的次责任区,交叉观察,不断扫视、环视责任区,对水域进行全面观察,确保主/次责任区的游泳者都在自己视野范围内。

3. 点面结合

值岗救生员在所负责区域观察时,要注意"突出重点,照顾全面",做到"水面与池岸""水中与池底""点与面"相互结合,全面照顾,既要观察到水池中泳客的情况,也要注意岸边的情况。

4. 时段侧重

值岗救生员在所负责区域观察时,根据不同时段,观察重点应有所侧重。救生员所负责的区域包含泳池入口和下水楼梯时,在开放进场时段,救生员应偏重观察游泳池入口处和下水池边的区域。在开放退场时段,救生员应侧重观察那些还未及时起水的游泳者。

5. 弱势侧重

值岗救生员在所负责区域观察时,应根据不同人群和不同环境情况,有所侧重,救生员应将观察重点放在游泳水平较差、年幼或年长、健康状况欠佳、神态紧张等弱势游泳者身上。对餐前入场者应注重其是否有低血糖症状。对餐后入场者应关注其游泳时是否存在打嗝、反胃、呕吐、酒后等情况。室外池须重点观察天气的变化(雷雨天)、温度的骤变所造成的事故隐患。

二、观察的方法与技巧

(一) 观察的方法

1. 扫视法

值岗救生员在所负责区域观察时，救生员要有规律地对自己观察的责任区扫视，对左右、远近不间断地进行扇形观察，以确保覆盖观察区域。

2. 环视法

值岗救生员在所负责区域观察时，救生员先扫视一遍自己观察的责任区，要注意避免无规律地进行扫视，应以最适宜的某一点为起点，逐步扩大"视知觉广度"进行圆周和不间断的环形观察。

3. 跟踪法

值岗救生员在所负责区域观察时，以容易发生事故的对象或隐患作为重点，中途避免无规律扫视，要以定位为起点进行重点跟踪环形观察。

(二) 观察的技巧

值岗救生员在所负责区域观察时，除了及时地看和听外，还应结合积极的救生思维活动，以统合各项知觉活动进行救生工作。

1. 眼看

眼看即及时地看。感知水面情况和溺水事故隐患，是观察中最重要的一环工作之一。值岗救生员在所负责区域观察时应保持高于平时的警惕性，做到全面把控游泳者的行为，当发现游泳者做出危险动作或存在溺水事故隐患时，及时吹哨制止或以通信联系巡岗人员排除隐患。

2. 耳听

耳听即及时地听，感知、分辨全场开放时存在的反常声音，当发现时，应及时追寻声音发出的源点，再判断是否存在需制止的情况，从而预防溺水事故发生。

3. 分析

分析即分析思考事情性质，包含救生员自身积极的救生思维活动。例如，在岸边发现泳客进行憋气练习时，应及时地进行思考，结合平时积累的救生经验，观察泳客是否出现异常，以预防溺水事故的发生。

三、观察的内容

(一) 各种类型溺水表现

溺水者在遇受溺水事故时存在不同呼吸、身体姿态、面部表情的表现，在其自救、求救时动作上也会有所区别。一般溺水者溺水时在水中多有挣扎和求救动作，并露出痛苦惊恐的神情，表现慌乱、异常。但有些溺水者则表情呆滞，无挣扎、求救或呼叫动作，这一类溺水者如未能及时救助，常酿致悲剧。

（二）容易发生溺水行为的表现

一般来说，在游泳池中，一些具体的动作和行为对于游泳者来说并没有违反游泳场所的规定，但是这些具体的行为暗示着游泳者的游泳水平可能较低，或者存在意外的风险。一旦发现，救生员必须密切注意，跟踪观察，发现危险要及时制止或处理，以免造成事故发生。

1. 沿池壁爬行

游泳场所开放期间，往往存在对深水区好奇或被好友怂恿而沿池壁向深水区攀爬的游泳者，此类游泳者一般为游泳技能不够熟练但却有一定的游泳场所游玩经验的少年儿童，由于心智发育还不够成熟，在好奇心、好胜心驱使下未能做出正确判断，一旦在攀爬过程中自己乏力脱手或被其他游泳者误撞，容易造成自我惊吓，导致溺水事故发生。

2. 对角游

游泳场所开放期间，经常存在初学者或游泳技能不够熟练的游泳者在场所对角处练习，一般而言，此类游泳者认为对角游距离较近，呛水时也容易够到池边，但其实同样存在溺水隐患，如若遇到场所开放期间人员较多，救生员监视范围和工作强度加大时，救生员难以顾及场所边角情况，在对角处练习的游泳者往往存在较大溺水风险。

3. 踮脚跳跃行走

游泳场所开放期间，经常存在某些游泳者在齐肩、齐颈部深度位置踮脚或跳跃行走，人体在浮力的作用下踮脚和跳跃往往会使人失去平衡，很容易误入深水区域或将他人推向深水区域，导致溺水事故发生。

4. 跑跳出入水

游泳场所开放期间，有些游泳者为在朋友面前展示炫耀或出于嬉戏心理，在岸边或跳台跑跳入水，有时救生员未注意到并提前制止时，这些跳水的游泳者很容易因没把控好池水深度而造成脊椎损伤或者与正在游泳的人误撞，导致溺水事故发生。

5. 倒立闷水（见图2-1）

游泳场所开放期间，有些游泳者在岸边或扶梯上倒挂身体，有时救生员未注意到并提前制止时，这些闷水的游泳者很容易把控不住自身平衡，导致头部与池底或池壁发生碰撞进而溺水。

6. 抛人入水

朋友间在岸边嬉戏打闹，将同伴抱起或抓臂抬脚抛入水中，抛人者或被抛者容易脱手造成身体碰撞地面，导致伤害事故发生。另一种情况是抛人者或被抛者掉入水中后无法及时站立导致溺水（见图2-2）。

图2-1 倒立闷水

图 2-2 抛人入水

7. 互相揿头

朋友间在水中或岸边嬉戏打闹（见图 2-3），将对方头摁在水中打闹，当被揿头者头部埋入水中持续时间较长时容易发生溺水危险，另一方面双方也容易失去平衡导致出现滑倒呛水的情况。

图 2-3 池边推搡

8. 双人搭背游

游泳场所开放期间，时常会出现游泳技能较好的人让其朋友勾肩搭背带领其往深水区域游进的情况，此时很可能出现由于带游者体力不足，两者于水中位置越来越低而致被背者呛水溺水，而带游者未能及时注意被背者情况，导致溺水事故发生。

9. 仰坐救生圈

人们去游泳场所时，由于不会游泳或家长为了孩子安全通常会选用救生圈辅助，这时游泳者喜欢将双手抱持在救生圈外沿嬉戏，这种姿势容易因被他人误撞失去平衡而导致救生圈翻转或另一边翘起，此时游泳者便容易掉入水中，造成溺水事故发生。

10. 潜泳

游泳场所开放期间，时常会出现游泳者长时间潜入水中游泳，或朋友间打赌进行憋气、潜泳比赛，但在实际中，由于泳池还有其他游泳者，潜泳过程中容易造成踩踏事件。另一种情况则是，憋气者争强好胜，超乎自己力所能及，导致缺氧溺水。

11. 池边奔跑

游泳场所开放期间，特别是刚开场时，有些游泳者着急进场而跑步前行，或少年儿童相互打闹沿着池边奔跑，此时岸边湿滑容易滑倒受伤，造成伤害事故。

12. 突然改变泳姿

在游泳场所开放期间，有些泳客在游进过程中突然改变姿势，这有可能是由于自身遭遇呛水或突发疾病所致，也有可能是因炫耀自身游泳技能造成误碰所致，总之都很大可能导致发生溺水事故。

第二节　游泳池救生的观察区域划分

在救生员管理工作中，观察区域的划分是特别重要的一项措施，是确保游泳者安全的重要措施，是贯彻落实救生工作以防为主、以救为辅、防救结合、有备无患的有效措施，是落实游泳安全观察网、明确每个救生员上岗时的任务和责任、认清各自职责、力求消除隐患的有效措施，是加强救生员观察责任心和便于确认事故责任、防止推诿的有效措施。

一、观察区域划分的原则

（1）观察区域的划分，应秉持消除观察盲区、不留死角的理念。

（2）观察区域的划分，应便于救生员互相观察补漏，确保每个区域内都有2个以上救生员值岗观察。

（3）为确保游泳者安全，在游泳者激增时，应在人多的区域增加配备流动岗位，负责帮助协助该区域固定岗位救生员观察。

二、观察区域划分的方法

（一）直线切割法

直线切割法是根据救生员的观察分工要求，将整个泳池的水域切成几个矩形水域，每个矩形为救生员岗位观察位置，为主要责任区域，对岸救生员岗位和近两侧1/2主要责任区域为次要责任区域。标准游泳池一般采用直线切割法进行划分，有利于确定各岗位的责任范围，识别事故责任（见图2-4）。

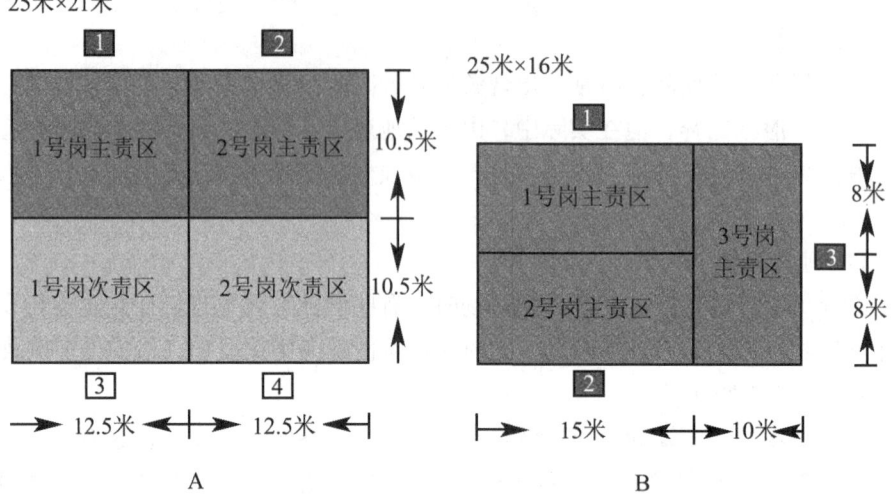

图2-4 直线切割法示意图

（二）弧形切割法

弧形切割法是以救生员岗位为圆心，小池以10米长度，大池以15米长度为圆形半径切割水域，其扇形面积水域为岗位救生员的主要责任区域。其次要责任区域则为在原有基础上将圆形半径再延长5米所增加的面积区域（见图2-5）。但这种方法无法像直线切割法一样明确界线，有些区域的事故难以区分主责任区与次责任区，所以现实中较少采用。

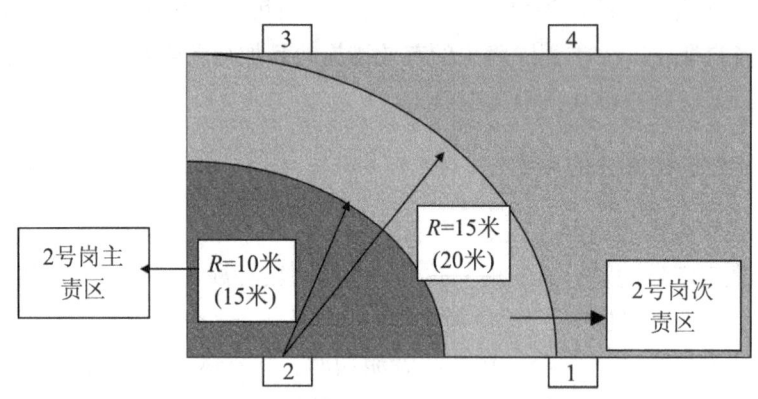

图2-5 弧线切割法示意图

（三）非标准游泳池观察区域划分

以每一个救生岗位主责任区的最大面积不得超过250平方米为前提，按各救生岗位所负责任的主责任区和次责任区总的面积来划分观察区域，可采用交叉布岗的方式划分观察区域（见图2-6）。并且，在划分非标准游泳场所观察区域时应不留盲区，不留死角，若还存在盲区和死角，应适当增设救生岗位和救生员。

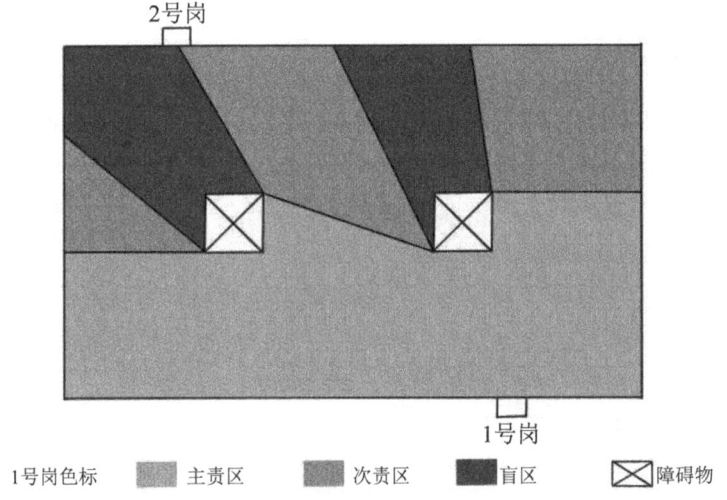

图 2-6 非标准游泳池观察区域划分示意图

第三节 游泳池救生的判断方法、要求与分类

判断是指值岗救生员对所观察的游泳者情况经过分析后做出的断定，这种断定决定了救生员接下来采用何种方法应付所观察到的情况，可以继续跟踪观察、吹哨制止，也可即刻采取救援措施。正确的判断是保障游泳者生命财产安全、及时开展救援措施的重要前提，对游泳场所的安全、顺利开放具有非常重要的意义。

一、判断的方法

（一）判断溺水者有无意识

当发现溺水者时，首先采取看、听、触摸等方法判断溺水者有无意识。溺水者尚有意识则表示为可以呼救或拼命挣扎，相反则为身体处于逐渐下沉或已在池底并无肢体动作。

（二）判断溺水者是否受伤

对尚有意识的溺水者可直接咨询其受伤情况。对已无意识的溺水者则直接检查其肢体情况，主要查看：四肢、颈椎、腰椎是否受伤，是否存在骨折、皮外伤、出血等异常情况。

二、判断的要求

（1）时刻关注游泳场所水面，及时发现溺水情况。
（2）根据不同情况，进行正确判断。

(3) 在进行判断时，要迅速、准确，以不耽误救援行动。
(4) 依据判断，采用行之有效的方法快速进行救援行动。

三、判断的分类

溺水者可以归纳为四类：不会游泳的溺水者、游泳技能较差的溺水者、受伤溺水者、无意识溺水者。不同类型的溺水者在水中会有不同的表现，救生员应根据不同情况，作出判断并及时采取正确的救援方法。

（一）不会游泳的溺水者的表现

此类溺水者为争取呼吸和呼救，一般躯体表现为四肢胡乱挥动，也有一些因过度惊恐导致身体僵硬，脸上明显出现无法呼吸、惊慌失措的表情，并整个人逐渐往池底下沉，无法配合救生员的救援行动。

（二）游泳技能较差溺水者的表现

此类溺水者有一定能力争取到呼吸，不像不会游泳的溺水者那样手足无措，但争取到的呼吸仍不够维持自救活动，身体倾斜于水面，能挥手呼救，并配合救生员的救援行动。

（三）受伤溺水者的表现

受伤溺水者一般以护住受伤区域在水中挣扎、大声呼救为具体表现。因受伤，肢体的动作幅度并不会过大、过激。身体朝受伤区域倾斜，难以移动，大多数时候无法听从救生员指令或与其配合。

（四）无意识溺水者的表现

此类溺水者在水中有可能脸朝上、朝下和朝侧面，并且有可能出现在水中任何位置，无肢体动作和呼救声音。当漂浮于水面时，救生员容易进行救援行动；当沉于水底时，救援难度很大。

思考题

1. 游泳救生观察的方法有哪些？
2. 游泳救生员观察时应注重哪些人群？
3. 游泳救生判断的方法有哪些？
4. 常见溺水者可以归纳成哪几类？
5. 观察区域划分的原则包含哪些内容？

第三章　游泳救生的基本技术

【学习目标】

1. 了解掌握游泳救生各项基本技术动作；
2. 熟悉游泳救生各项基本技术的练习方法；
3. 在游泳救生工作中，能根据不同情况针对性运用。

【章节导引】

　　游泳救生的基本技术是救生员所需具备的基本能力之一，是在游泳者活动出现险情时，保证救生员顺利及快速施救的基础，主要包括抬头爬泳、侧泳、反蛙泳、潜泳、踩水等技术。本章主要从游泳救生的身体姿势、手臂、腿部、完整配合等各项基本技术进行阐述，同时例举了常见错误及其防范，并结合技术动作特点，介绍其练习方法和要点，通过图文并茂的形式，帮助学生快速了解和掌握游泳救生的各项基本技术。

第一节　抬头爬泳技术

（微课视频"抬头爬泳"）

　　抬头爬泳，是指在爬泳泳式的基础上，把头抬出水面的一种泳姿。抬头爬泳技术能够使身体呈较好的流线型，几乎水平地俯卧在水中，由于具有速度快、能准确观察水面情况、迅速接近溺水者的特点，所以抬头爬泳技术已成为救生员常用的专项游泳技术之一。当救生员发现溺水者且距溺水者有一定距离需要进行水上直接赴救时，入水后采用抬头爬泳技术，能够迅速并准确地接近溺水者，为抢救生命赢取宝贵的时间。

一、动作要点

　　抬头爬泳的身体姿势类似于爬泳的身体姿势（俯卧位），区别在于头部要始终保持在水面上，且不能左右晃动，眼睛注视溺水者所在方向。由于要保持头在水面上，所以整个身体位置略高于爬泳的身体位置。游进过程中，保持快频率爬泳打腿，提高身体的稳定性和较高的身体位置。

抬头爬泳的手臂动作有入水点较近、划水距离较短的特点，手臂在空中移臂时做高肘动作，尽快进行划水、推水动作，整个水中动作从入水点开始至腰部结束（见图3-1）。

图3-1 抬头爬泳技术动作

二、常见错误及练习提示

（一）常见错误

（1）不能保持头部在水面上或不能固定（转动或摆动）。
（2）手臂不能完成高肘移臂动作。
（3）腿部下沉，不能保持在水面。
（4）呼吸、手臂和腿部动作配合不协调。

（二）练习提示

（1）打腿效果不佳，向后推水超过腰部，不能快速移臂，动作不连贯。
（2）划水时肘部不应下沉，移臂时应充分转动肩部。
（3）打腿频率和力度不够，腰部没有收紧。
（4）加强手、腿、呼吸协调配合，可先进行陆上模仿练习和分解练习等。

第二节　侧泳技术

（微课视频"侧泳技术"）

侧泳，是指身体侧在水中，两臂交替划水，两脚做蹬剪水的一种实用价值很高的泳式。在游泳救生工作中，侧泳是救生员拖带溺水者时所采用的主要游泳姿势之一。侧泳的技术分为两种：手出水侧泳和手不出水侧泳。侧泳具有较大的实用价值，在持物游渡江河或救助溺水者时经常使用。在救生员直接赴救时，侧泳主要作为拖带溺水者的技术，可衔接托枕及夹胸拖带技术。

一、动作要点

身体侧卧水中，稍向胸侧倾斜，头的侧下部浸入水中（近似于爬泳的吸气动作），下臂前伸，上臂置于体侧，两腿并拢伸直，游进时有滑行动作。

上臂经空中（或在水中接近水面）往前移至头的前方入水，入水后前伸下滑，高肘抱水，使手和前臂正对水平面，然后沿着身体屈臂加速用力向后划水至大腿外侧，其动作基本与爬泳臂划水相似。

下臂在身体下部前伸抱水，屈臂划水至腹部下方，掌心向上，以小臂带动大臂，沿身体向前做边伸边外旋的动作，伸直时掌心向下。

两臂配合时，下臂开始划水，上臂前移；上臂开始划水时，下臂开始做前伸动作，并稍做短暂的滑行，两臂在胸前交叉（见图 3-2）。

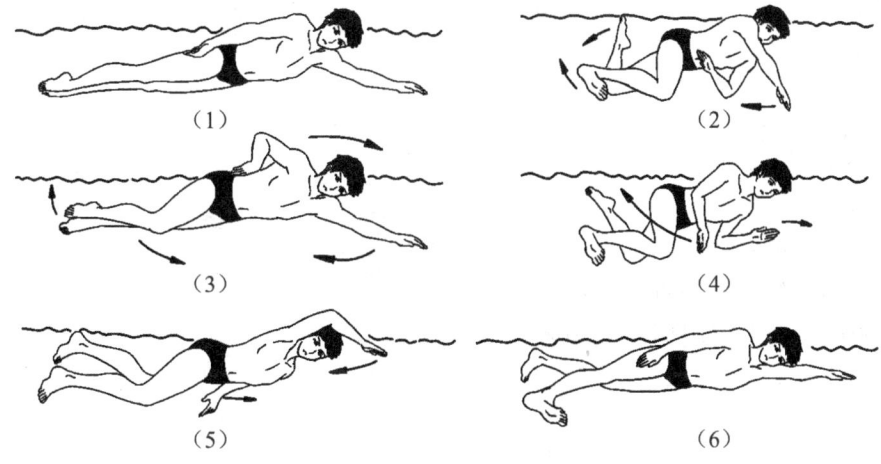

图 3-2　侧泳技术动作

二、常见错误及练习提示

（一）常见错误
（1）身体无法保持侧卧位。
（2）手部划水过大。
（3）双腿配合不协调。
（4）完整动作结束后无滑行且出现下沉。
（二）练习提示
（1）身体应向胸侧稍倾斜。
（2）手臂划水和前伸都应尽量贴近身体。
（3）可先进行腿部蹬剪动作的陆上模仿练习。
（4）应强化每完成一次配合动作后进行短暂滑行的意识，同时头部也应放平。

第三节 反蛙泳技术

（微课视频"反蛙泳技术"）

反蛙泳即仰卧蛙泳，由仰泳演变而来。反蛙泳是游进时身体仰卧水中，两腿同时向后蹬夹水，两臂在体侧同时向后划水的一种泳式。反蛙泳技术是救生游泳中较为实用的技术之一，常用于水中运物和救生拖带溺水者等。在救生员直接赴救时，反蛙泳主要作为拖带溺水者的技术，可衔接托枕、托颌和托双腋拖带技术。

一、动作要点

身体自然伸直仰卧水中，微收下颌，口鼻露出水面，两臂平伸置于体侧。两臂自然伸直，由体侧经空中前移在肩前入水，然后屈臂低肘时掌心向后对准划水方向，同时在体侧用力向后划水，划水结束后，两臂停留体侧，使身体向前滑行。然后两臂自然放松经空中向前移臂。腿的动作类似蛙泳腿，但是由于身体仰卧水中，所以收腿和蹬腿时膝关节不能露出水面。收腿时，膝关节向两侧边收边分、大腿微收，小腿向侧下方收得较多，收腿结束时两膝略宽于肩，脚和小腿内侧向

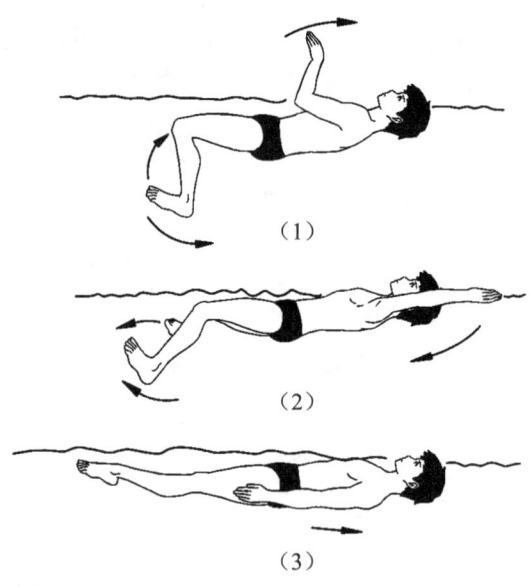

图3-3 反蛙泳技术动作

后对准蹬水方向。然后大腿发力向侧后方蹬夹水。两臂前移的同时吸气，边收边放慢收腿，两臂入水时稍闭气，两腿同时蹬夹水，口鼻均匀地呼气，两腿自然并拢，两臂划水，划水结束身体伸直滑行（见图3-3）。

二、常见错误及练习提示

（一）常见错误
（1）下肢出现下沉。
（2）呼吸时机错误。
（3）蹬腿效果差，无滑行。
（4）手腿配合节奏不协调。

（二）练习提示

（1）身体仰卧水平漂浮，头部放平，下颌微收。

（2）应在移臂时吸气，向后划水时吐气。

（3）在收腿时两膝应向两侧分开，约宽于肩，强化蹬夹结束后向前滑行。

（4）加强手、腿、呼吸协调配合，可先练习划水与腿蹬夹交替进行。

第四节　踩水技术

（微课视频"踩水技术"）

踩水也称"立泳"，是游泳救生实用技术之一。踩水采用立式蛙泳的动作技术，身体与水面构成的角度很大，接近于直立。在救生员直接赴救时，踩水贯穿整个赴救技术过程，包括观察溺水者、控制溺水者、将溺水者搬运上岸等环节。踩水技术具有简单、方便、省力、持久等技术特点，但其缺点是移动速度较慢。常用于持物渡江河、武装泅渡、救护溺水者等。

一、动作要点

踩水时，身体直立于水中，上身稍向前倾，头露出水面，下颌接近水面，稍收髋，两腿微屈，勾脚，两臂胸前平屈，掌心向下在体侧前做向外、向内的摸压水的动作，手臂动作幅度不宜过大。两手掌划压水的路线呈双弧形。踩水的腿部动作几乎和蛙泳腿一样，注意踩水的收蹬腿的幅度要小。踩水游进时，可以采用身体的不同侧向以及蹬夹水和摸压水的方向来改变游进的方向。若要向前游进，即上身稍前倾，脚稍向侧后蹬夹水，两臂稍向后拨水，反之亦然（见图3-4）。

图3-4　踩水技术动作

二、常见错误及练习提示

（一）常见错误

（1）身体失去平衡。

（2）手臂向下压水。

（3）身体下沉，蹬腿效果差。

（4）手腿配合节奏不协调。

（二）练习提示

（1）上身应稍向前倾和头部稍低，双手在胸前维持平衡。

（2）双手应在胸前做向里向外的拨水动作，以增加浮力。

（3）当腿尚未蹬直时就应开始收腿，动作连贯，提高蹬夹水的动作效果。

（4）应加强手、腿协调配合，可进行两腿交替和两腿同时的交叉练习，或者手部和腿部的分解练习。

第五节　潜泳技术

（微课视频"潜泳技术"）

潜泳，是指身体在水下不做呼吸游进的一种泳姿，在生产、军事以及救助溺水者等方面都有较大的实用价值。潜泳技术可分为潜深和潜远两种技术，包括脚朝下、脚朝上的潜深技术和蛙式、蛙式长划臂、爬式潜远技术。潜泳时，身体应保持在水下一定的深度游进。在较混浊的水中潜泳时，特别要注意安全。在救生员直接赴救时，潜泳主要作为寻找接近或打捞溺水者的技术。

一、潜深技术

潜深的目的是下潜到水下一定的深度，主要用于游泳救生或水下打捞。潜深可以双脚朝下进行，也可双脚朝上进行。

（一）双脚朝下潜深技术

1. 动作要点

如图3-5所示，在潜深之前，先做蛙式踩水动作，使上体浮出水面，接着利用身体的重力以直体跳水的姿势下沉；入水后，两臂做自下而上的推水动作，以增加下沉速度，到达水底或预定的深度后，立即团身，将头转向所需要的方向游进。

图 3-5 双脚朝下潜深技术动作

2. 常见错误及练习提示

（1）常见错误：

①两腿用力向下蹬水，使上体跃出水面至腰部时，未蹬直两腿，仍有蹬腿动作。

②利用身体的重力落入水中时，两臂由胸前向下做推水动作。

③利用身体的重力落入水中时，躯干未保持挺直，出现弯腰俯卧动作。

（2）练习提示：准备动作腰部跃出水面后应迅速收紧身体变为直立动作；下潜过程中应均匀呼气；手臂做完向上推水，收手时应尽量减少对水面积以减少阻力。

（二）双脚朝上潜深技术

1. 动作要点

如图 3-6 所示，在潜深之前，先做蛙式踩水动作，使上体浮出水面，接着利用身体的重力以直体跳水的姿势下沉；入水后，两臂做自下而上的推水动作，以增加下沉速度，到达水底或预定的深度后，立即团身，将头转向所需要的方向游进。需要注意的是，没有经过专业训练的人向下潜水不宜潜得过深，否则由于水的压力可能导致头痛、耳痛等不适的感觉。当出现耳痛时，可做吞咽动作缓解疼痛。

图 3-6 双脚朝上潜深技术动作

2. 常见错误及练习提示

（1）常见错误：无法形成头部朝下的身体姿势。

（2）练习提示：防止准备动作跃起高度不够，注意跃起之后应迅速低头、提臀、举腿，借助惯性使身体形成头部朝下的姿势。

二、潜远技术

潜远技术主要有爬式潜远、蛙式潜远和蛙式长划臂潜远技术。

（一）爬式潜远技术

1. 动作要点

爬式潜远技术要求两臂向前伸直，两臂夹紧头部，两手并拢相叠，只用双腿做爬泳打腿动作向前游进，如图 3-7 所示。注意在游进时头及手臂的方向应略低，以免身体上浮。

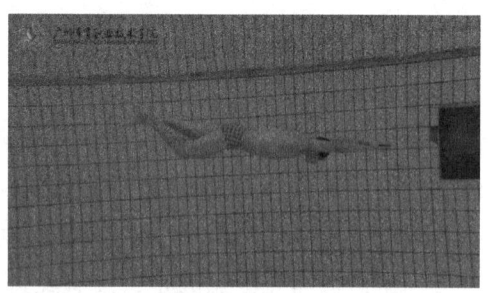

图 3-7 爬式潜远技术动作

2. 常见错误及练习提示

（1）常见错误：

①两腿弯曲膝盖过大。

②身体未保持流线型，屈髋过多过大。

③无法保持身体处于水面之下。
（2）练习提示：在游进中应保持头部和手臂位置低于身体其他部位。

（二）蛙式潜远技术

1. 动作要点

蛙式潜远技术是在水下用蛙泳动作游进的一种潜远技术，如图3-8所示。它的动作基本上与水面上的蛙泳技术相同，在游进中为了避免身体上浮，头的位置应稍低于水面蛙泳的头部位置，与躯干成一条直线。手臂划水的幅度比水面蛙泳小，收腿时屈髋较小。完整配合动作与水面蛙泳相同，但滑行时间稍长。

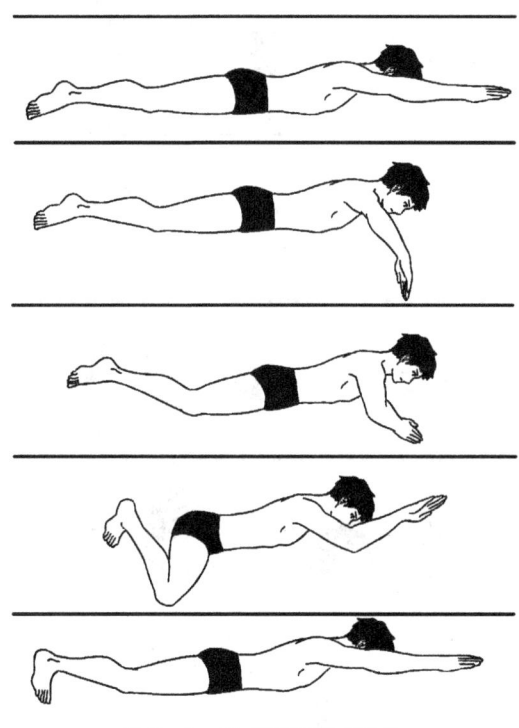

图3-8　蛙式潜远技术动作

2. 常见错误及练习提示

（1）常见错误：

①两臂前伸后，未停顿滑行。

②头的位置比躯干要高，未成一条直线。

③游进速度较慢，效果不佳。

（2）练习提示：应注意动作幅度都要小于水面蛙泳，手臂动作尽量靠近躯干以减小阻力。

（三）蛙式长划臂潜远技术

1. 动作要点

蛙式长划臂潜远技术要求躯干和头始终保持水平姿势，但是两臂开始划水时要稍低头，以避免身体上浮，如图3-9所示。

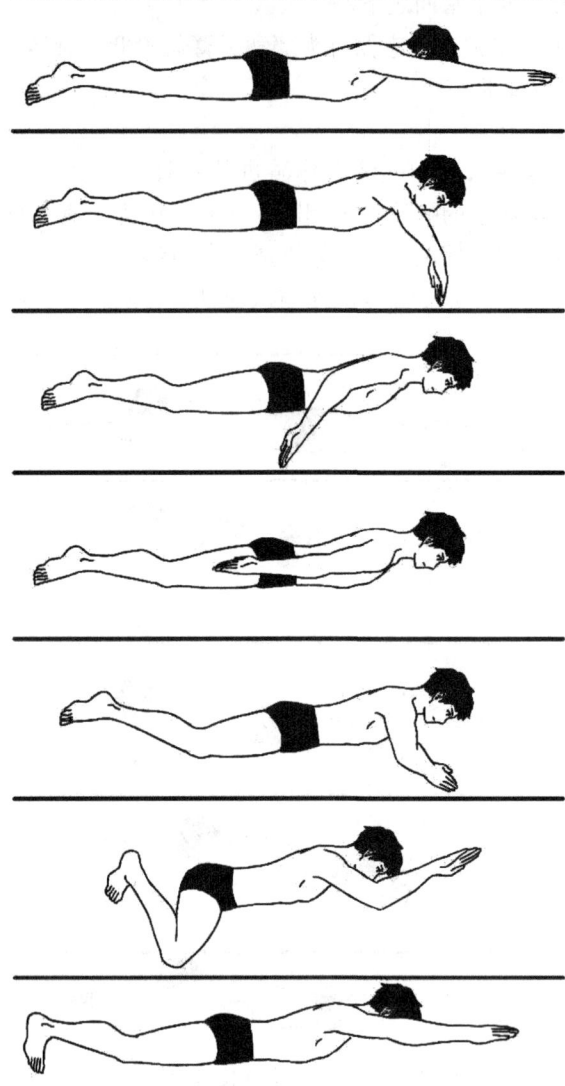

图 3-9 蛙式长划臂潜远技术动作

长划臂潜泳动作与蛙泳摆动式转身后在水下潜游的长划臂和蹬腿动作基本相同。其臂、腿配合方式是两臂划水时，两腿自然伸直并拢；划水结束后两臂贴于大腿两侧，掌心朝上，身体伸直呈流线型向前滑行；在收手前伸的同时做收腿、翻脚的动作；两臂向前接近伸直时两腿用力向后蹬夹。蹬夹结束后，可立即开始划臂，也可以保持臂、腿伸直姿势再次稍做滑行。

2. 常见错误及练习提示

（1）常见错误：

①长划臂结束后身体向上浮起。

②长划臂效果不佳。

③完整配合中没有进行两次滑行。

（2）练习提示：
①应在手臂开始划水时，将头部稍向下低。
②应先外划，抓水之后再向内、向后划水。
③应强化滑行的意识，刻意完成两次滑行，形成动作习惯。

思考题

1. 游泳救生的基本技术有哪些？
2. 踩水技术的身体位置是什么？
3. 反蛙泳的技术动作的特点与用途是什么？
4. 蛙式潜远的技术特点是什么？
5. 抬头爬泳臂部技术的组成部分是什么？

第四章　游泳池现场徒手赴救技术

【学习目标】

1. 树立器材救生优于徒手救生意识；
2. 了解游泳池现场徒手赴救技术环节，掌握技术及练习方法；
3. 掌握徒手赴救技术动作要点。

【章节导引】

　　根据救生原则，器材救生优于徒手救生，应优先采用间接救援技术或浮标赴救。游泳池现场徒手赴救技术是在救生员不能采用间接救援技术的情况下采取的赴救技术。徒手赴救是直接赴救技术中的一种赴救技术，包括：入水、接近、解脱、拖带、上岸、运送6个技术环节。在国家职业资格游泳救生员考核中，直接赴救考核将根据题签内容，随机抽取徒手赴救技术或浮标赴救技术进行考核。本章介绍游泳池现场徒手赴救技术。

第一节　入水技术

　　入水技术是指救生员发现溺水事故时，迅速跳入水中施救的一项专门技术。入水技术动作是否正确，对于抢救溺水者、争取抢救时间、提高生存机会起着决定性作用，因此救生员要熟练掌握技术要点。救生员入水前，为了便于施救，应及时脱去外衣、鞋袜等以减少阻力，本着尽快接近溺水者的原则，迅速选择好入水地点。入水技术包括跨步式入水、蛙腿式入水、鱼跃浅跳式入水和直立式入水。

一、跨步式入水

（微课视频"跨步式入水技术"）

　　跨步式入水适用于救生员距离溺水者较近，但短时间难以取用救生器材的情况，或水质比较浑浊，对水下情况不了解，特别是在室外公开水域开展施救的情况。

（一）动作要点

盯住目标，两腿做跨步式的前后分开，身体稍向前倾，使重心落在身体前方；两臂在体侧平伸（侧平举），掌心向下，臂与腿分开。跃起时后脚向前跨立，上半身保持前倾，腾空时下半身跨式在空中，在身体入水的瞬间，双臂与双腿做抱压和剪夹水动作，保持口鼻露出水面，以便于观察溺水者情况（见图4-1）。

图4-1 跨步式入水技术动作组图

（二）常见错误动作
（1）救生员入水时眼睛没有盯着溺水者，使救生目标丢失。
（2）救生员入水时动作不规范，头部没入水中，使救生目标丢失。
（3）双臂或两腿没有分开。

二、蛙腿式入水

（微课视频"蛙腿式入水技术"）

蛙腿式入水适用于救生员距离溺水者较近，但短时间难以取用救生器材的情况，或水质比较浑浊，对水下情况不了解，特别是在室外公开水域开展施救的情况。

（一）动作要点

盯住目标，两腿及两臂在体侧分开，呈大字形，跃起时，两腿做蛙泳收腿动作，腾空时身体稍向前倾，大小腿、双臂及双手要扩大准备与水面接触。入水瞬间用力向下压水，双臂与双腿做抱压和蹬夹水动作，使身体迅速上浮，以便时刻观察溺水者情况（见图4-2）。

图4-2　蛙腿式入水技术动作组图

（二）常见错误动作
（1）救生员入水时眼睛没有盯着溺水者，使救生目标丢失。
（2）救生员入水时动作不规范，头部没入水中，使救生目标丢失。
（3）双臂或两腿没有分开。

三、鱼跃浅跳式入水

（微课视频"鱼跃式入水技术"）

当救生员距离溺水者较远时，可采用此方法。
（一）动作要点
起跳点应根据实际情况，可在救生台上、池（岸）边或跑动中起跳。以池边站立起跳为例，盯住目标，双脚分开，双臂自然置于体侧，站立于池边。起跳时靠腿蹬离池岸，躯干同时用力伸直，两臂由下而上摆动入水。腾空时，背部绷直，双手伸直，手掌重叠置于头后，双脚并拢伸直。入水要浅，入水后头部尽快出水面捕捉赴救目标（见图4-3）。

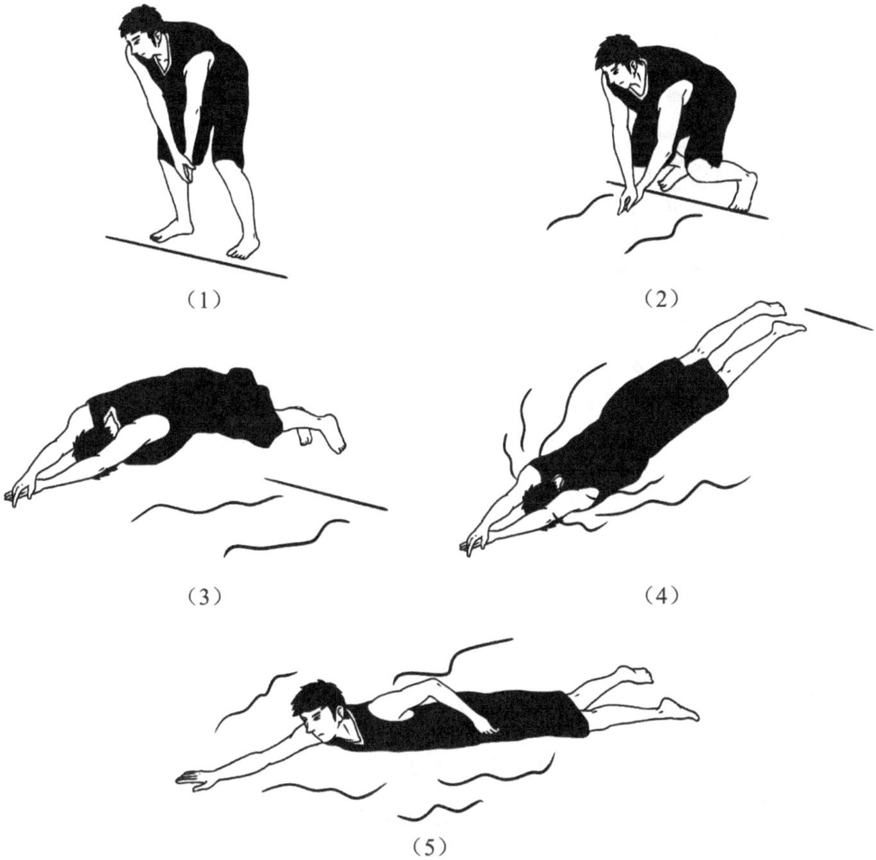

（1）　　　　　　　　　　　　　（2）

（3）　　　　　　　　　　　　　（4）

（5）

图4-3　鱼跃浅跳式入水技术动作组图

（二）常见错误动作

（1）救生员选择入水位置错误。
（2）救生员入水过深，不能迅速出水，使救生目标丢失。
（3）出水后未采用抬头爬泳动作接近溺水者。

四、直立式入水

（微课视频"直立式入水技术"）

当救生台较高，救生员明确池水有足够的深度时，可采用脚先入水的跳水方式。

（一）动作要点

盯住目标，双脚并拢站立于救生台，一手捏鼻，一手护下腹。入水时，全身与水面保持垂直，脚趾向下，保持捏鼻护腹。如身穿救生衣，则两手肘部紧压救生衣。入水后，双手及时向下压水，两脚做蹬夹动作，力求尽快上浮锁定施救目标（见图4-4）。

（1）　　　　　　　　　　　　（2）

图4-4　直立式入水技术动作组图

（二）常见错误动作

（1）救生员选择入水位置错误。

（2）救生员入水后不能迅速出水，使救生目标丢失。

（3）出水后未采用抬头爬泳动作接近溺水者。

第二节　接近技术

徒手接近技术是救生员接近溺水者时最常用的一种技术，它具有很大的危险性，特别是对那些尚有意识正在水中挣扎的溺水者，如果救生员的接近方法不正确，可能会发生危险。因此在接近时，救生员应与其保持一定的安全距离，并在接近后尽可能地从溺水者背后做施救动作，以便于控制溺水者并确保自身安全。接近技术包括正面接近、背面接近、侧面接近等。

一、正面接近

（微课视频"正面接近技术"）

正面接近技术是指在救助溺水者时，正面接近溺水者的一种接近技术。正面接近技术是比较危险的接近技术，是在救生员无法采用背面和侧面接近时所用的一种接近方法。

（一）动作要点

救生员入水后，游至离溺水者 3 米左右急停，下潜至溺水者髋部以下，然后双手扶溺水者髋部，将溺水者转体 180 度，以右手托腋，左手从溺水者的左肩处夹胸，进行拖带（见图 4-5）。

图 4-5　正面接近技术动作组图

（二）常见错误动作

（1）救生员游得距溺水者太近，没有保持安全距离，易被溺水者抓、抱持。

（2）救生员未能下潜至溺水者髋部以下，造成被溺水者抓、抱持。

二、背面接近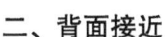

（微课视频"背面接近技术"）

背面接近技术是救生员最常用的一种接近方法，是指救生员从溺水者背面接近并施救。背面接近是最安全的接近方法。

（一）动作要点

救生员游至距溺水者 1～2 米处急停，然后迅速游向溺水者，双手从溺水者后背处同时托腋，有效控制溺水者，进行托双腋拖带（见图 4-6）。

（二）常见错误动作

（1）救生员游至距溺水者安全距离后，未急停，造成水浪将溺水者冲压下沉，进一步引起溺水者恐慌。

（2）救生员离溺水者太近，易被溺水者抓、抱持。

（3）救生员未有效控制住溺水者。

图4-6 背面接近技术动作组图

三、侧面接近

（微课视频"侧面接近技术"）

侧面接近技术是当溺水者尚未下沉，特别是两手在水面上挥舞挣扎时较适合采用的接近技术。

（一）动作要点

救生员游至距溺水者3米处急停，有意识地游向溺水者侧面，看准并果断、迅速用同侧手抓握住溺水者近侧手腕部，将溺水者拉向救生员的胸前。然后，另一手从溺水者的肩处夹胸拖带（见图4-7）。

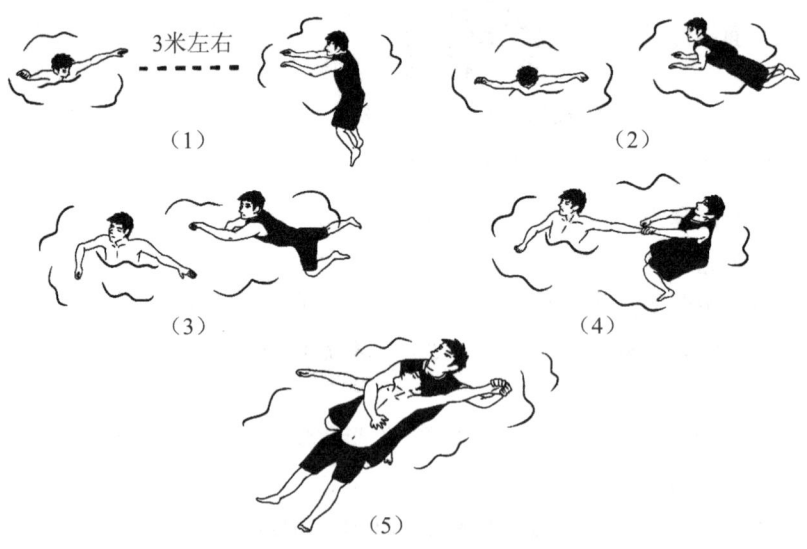

图4-7 侧面接近技术动作组图

（二）常见错误动作

（1）救生员游至距溺水者安全距离后，未急停，造成水浪将溺水者冲压下沉，进一步引起溺水者恐慌。

（2）未向溺水者侧后方绕进。

（3）救生员离溺水者太近，易被溺水者抓、抱持。

（4）救生员未有效控制住溺水者。

第三节　解脱技术

解脱是指救生员在水中直接赴救接近溺水者时由于操作不当，被正在挣扎的溺水者抓住或抱住后，救生员采取合理的技术动作迅速解除溺水者的抓抱，并有效控制溺水者的一项专门技术。在施救过程中，溺水者在一瞬间可能会从前方抓或抱救生员的颈、腰、臂或腿部，也可能从后面抓或抱住这些部位，根据被抓抱的部位不同，解脱的方法和手段也各有差异，一般解脱技术有4种：转腕、推击、扳手指、反（扭）关节。下面针对头发被抓、颈部被抱持、手被抓握（同侧手腕部被双手抓握、异侧手腕部被单手抓握、双手同时被抓握、单手被双手抓握、双手交叉被抓）、腰部被抱持、双人抱持、腿部被抱持等情况介绍几种常用的解脱方法。

一、头发被溺水者抓握解脱方法

由于救生员的不慎，在施救时被溺水者单手抓住头发，可以用压腕掰指解脱法和压掌推肘解脱法来解脱。

（一）压腕掰指解脱法

（微课视频"压腕掰指解脱技术"）

1. 动作要点

当救生员头发被溺水者手掌抓持时，救生员同侧手压住抓发手腕，低头前顶，异、同侧手插入拇指，掰推抓发手中指，迫使溺水者抓发手松开。解脱后，异侧手及时将溺水者拉转至其背部贴近救生员前胸，一手托腋，另一手放开中指后托另一腋下，有效控制住溺水者并拖带（见图4-8）。

(1)　　　　　　　　　　(2)

(3)　　　　　　　　　　(4)

(5)

图4-8　压腕掰指解脱技术动作组图

2. 练习步骤

（1）同侧手压腕。

（2）低头前顶。

（3）异、同侧插入拇指掰指解脱做掰、推动作。

（4）异侧手拉近溺水者至其身后。

（5）有效控制溺水者，托双腋拖带。

3. 动作重点

做掰指动作时异侧手掌心向外，插入拇指同时压腕手拇指也插入，再做先掰后推动作，将溺水者抓持手推离救生员。

4. 常见错误动作
(1) 压腕手错误。
(2) 头未低至溺水者腰部以下。
(3) 插入手方向错误。
(4) 未能有效控制溺水者。
(5) 拉转溺水者方向错误（溺水者背应贴于救生员胸前）。
(6) 托双腋拖带技术不正确。
5. 水中解脱参照陆上解脱动作要点
如图4-9所示。

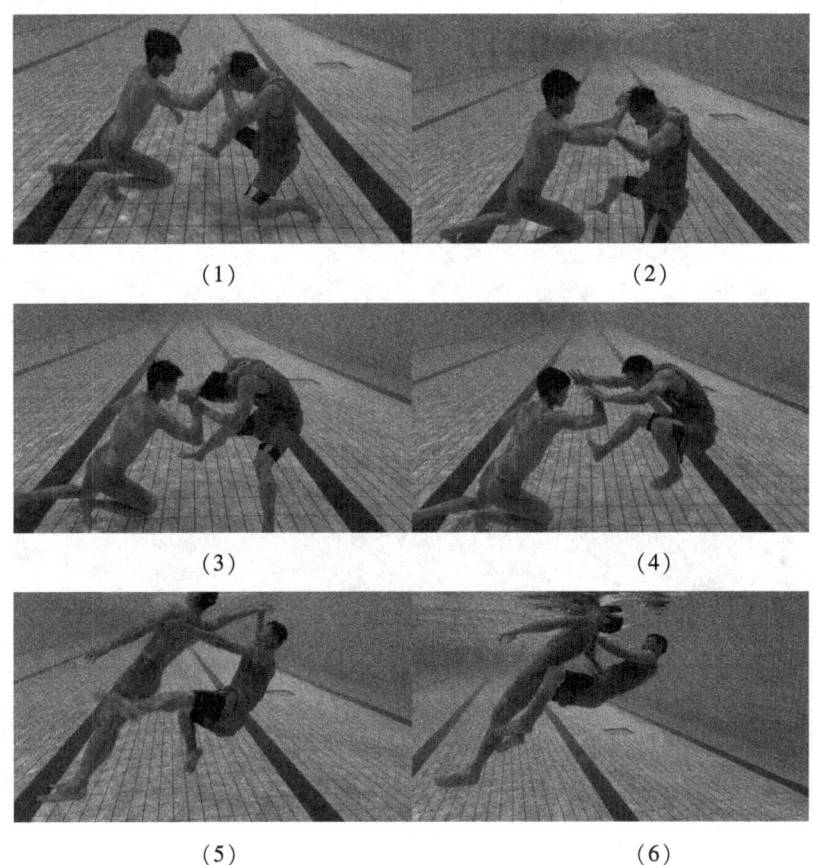

图4-9 水中压腕掰指解脱技术动作组图

（微课视频"压掌推肘解脱技术"）

（二）压掌推肘解脱法

1. 动作要点
当救生员头发被溺水者手掌抓持时，救生员异侧手紧压溺水者抓发手掌，同侧手用力向溺水者的头部方向推击其肘部（做反关节动作），使其抓发手松开。解脱后，异侧手及时将溺水者拉转至背贴救生员前胸，一手托腋，另一手放开后托另一腋下，有效控制住溺水者并拖带（见图4-10）。

图4-10 压掌推肘解脱技术动作组图

2. 练习步骤

（1）异侧手压腕。

（2）低头前顶。

（3）同侧手上托、推溺水者时，肘部做反关节动作至溺水者身后。

（4）异侧握紧溺水者控制手腕。

（5）有效控制溺水者，托双腋拖带。

3. 动作重点

做反关节动作时，救生员同侧手掌心向上托、推溺水者抓持手臂肘部，将溺水者推离救生员身体，推离时以救生员手臂推直为标准。

4. 常见错误动作

（1）压腕手错误。
（2）头未低至溺水者腰部以下。
（3）托推手错误，且未将溺水者推离救生员身体。
（4）未能有效控制溺水者。
（5）托双腋拖带技术不正确。

5. 水中解脱参照陆上解脱动作要点

如图 4-11 所示。

(1) (2)

(3) (4)

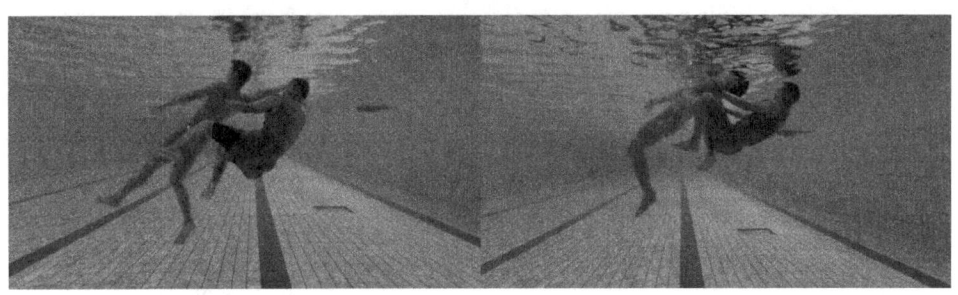

(5) (6)

图 4-11 水中压掌推肘解脱技术动作组图

二、正面颈部被溺水者抱持解脱方法

（微课视频"上推双肘解脱技术"）

当溺水者正面抱持救生员颈部时，应采用上推双肘解脱法。

1. 动作要点

当救生员被溺水者正面抱住颈部时，要及时内收下颌，双手找到溺水者双肘关节抓握，以防止呼吸道被夹住。救生员下沉（蹲），双手上推溺水者的双肘关节，之后将溺水者推转180°至背贴救生员前胸，内侧手顺势抓握溺水者同侧手臂腋下，然后双手托腋控制并拖带（见图4-12）。

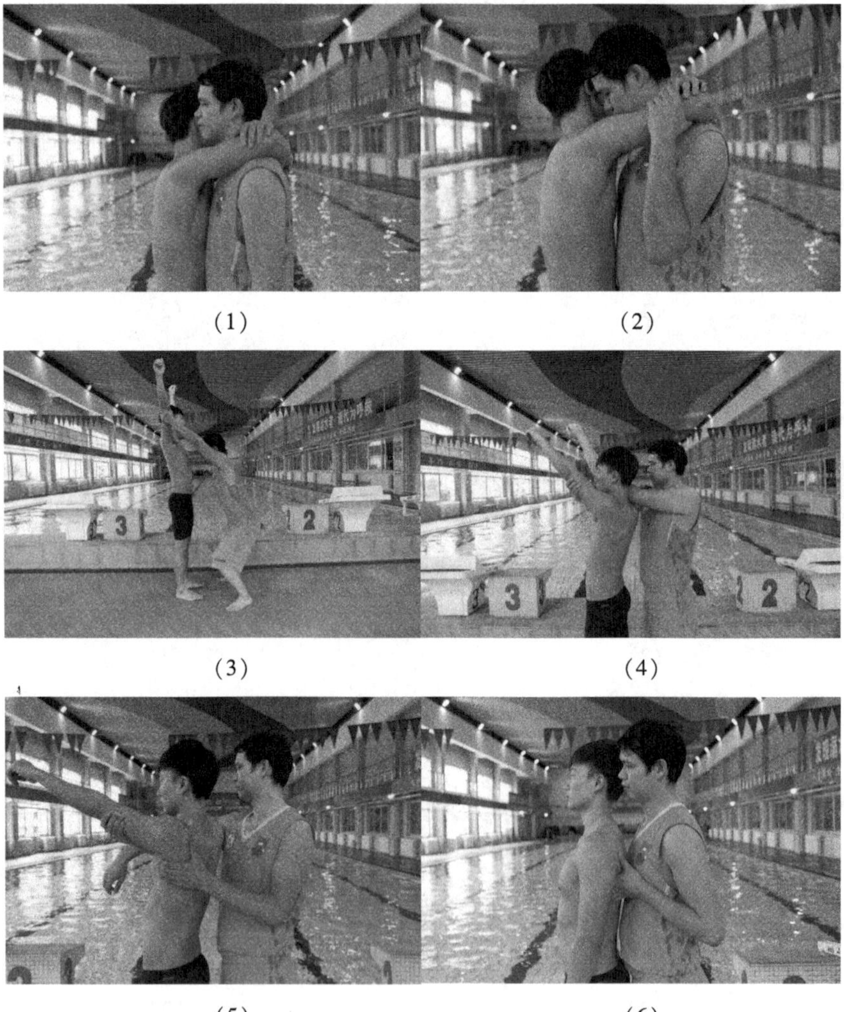

(1)　　(2)
(3)　　(4)
(5)　　(6)

图4-12　上推双肘解脱技术动作组图

2. 练习步骤

（1）上推溺水者双肘同时（在水中形成反作用力使救生员）下蹲（上推下蹲）。

（2）将溺水者向一侧推转。

（3）控制其一侧手臂至溺水者身后。

（4）有效控制溺水者，托双腋拖带。

3. 动作重点

救生员做上推下蹲动作时要一致，并注意推击溺水者双臂肘关节部位，解脱后迅速推溺水者身体。

4. 常见错误动作

（1）未推击溺水者肘关节部位。

（2）未做下蹲动作。

（3）推转溺水者时脱手，未能有效控制溺水者。

5. 水中解脱参照陆上解脱动作要点

如图 4-13 所示。

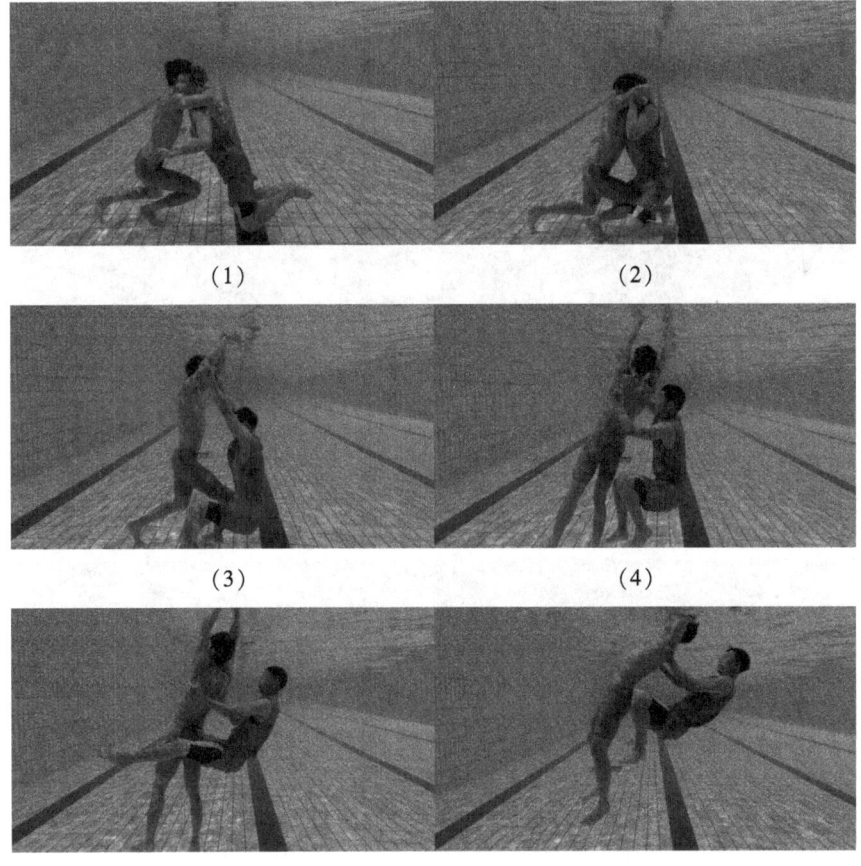

图 4-13　水中上推双肘解脱技术动作组图

三、背面颈部被溺水者抱持解脱方法

(微课视频"压腕上推单肘解脱技术")

当溺水者抱持救生员背面颈部时,应采用压腕上推单肘解脱法。

1. 动作要点

当救生员被溺水者从背面抱住颈部时,救生员应内收下颌,保护好呼吸道,防止被卡住,同时分清溺水者哪只手在上。如溺水者左手在上时,救生员用右手紧压溺水者的左手腕,先侧头再用左手上推溺水者左肘部,做反关节运动,同时转出自己的头部。然后救生员用左手抓紧溺水者的左手肘部,将其拉向救生员胸前,及时托腋控制住溺水者并拖带(见图4-14)。

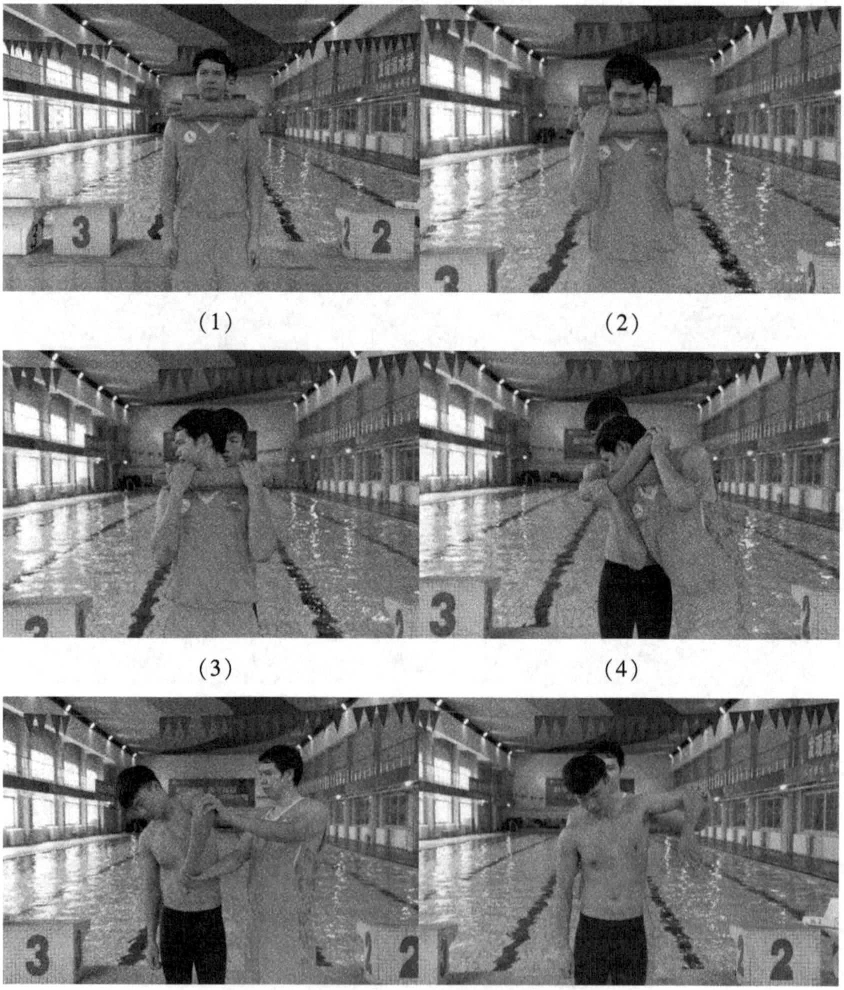

(1)　　　　　　　　(2)

(3)　　　　　　　　(4)

(5)　　　　　　　　(6)

图4-14　压腕上推单肘解脱技术动作组图

2. 练习步骤

(1) 内收下颌，分清溺水者抱持的上下手。
(2) 异侧手紧压溺水者抱持上面手的腕部。
(3) 同侧手上托、推溺水者抱持上面手臂的肘部（反关节动作）。
(4) 头部从溺水者被推离手臂移出，并将溺水者推离救生员身体。
(5) 抓住被推离手臂腕部将其背贴救生员前胸。
(6) 有效控制溺水者，托双腋拖带。

3. 动作重点

救生员做托推离溺水者手臂动作时要求完成反关节动作（过肩过头），且将溺水者充分推离救生员身体。

4. 常见错误动作

(1) 未分清上下手。
(2) 未推溺水者肘关节部位。
(3) 未完成反关节解脱动作（过肩过头）。
(4) 推转溺水者时脱手，未能有效控制溺水者。
(5) 推离距离不充分（以救生员推离手臂完全伸直为准）。

5. 水中解脱参照陆上解脱动作要点

如图 4-15 所示。

(1) (2)

(3) (4)

(5) (6)

图 4-15 水中压腕上推单肘解脱技术动作组图

四、同侧手腕部被溺水者抓握解脱方法

(微课视频"推击解脱技术")

可采用推击法进行解脱,适用于单手被同侧手抓持的情况。

1. 动作要点

以左手为例:当救生员左手被溺水者的右手抓住时,救生员可用右手虎口推击溺水者的右手腕部,撞击时要迅速、有力,使其手松开。救生员解脱后,立即紧握溺水者的右手腕部,并及时把溺水者的右手向救生员右侧拉出,并转动其身体,使溺水者背贴救生员前胸,左手顺势托腋,右手一并托腋控制住溺水者并拖带(见图4-16)。

(1) (2)

(3) (4)

（5） （6）

图4-16 推击解脱技术动作组图

2. 练习步骤
（1）低头分清上下手，异侧手虎口向下用力推击溺水者手腕部。
（2）异侧手顺势将溺水者牵拉向救生员，使其背部紧贴救生员前胸。
（3）有效控制溺水者，托双腋拖带。

3. 动作重点
救生员异侧手虎口向下（掌心朝向救生员身体），推击溺水者抓持手腕部位。注意向推击手反方向做牵拉动作，使溺水者背向救生员。注意动作要连贯完成，不要有停顿。

4. 常见错误动作
（1）虎口方向错误。
（2）牵拉方向错误。
（3）牵拉溺水者时脱手，未能有效控制溺水者。
（4）托双腋拖带技术不正确。

5. 水中解脱参照陆上解脱动作要点
如图4-17所示。

（1） （2）

（3） （4）

(5)　　　　　　　　　　　　(6)

(7)

图 4-17　水中推击解脱技术动作组图

五、异侧手腕部被溺水者抓握解脱方法

（微课视频"转腕解脱技术"）

可采用转腕法进行解脱，适用于单手或双手同时被抓。

1. 动作要点

以右手为例：当救生员右手被溺水者的右手抓住时，救生员可用被抓的右手上提，向溺水者右手虎口的相反方向转腕外翻抓腕，下压解脱，并用右手及时抓住溺水者的右手腕部位向右后上方拉起来，使溺水者背贴救生员前胸，左手顺势托腋，然后右手一并托腋控制住溺水者（见图 4-18）。

(1)　　　　　　　　　　　　(2)

（3） （4）

（5） （6）

图 4-18 转腕解脱技术动作组图

2. 练习步骤

（1）低头分清上下手，上提被溺水者抓持手腕，向虎口方向转腕下压溺水者手腕，解脱后控制溺水者手臂。

（2）解脱后顺势将溺水者手臂控制住，向被控制手臂同侧上提，使其背部紧贴救生员前胸。

（3）有效控制溺水者，托双腋拖带。

3. 动作重点

救生员同侧手上提幅度要大，同时向虎口方向做转腕动作，当完成转腕后，迅速反控制溺水者手腕并做下压动作。注意动作要连贯完成，不要有停顿。

4. 常见错误动作

（1）虎口转向错误。

（2）牵拉方向错误。

（3）牵拉溺水者时脱手，未能有效控制溺水者。

5. 水中解脱参照陆上解脱动作要点

如图 4-19 所示。

(1) 　　　　　　　　　　(2)

(3) 　　　　　　　　　　(4)

(5) 　　　　　　　　　　(6)

(7) 　　　　　　　　　　(8)

图4-19　水中转腕解脱技术动作组图

六、双手腕部被溺水者抓握解脱方法

（微课视频"转腕解脱技术"）

当救生员双手腕部被溺水者抓握时，可采用转腕解脱法。

1. 动作要点

当救生员双手被溺水者抓持时，救生员应迅速将溺水者双臂上提至头部以上，救生员双手向手虎口方向做转腕外翻，同时抓握溺水者手腕并下压。解脱后放开右侧手臂（以右手为例），同时抓持溺水者左侧手臂后，向右上侧手方向拉转溺水者，使其背后紧贴救生员前胸，左手顺势托腋，右手一并托腋控制住溺水者拖带（见图4-20）。

(1) (2)

(3) (4)

(5) (6)

(7)   (8)

图 4-20 双手转腕解脱技术动作组图

2. 练习步骤

（1）上提被溺水者抓持双手手腕，向虎口方向转腕下压溺水者手腕，解脱后控制溺水者手腕。

（2）放开一侧手臂，选择一侧手臂保持抓握，顺势将溺水者被控制手臂向异侧上提，使其背部紧贴救生员前胸。

（3）有效控制溺水者，托双腋拖带。

3. 动作重点

救生员双手臂上提幅度要大，向虎口方向转腕下压，并反控制溺水者。注意动作要连贯完成，不要有停顿。

4. 常见错误动作

（1）上提幅度不到位。

（2）虎口转动方向错误。

（3）牵拉方向错误，且未放开一侧手臂。

（4）牵拉溺水者时脱手，未能有效控制溺水者。

5. 水中解脱参照陆上解脱动作要点

如图 4-21 所示。

(1)   (2)

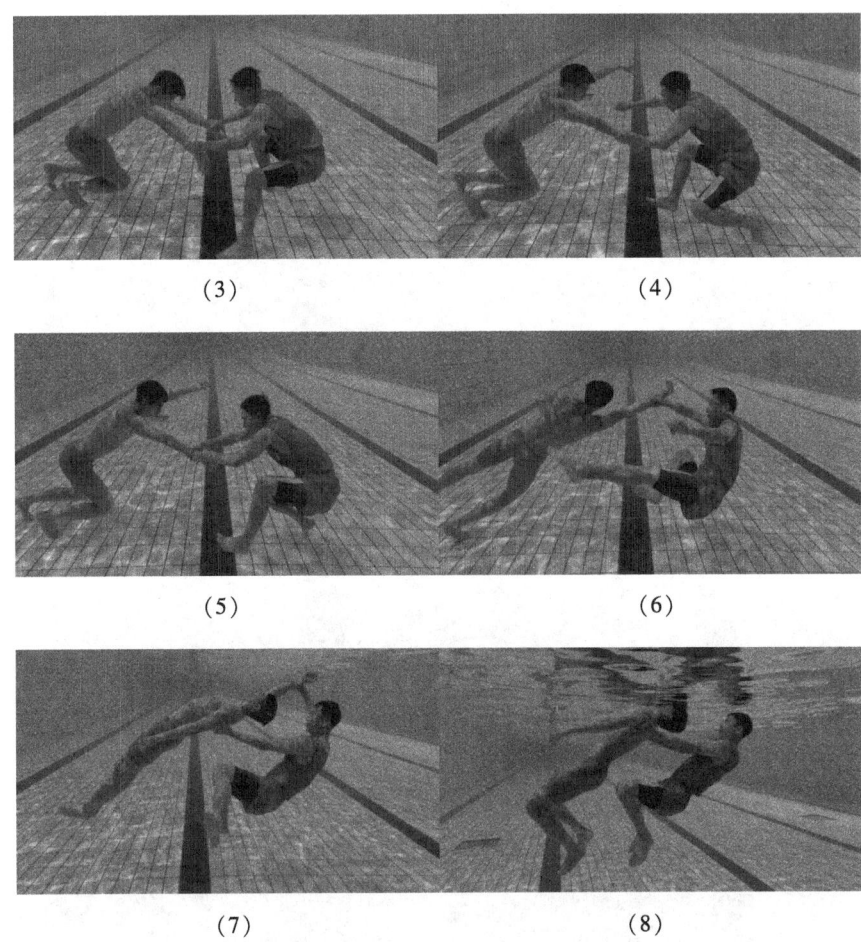

(3) (4)

(5) (6)

(7) (8)

图 4-21 水中双手转腕解脱技术动作组图

七、单手腕部被溺水者双手抓握的解脱方法

当救生员单手腕部被溺水者双手抓握时,可采用同侧手在上解脱法和异侧手在上解脱法来解脱。

（一）同侧手在上解脱法

（微课视频"同侧手在上解脱技术"）

1. 动作要点

以左手为例,救生员的左臂被溺水者双手抓握时（溺水者右手在上,左手在下）,救生员右手虎口向下用力撞击溺水者的另一侧右手腕部,使溺水者松开一手,并紧握溺水者右手腕,救生员上身前倾,以右臂肘部回击溺水者左手腕部,使其松开,并趁势将溺水者的右手向救生员自己的右侧拉出,并将溺水者转体180°至背贴救生员前胸,左手顺势托住溺水者左腋,右手一并托腋控制溺水者并

51

拖带（见图4-22）。

(1)　　　　　　　　　(2)

(3)　　　　　　　　　(4)

(5)　　　　　　　　　(6)

图4-22　推击肘击解脱技术动作组图

2. 练习步骤
(1) 低头分清上下手。
(2) 异侧手虎口向下用力推击溺水者上手腕部。
(3) 上体前倾，再用异侧手肘部用力回击推开溺水者下手腕部。
(4) 异侧手顺势将溺水者拉向救生员，使其背部紧贴救生员前胸。
(5) 有效控制溺水者，托双腋拖带。

3. 动作重点
救生员异侧手虎口向下，推击溺水者上侧手腕，注意推击的力度要大且准确。推击结束后直接抓持住溺水者手腕。回击下侧手腕时，要准确击其腕部。

4. 常见错误动作
(1) 采取先击后推的动作手法，且推击部位不正确。

(2) 虎口方向错误。
(3) 牵拉方向错误。
(4) 回击时肘部未击其腕部。
(5) 牵拉溺水者时脱手,未能有效控制溺水者。
(6) 托双腋拖带技术不正确。
5. 水中解脱参照陆上解脱动作要点
如图4-23所示。

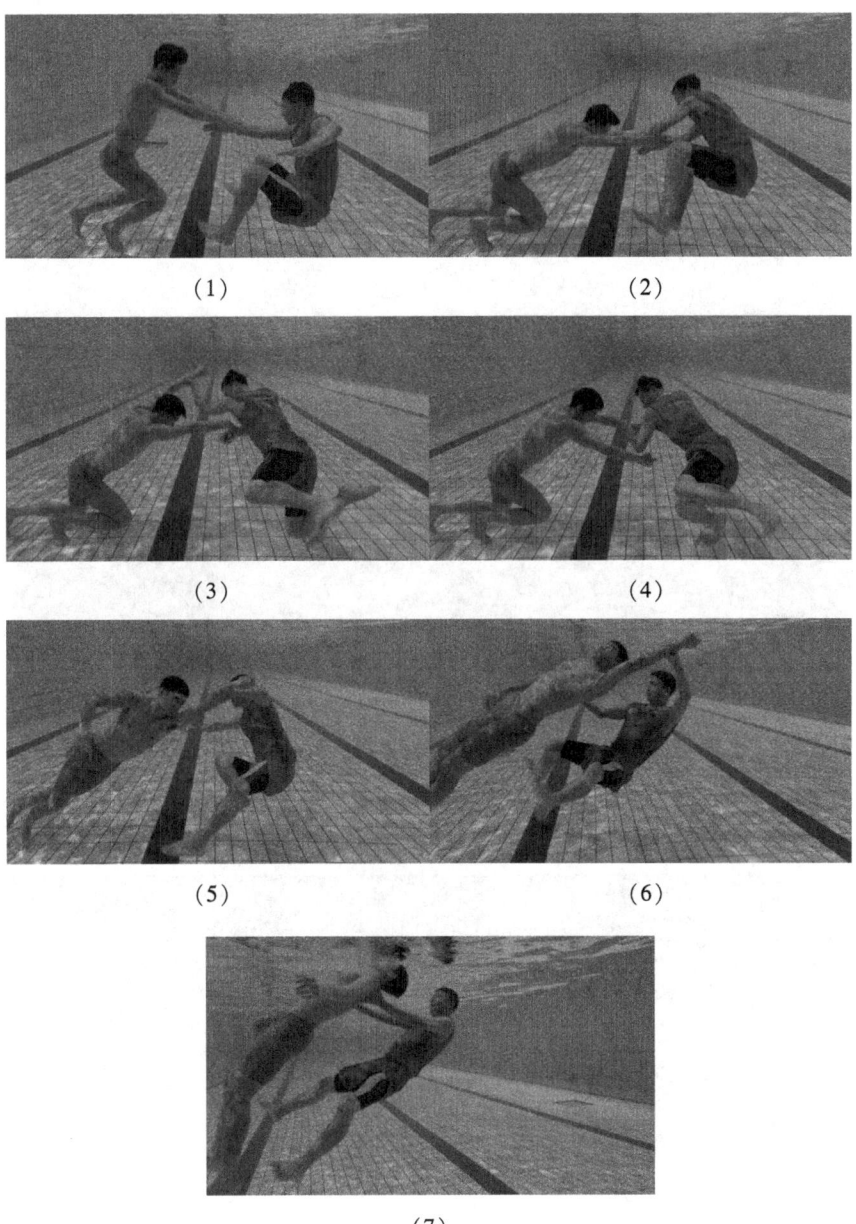

图4-23 水中推击肘击解脱技术动作组图

（二）异侧手在上解脱法

（微课视频"异侧手在上解脱技术"）

1. 动作要点

救生员的左臂被溺水者双手抓握时（溺水者左手在上，右手在下），救生员采用先用右手臂肘部击溺水者左手腕部，使其松开，再用右手虎口推击溺水者右腕部，顺势将溺水者右手腕控制，将溺水者的右手向救生员自己的右侧拉出，并将溺水者转体180°，使其背贴救生员前胸，左手顺势托腋，右手一并托腋控制溺水者并拖带（见图4-24）。

(1)　　　　　　　　　　　(2)

(3)　　　　　　　　　　　(4)

(5)　　　　　　　　　　　(6)

图4-24　肘击推击解脱技术动作组图

2. 练习步骤

（1）低头分清上下手。

（2）上体前倾，异侧手肘部用力回击推开溺水者上手腕部。

（3）异侧手虎口向下用力推击溺水者下手腕部。

（4）异侧手顺势将溺水者拉向救生员，使其背部紧贴救生员前胸。

（5）有效控制溺水者，托双腋拖带。

3. 动作重点

救生员用未被抓持的手臂肘部击溺水者手腕，注意应将身体转动以加大肘击手腕的力度。肘击结束后，迅速变为虎口向下推击另一手腕解脱，并直接抓持住溺水者手腕。注意推击的力度要大且准确。

4. 常见错误动作

（1）采取先推后击的动作手法。

（2）虎口方向错误。

（3）牵拉方向错误。

（4）肘部未击其腕部。

（5）牵拉溺水者时脱手，未能有效控制溺水者。

5. 水中解脱参照陆上解脱动作要点

如图4-25所示。

（1）　　　　　　　　　　（2）

（3）　　　　　　　　　　（4）

(5) (6)

(7)

图4-25 水中肘击推击解脱技术动作组图

八、交叉手腕部被溺水者双手抓握解脱方法

（微课视频"肘击转腕解脱技术"）

当救生员交叉手腕部被溺水者双手抓握时，可采用肘击转腕解脱法。

1. 动作要点

以溺水者右臂在上为例，当救生员交叉的双手被溺水者双手抓握时，救生员右手臂肘击溺水者左手腕，解脱左手臂，然后采用转腕上提抓腕，下压解脱上臂被抓持手腕解脱救生员的右手，趁势将溺水者向右面拉出，将其转体180°，至其后背贴近施救者前胸，左手顺势托腋，右手一并托腋控制住溺水者并拖带（见图4-26）。

(1) (2)

(3) (4)

(5) (6)

(7) (8)

图4-26 肘击转腕解脱技术动作组图

2. 练习步骤

（1）低头分清上下手。

（2）上侧被抓持手臂上提做转腕法解脱，解脱后反控制溺水者手腕。

（3）上侧手保持抓握动作，向异侧手斜上方牵拉，将肘部对转下侧手腕部位做回击动作。

（4）回击结束后，将溺水者牵拉转体至其背部对着救生员前胸。

（5）有效控制溺水者，托双腋拖带。

3. 动作重点

救生员上侧手做转腕法解脱，并控制溺水者手腕。肘部回击下侧手腕部位，力度要大且击打部位准确。注意动作要连贯完成，不要有停顿。

4. 常见错误动作

（1）上提幅度不到位。

（2）虎口转动方向错误。

（3）牵拉方向错误。

（4）肘部未回击手腕部。

（5）牵拉溺水者时脱手，未能有效控制溺水者。

5. 水中解脱参照陆上解脱动作要点

如图 4-27 所示。

(1)　　　　　　　　　　　(2)

(3)　　　　　　　　　　　(4)

(5)　　　　　　　　　　　(6)

图 4-27　水中肘击转腕解脱技术动作组图

九、正面腰部及腰和手部被溺水者抱持的解脱方法

当救生员正面双臂肘部关节以下和躯干同时被溺水者抱持时，一般采用夹鼻推颌解脱技术；当救生员背面双臂肘部关节以下和躯干同时被溺水者抱持时，一

般采用弓身抽手掰指解脱技术。

（一）正面腰部被溺水者抱持解脱方法

（微课视频"夹鼻推颌解脱技术"）

1. 动作要点

当救生员被正面抱持腰部时，先低头分清溺水者脸部朝向并用同侧手食指、中指夹紧溺水者的鼻子，掌心盖住溺水者的嘴，用掌根托住溺水者下颌，另一只手托紧溺水者同侧腰部，托下颌手向前方推出，迫使溺水者头部后仰，抱腰手用力向自己方向压，做螺旋向上式推压，将溺水者转体180°，迫使溺水者松开双手，背向救生员并贴近救生员前胸，压腰手抽出托腋，然后夹鼻手一并托腋控制溺水者（见图4-28）。

（1）　　　　　　（2）

（3）　　　　　　（4）

（5）　　　　　　（6）

图4-28　夹鼻推颌解脱技术动作组图

2. 练习步骤

（1）低头分清溺水者脸部朝向。

（2）抽出手朝向同侧手对溺水者夹鼻、捂嘴、推颌。

（3）同时另一手托紧溺水者同侧后腰。

（4）做拉、推动作（以溺水者做出背弓动作为准）。

（5）及时将溺水者转至背向救生员，并紧贴救生员前胸（腰部手做转动动作）。

（6）有效控制溺水者，托双腋拖带。

3. 动作重点

救生员做夹鼻、捂嘴、托压腰动作要一体完成，应先拉近溺水者身体再做推颌后仰动作，转体时必须旋转溺水者腰部。

4. 常见错误动作

（1）未分清溺水者脸部朝向。

（2）夹鼻、捂嘴、推颌不连贯。

（3）托压手推压脸朝向侧腰部。

（4）未先做拉近动作，直接推颌。

（5）未旋转溺水者腰部，而是推转其头部。

（6）推转溺水者时脱手，未能有效控制溺水者。

5. 水中解脱参照陆上解脱动作要点

如图 4-29 所示。

(1)　　　　　　　　　　(2)

(3)　　　　　　　　　　(4)

（5） （6）

图 4-29 水中夹鼻推颌解脱技术动作组图

（二）正面腰和手部被溺水者抱持解脱方法

（微课视频"弓身抽手夹鼻推颌解脱技术"）

1. 动作要点

当救生员腰和手部同时被正面抱持时，先低头分清溺水者脸部的朝向，弓身收腹含胸，臀部后顶，两臂内旋，抽出同侧手并用食、中指紧夹溺水者的鼻，掌心盖住溺水者的嘴，并用掌根托住溺水者的下颌，另一手从抱持手臂内侧紧抱溺水者腰，托下颌手向前方推出，迫使溺水者头部后仰，抱腰手用力向自己方向压，做螺旋向上式推压，使溺水者松开双手，然后将溺水者转体180°，同时头穿过溺水者扶腰侧腋下，压腰手顺势托腋，然后夹鼻手一并托腋控制溺水者（见图4-30）。

（1） （2）

（3） （4）

(5)   (6)

图4-30 弓身抽手夹鼻推颌解脱技术动作组图

2. 练习步骤

(1) 低头分清溺水者脸部朝向。
(2) 弓身、扩张、抽手（溺水者脸部方向手臂）。
(3) 抽出手对溺水者夹鼻、捂嘴、推颌。
(4) 同时另一手从抱持手臂内侧抱紧溺水者后腰。
(5) 做拉、推动作（以溺水者做出背弓动作为准）。
(6) 及时将溺水者转至背向救生员，并紧贴救生员前胸（腰部手做转动动作）。
(7) 有效控制溺水者，托双腋拖带。

3. 动作重点

救生员做弓身、扩张、抽手动作要一体完成，夹鼻、捂嘴、抱腰动作也要一体完成，应先拉近溺水者身体再做推颌后仰动作，转体时必须旋转溺水者腰部。

4. 常见错误动作

(1) 未分清溺水者脸部朝向。
(2) 弓身、扩张、抽手不连贯。
(3) 夹鼻、捂嘴、推颌不连贯。
(4) 抱腰手臂在溺水者抱持手臂外侧抱腰。
(5) 未先做拉近动作，直接推颌。
(6) 未旋转溺水者腰部，而是推转其头部。
(7) 推转溺水者时脱手，未能有效控制溺水者。

5. 水中解脱参照陆上解脱动作要点

如图4-31所示。

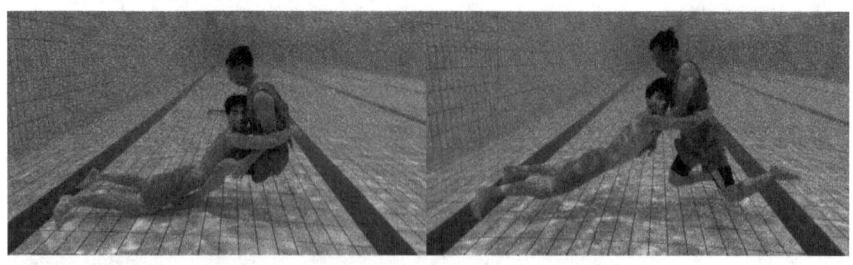

(1)   (2)

图4-31 水中弓身抽手夹鼻推颌解脱技术动作组图

十、背面腰部及腰和手部被溺水者抱持解脱方法

（一）背面腰部被溺水者抱持解脱方法

（微课视频"掰指解脱技术"）

1. 动作要点

当救生员背面腰部被抱持时，先低头分清溺水者哪只手在上，双手分别压住溺水者同侧手臂，先扳开溺水者在外侧手掌的中指，使之松开后用力向外展开，然后再掰开另一手掌的中指，松开后用力向外展开，使两臂呈侧上举。救生员低头弯腰穿过溺水者腋下，放开溺水者一只手，同时撤移至其后，先放手顺势托腋，将溺水者贴紧救生员前胸，有效控制住溺水者，另一手随后一并托腋控制（见图4-32）。

(3)　　　　　　　　　　(4)

(5)　　　　　　　　　　(6)

图4-32　腰部掰指解脱技术动作组图

2. 练习步骤

（1）低头分清溺水者抱持的上下手。

（2）先抽出溺水者上面手臂同侧手压住溺水者双手，再抽出另一手压住双手。

（3）先掰开溺水者上面手掌中指，再掰开另一手掌中指，同时外展上举下蹲。

（4）救生员下蹲至溺水者腰部，放开溺水者一只手，同时撤移至溺水者身后，使其紧贴救生员前胸。

（5）有效控制溺水者，托双腋拖带。

3. 动作重点

救生员掰溺水者中指做解脱动作，上举下蹲一体完成，且要蹲至溺水者腰部以下，撤移时放开溺水者一侧手臂，并从其腋下后撤。

4. 常见错误动作

（1）未分清溺水者上下手臂。

（2）未对溺水者中指进行掰指解脱动作。

（3）上举下蹲动作不连贯，且未蹲至其腰部以下。

（4）撤移时未放开溺水者一侧手臂，且未从其腋下后移。

（5）撤移时脱手，未能有效控制溺水者。

5. 水中解脱参照陆上解脱动作要点

如图 4-33 所示。

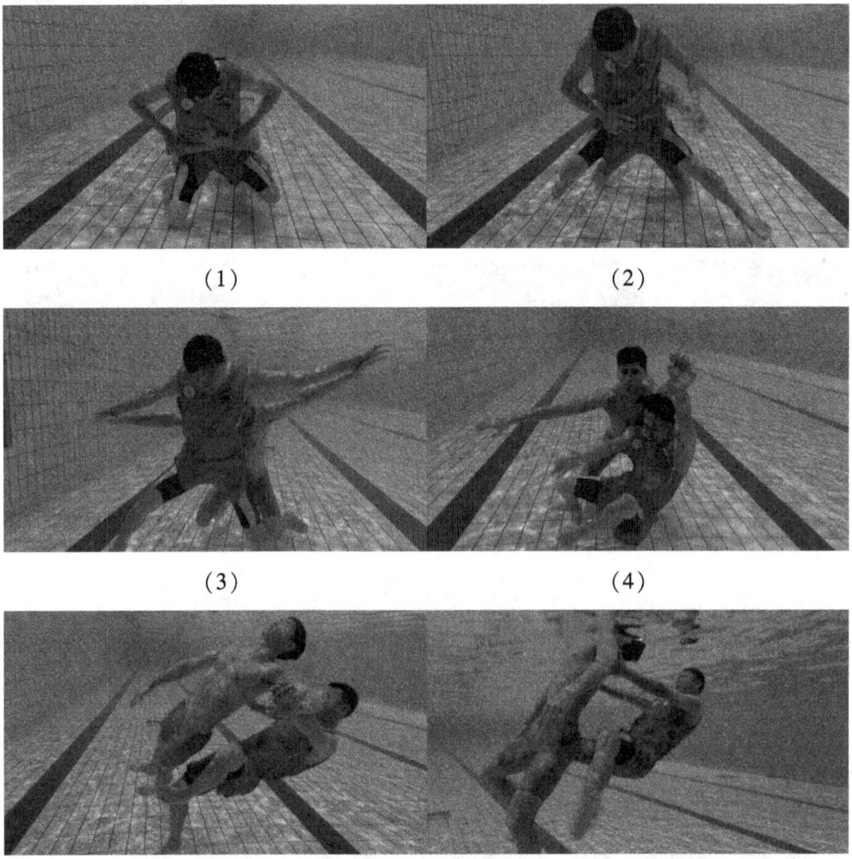

(1)　　　　　　　　　(2)

(3)　　　　　　　　　(4)

(5)　　　　　　　　　(6)

图 4-33　水中腰部掰指解脱技术动作组图

（二）背面腰和手部被溺水者抱持解脱方法

（微课视频"弓身抽手掰指解脱技术"）

1. 动作要点

当救生员的手部和腰部同时从背面被抱持时，救生员先低头分清溺水者哪只手在上，然后弓身收腹含胸，臀部后顶、两臂内旋、前推，先抽出一手压住溺水者同侧手臂，再抽出另一手压住另一侧手臂。先掰开溺水者在外侧手掌的手指，使之松开后用力向外展开，再掰开另一手掌的手指，松开后用力向外展开，使两臂呈侧上举。救生员低头弯腰至溺水者腋下，先放开溺水者一只手，同时撤移至其后，再放手顺势托腋，将溺水者背部贴紧救生员前胸，有效控制住溺水者，另一手随后一并托腋控制（见图 4-34）。

(1)　　　　　　　　　　　(2)

(3)　　　　　　　　　　　(4)

(5)　　　　　　　　　　　(6)

(7)　　　　　　　　　　　(8)

图4-34　弓身抽手腰部掰指解脱技术动作组图

2. 练习步骤

（1）低头分清溺水者抱持的上下手。

(2) 弓身、扩张、抽手。

(3) 先抽出溺水者上面手臂同侧手压住溺水者双手，再抽出另一手压住双手。

(4) 先掰开溺水者上面手掌中指，再掰开另一手掌中指，同时外展上举下蹲。

(5) 救生员下蹲至溺水者腰部，放开溺水者一只手，同时撤移至溺水者身后，紧贴救生员前胸。

(6) 有效控制溺水者，托双腋拖带。

3. 动作重点

救生员做弓身、扩张、抽手动作要一体完成，掰溺水者中指做解脱动作、上举下蹲一体完成，且要蹲至溺水者腰部以下，撤移时放开溺水者一侧手臂，并从其腋下后撤。

4. 常见错误动作

(1) 未分清溺水者上下手臂。

(2) 弓身、扩张、抽手不连贯。

(3) 被抱持手只抽出一侧。

(4) 未对溺水者中指进行掰指解脱动作。

(5) 上举下蹲动作不连贯，且未蹲至其腰部以下。

(6) 撤移时未放开溺水者一侧手臂，且未从其腋下后移。

(7) 撤移时脱手，未能有效控制溺水者。

5. 水中解脱参照陆上解脱动作要点

如图 4-35 所示。

(1)　　　　　　　　　(2)

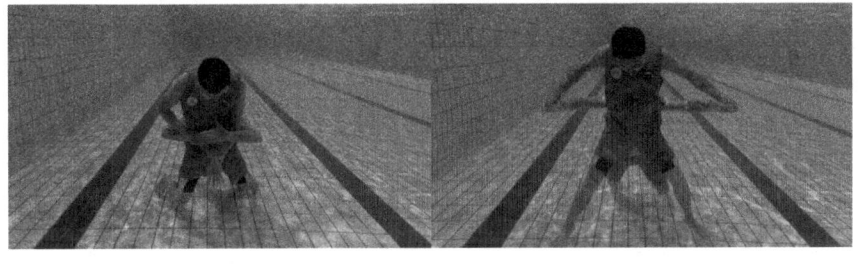

(3)　　　　　　　　　(4)

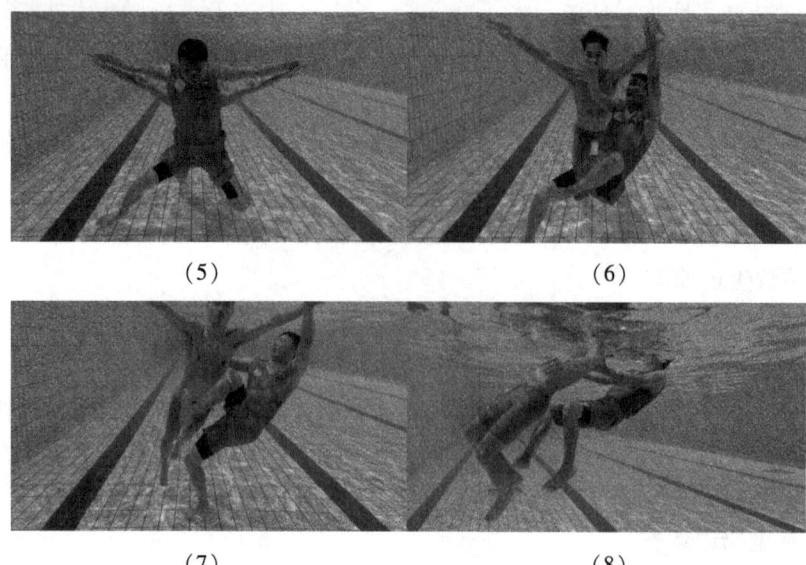

(5) (6)

(7) (8)

图 4-35 水中弓身抽手腰部掰指解脱技术动作组图

十一、双人抱持解脱方法

双人抱持解脱可采用托腋或夹胸蹬离解脱法。

1. 动作要点

（1）托腋蹬离法动作要点（此方法适用于双人正面抱持情况）。

在解脱前，救生员需认清抱持的两个人中谁是溺水者。救生员双手插入溺水者的两腋下托腋控制，提起一脚紧贴被抱持人胯部，再用柔力蹬离两人。当二人的肩部松离时，再提起一脚紧贴被抱持人胸部，将被抱持人蹬离解脱，随即将溺水者拖带至水面（见图 4-36）。

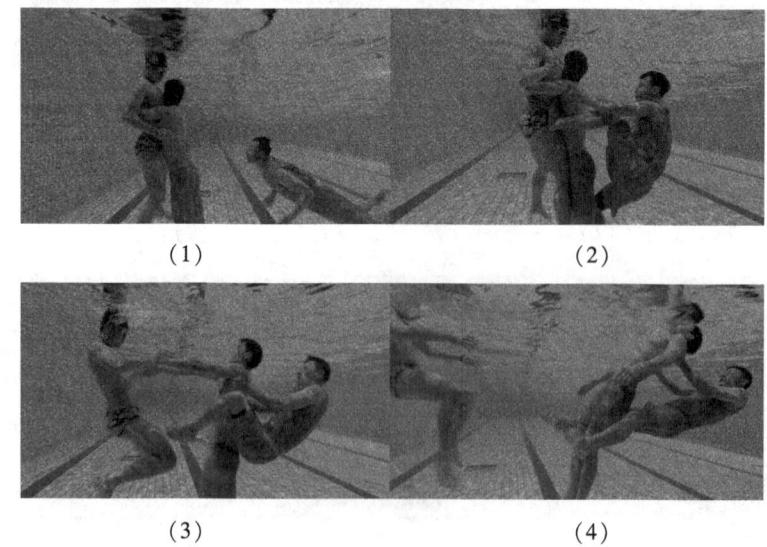

(1) (2)

(3) (4)

图 4-36 水下托腋蹬离解脱技术动作组图

（2）夹胸蹬离解脱法动作要点：此方法适用于双人背面抱持情况。

在解脱前，救生员需认清抱持的两个人中谁是溺水者，救生员手由溺水者一侧肩上，经溺水者前胸插入另一侧肋骨夹胸，同时一脚（与夹胸手同侧）紧贴被抱持人胯部，用柔力蹬离两人，以免被抱人受伤。当二人的肩部松离时，再提起一脚（与夹胸手同侧）紧贴被抱持人胸部，将被抱持人蹬离解脱，随即将溺水者拖带至水面。

2. 练习步骤

（1）分清溺水者抱持状况。
（2）选择外侧抱持者接近。
（3）采用托腋法或夹胸拖带法将外侧抱持溺水者控制。
（4）采用蹬离法将另一溺水者蹬离开（溺水者胯骨部位）。
（5）将被控制溺水者拖至岸边，再返回施救另一溺水者。
（6）有效控制溺水者，托双腋拖带。

3. 动作重点

救生员应判断准确，分清外侧抱持者和内侧抱持者。正确采用托腋或夹胸拖带技术控制溺水者。蹬离溺水者时注意蹬离部位应为溺水者胯骨部位。

4. 常见错误动作

（1）对溺水者抱持状态判断不准确。
（2）未对溺水者采用正确的拖带技术。
（3）蹬离位置不正确。
（4）未能有效控制溺水者。

十二、双腿被溺水者抱持

双腿被溺水者抱持时，可采用夹鼻推颌解脱法。

1. 动作要点

当救生员双腿被抱持时，先低头分清溺水者脸部的朝向，弓身收腿含胸，臀部后顶，同侧手食指、中指紧夹溺水者的鼻，掌心盖住溺水者的嘴，并用掌根托住溺水者的下颌，另一手紧抱溺水者背部并用力向自己方向压，托颌手用力向前方推出，迫使溺水者头部后仰并松开双手，之后及时将溺水者转体180°，压背手先托腋控制溺水者，然后夹鼻手一并托腋，迅速将溺水者拖带至水面（见图4-37）。

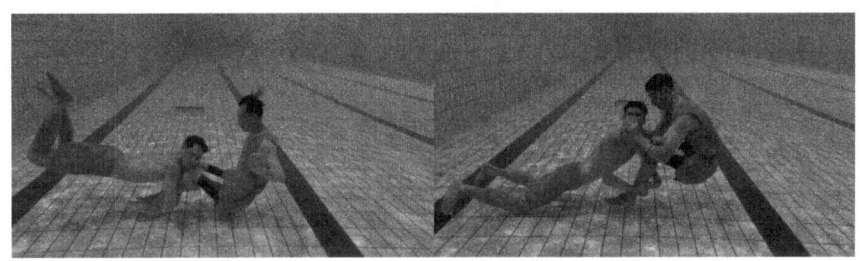

（1）　　　　　　　　（2）

(3)　　　　　　　　　　　　　(4)

图 4-37　水下夹鼻推颌解脱技术动作组图

2. 练习步骤

（1）低头分清溺水者脸部朝向。

（2）收腿团身，对溺水者夹鼻、捂嘴、推颌。

（3）另一手臂抱紧溺水者后腰。

（4）做拉、推动作（以溺水者做出背弓动作为准）。

（5）及时将溺水者转至背向救生员，并紧贴救生员前胸（腰部手做转动动作）。

（6）有效控制溺水者，托双腋拖带。

3. 动作重点

救生员收腿团身做夹鼻、捂嘴、推颌要一体完成，应先拉近溺水者身体再做推颌后仰动作，转体时必须旋转溺水者腰部，使其转至背向救生员。

4. 常见错误动作

（1）未分清溺水者脸部朝向。

（2）夹鼻、捂嘴、推颌不连贯。

（3）未先做拉近动作，直接推颌。

（4）未旋转溺水者腰部，而是推转其头部。

（5）推转溺水者时脱手，未能有效控制溺水者。

第四节　拖带技术

拖带是指救生员在水中采用侧泳、反蛙泳等不同的游泳技术，将溺水者拖带到池边的一种技术。拖带技术主要包括夹胸拖带技术、双手托双腋拖带技术、托颌拖带技术、托枕拖带技术、双人拖带技术等方法。

救生员使用拖带技术救助溺水者时，应始终保持溺水者的口鼻露出水面。

一、夹胸拖带技术

（微课视频"夹胸拖带技术"）

夹胸拖带技术是指用一侧手臂从溺水者肩上夹住其胸部，采用侧泳游进的拖带技术，较适宜于身材高大、臂长、体力较好的救生员，也适用于尚有挣扎意识的溺水者。

（一）动作要点

以左臂为例，救生员左臂由溺水者的左肩上穿过，上臂和肘紧贴溺水者胸部，左腋紧贴溺水者左肩，左手抄于溺水者的右肋部，并将此作为拖带的用力点，使溺水者头部后仰卧于救生员右肩处。在运送过程中，救生员的另一侧手掌心向后划手推水，左髋顶住溺水者的腰背部，保持水平位置，便于拖带。救生员根据自己的技术特长，可采用蛙泳腿或侧泳腿技术（见图4－38）。

（1）　　　　　　　　　　　　　　（2）

图4－38　夹胸拖带技术动作示意图

（二）练习步骤

可以分以下两个步骤重复练习，强调动作要点，可做陆上模拟练习和水中实战训练。

（1）救生员左臂由溺水者的左肩上穿过，上臂和肘紧贴溺水者胸部，左腋紧贴溺水者左肩，左手抄于溺水者的右肋部，并将此作为拖带的用力点。

（2）救生员左髋顶住溺水者的腰背部，保持水平位置，便于拖带。

（三）常见错误动作

（1）救生员从溺水者同侧腋下穿过。

（2）救生员用手臂从溺水者同侧肩上穿过时，用力过猛，造成溺水者头部二次没水。

（3）救生员髋部没有顶住溺水者的腰背部。

二、双手托双腋拖带技术

（微课视频"托双腋拖带技术"）

双手托双腋拖带技术是指救生员使用双手托溺水者双腋拖带溺水者的一种方法，这种方法比较省力，易于控制溺水者。

1. 动作要点

救生员双手托在溺水者的两侧腋下，以拇指分别紧握溺水者上臂两侧，四指分开托住腋下，用反蛙泳蹬腿动作进行拖带，收腿时轻顶溺水者髋关节部位，使溺水者保持接近水平仰卧，这种方法适用于昏迷或有些应激挣扎的溺水者（见图4-39）。

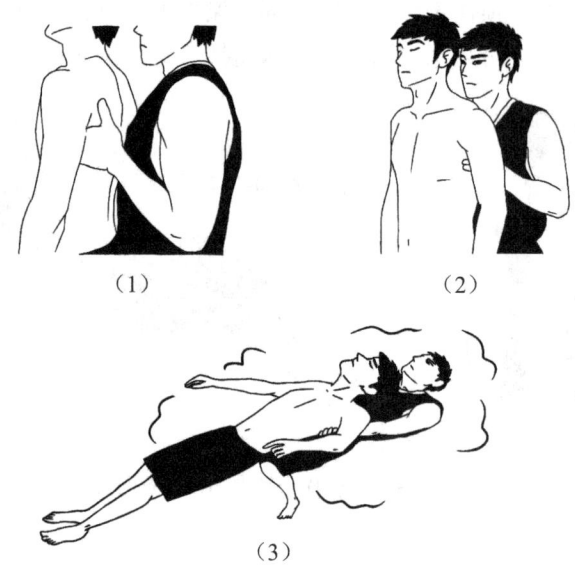

图4-39 双手托双腋拖带技术动作示意图

2. 练习步骤

可以分以下三个步骤重复练习，强调动作要点，可做陆上模拟练习和入水实战训练。

（1）救生员双手托在溺水者的两侧腋下。
（2）救生员以拇指分别紧握溺水者上臂两侧，四指分开托住腋下。
（3）救生员用反蛙泳蹬腿动作进行拖带。

3. 常见错误动作

（1）救生员托在溺水者的两侧腋下不实。
（2）救生员拖带时双臂没有伸直。
（3）救生员蹬反蛙泳腿时与溺水者保持距离不够。

三、其他拖带技术

（微课视频"其他拖带技术"）

（一）托颌拖带

救生员双手托住溺水者的下颌骨两侧，使溺水者的口鼻始终保持在水面上，用反蛙泳技术游进，见图4-40（1）。

（二）托枕拖带

托枕拖带技术不适用于疑似颈部受伤者。救生员用左（右）手托住溺水者的后脑（枕部），用力握紧枕部两侧，采用侧泳或反蛙泳游进，见图4-40（2）。

（三）双人拖带

两名救生员拖带一名溺水者时，两名救生员用靠近溺水者一侧的手臂托住溺水者的腋下，用侧泳技术游进，见图4-40（3）、图4-40（4）。

图4-40 其他拖带技术动作组图

第五节 上岸技术

上岸是指救生员将溺水者从水中送上池岸的一种救助方法。由于游泳池边的建筑结构和溺水者的受伤情况不同，上岸的方法也各有区别，常用的方法有深水无阶梯双人上岸技术、深水无阶梯单人上岸技术、浅水无阶梯单人上岸技术等。

一、深水无阶梯双人上岸技术

（微课视频"双人上岸技术"）

1. 动作要点（左手到边为例）

（1）以右手夹胸为例，在水中的救生员 A 将溺水者夹胸拖带至靠近池边后，划水手（左手）穿过溺水者腋下抓住池边，划水手（左手）顺着溺水者的左手臂移至前臂交给岸上接应的救生员 B，B 用左手反握抓腕部。救生员 A 再将溺水者的右前臂上举，救生员 B 右手抓握，将溺水者转体180°，使溺水者背对岸边（见图4-41）。

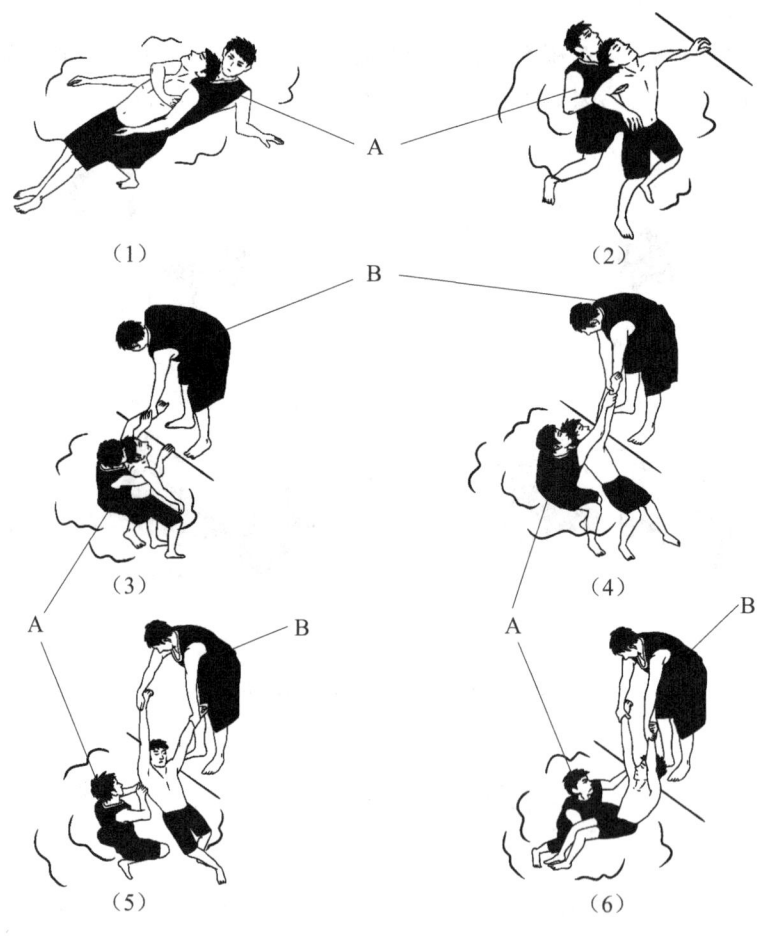

图4-41 双人上岸技术动作——靠岸及控制组图

（2）救生员 A 右手托起溺水者大腿，救生员 B 将溺水者向上提后再用力拖上岸（见图4-42）。

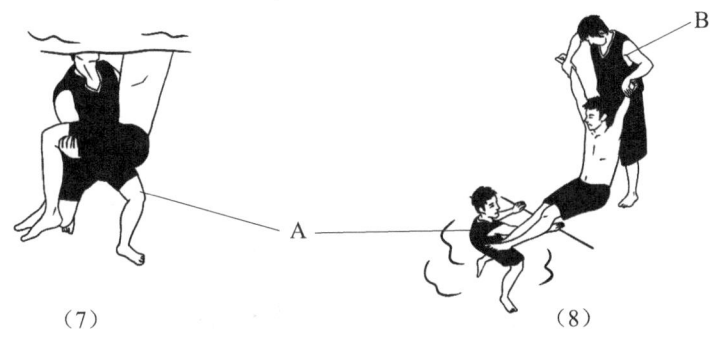

图4-42 双人上岸技术动作——提拉技术组图

（3）上岸后救生员B将溺水者双手交叉固定于上腹部，再将右手穿过溺水者腋下固定溺水者双手，左手轻护溺水者额头，使其头部仰卧在救生员右手上臂处，同时护住头颈。然后将溺水者向后撤至安全区域，护住头颈腰，缓慢放平呈仰卧姿势（见图4-43）。

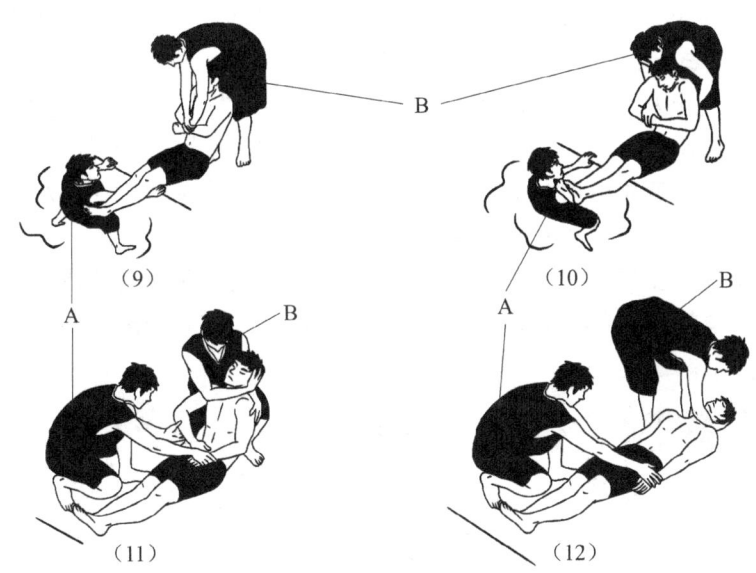

图4-43 双人上岸技术动作——保护头颈脊部组图

2. 练习步骤

可以分以下四个步骤重复练习，强调动作要点，可做陆上模拟练习和入水实战训练。

（1）在水中的救生员将溺水者双手拖带至池边后，以夹胸的右手顺着溺水者的左手臂移至前臂，交给在池岸上接应的救生员，接应救生员用和溺水者同侧的手反握抓腕部。

（2）水中的救生员将溺水者的右手前臂上举，接应救生员右手抓握，将溺水者背对岸边。

（3）接应救生员将溺水者向上预提放下后再用力上提，水中救生员可协助同伴将溺水者上托上岸。

(4) 将溺水者放平,呈仰卧姿势。

3. 常见错误动作

(1) 水中救生员与岸上救生员配合时,左右手未分清,造成向上提拉错误。

(2) 岸上救生员未向上预提就用力上拉,造成溺水者脊柱受伤。

二、深水无阶梯单人上岸技术

(微课视频"单人上岸技术")

在游泳池的深水区,将溺水者拖带至池边时,由于水面距离池边平台较高或只有一名救生员在场,这时可以采用深水无阶梯单人上岸技术。

1. 动作要点(以右手到边为例)

(1) 救生员将溺水者拖带至池边,用右手穿过溺水者腋下抓攀池边定位后,左手以同样方式定位,将溺水者移近岸边。

(2) 救生员左手抓住溺水者的左手压在池边,然后右手抓住溺水者右手移压在溺水者的左手手背上,固定后腾出左手,右手将溺水者重叠的双手紧压。

(3) 右手提起手肘向左绕过溺水者头部,左手抓攀池边,在溺水者的左侧,上岸用蛙腿脚蹬夹,双手用力撑起。

(4) 救生员上岸后,右手不能离开溺水者重叠的双手并右转成面对溺水者,然后用左手紧抓溺水者的左腕,右手抓住溺水者的右腕(见图4-44)。

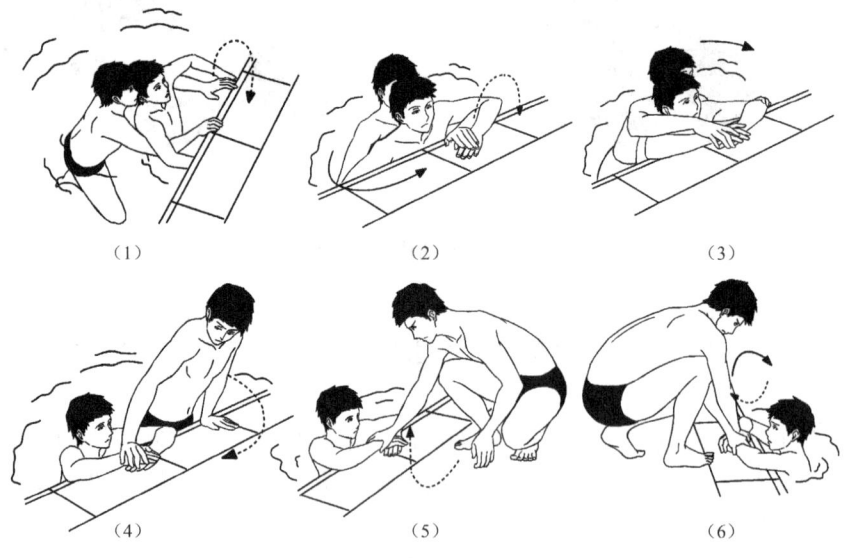

图4-44 单人上岸技术动作组图1

(5) 救生员紧抓溺水者双手腕,稍提起将溺水者转体180°呈背对池边。

（6）救生员双脚前后开立，双手先将溺水者向上预提一下（利用水的浮力）再放下，然后用力将溺水者上提，使其臀部高于池面后，移至池岸。

（7）救生员右手紧抓溺水者，右手上提，防止溺水者倒下，将前腿膝盖顶住溺水者背部，用同侧手分别将溺水者手臂移至上腹部，并迅速向后撤至安全区域。

（8）脱出左手移至溺水者颈部，保护头部和脊柱。救生员用右手将溺水者的双腿原地旋转90°，让溺水者呈仰卧姿势（见图4–45）。

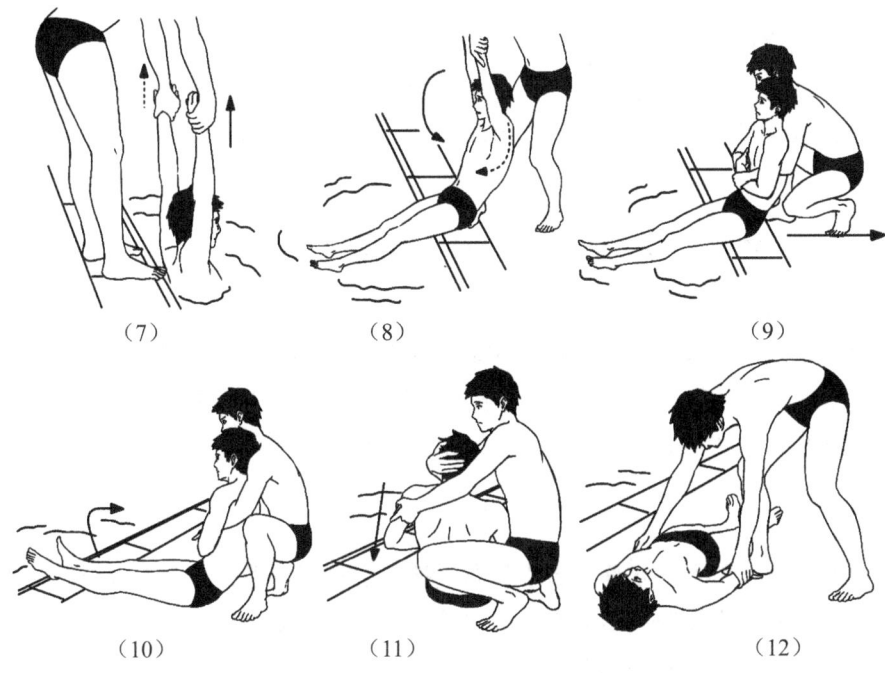

图4–45　单人上岸技术动作组图2

2. 练习步骤

可以分以下八个步骤重复练习，强调动作要点，可做陆上模拟练习和入水实战训练。

（1）救生员将溺水者拖带至池边，先用左手抓攀池边定位，再将溺水者移近岸边。

（2）救生员用右手将溺水者的左手压在池边，然后左手移压在溺水者的左手背上，腾出右手。

（3）救生员用右手抓住溺水者的右手，移至溺水者的左手背上重叠，并用右手将溺水者重叠的双手紧压在岸边，右手紧压在溺水者重叠的双手背上，左手抓攀岸边，在溺水者的左侧，上岸用蛙腿脚蹬夹，双手用力撑起。

（4）救生员上岸后，右手不能离开溺水者重叠的双手并右转成面对溺水者，然后用左手紧抓溺水者的左腕，右手抓住溺水者的右腕。

（5）救生员紧抓溺水者双手腕，稍提起将溺水者转体180°呈背对池壁姿势。

（6）救生员双脚左右开立，与肩同宽。双手先将溺水者向上预提一下（利用水的浮力），然后用力将溺水者上提，使其臀部高于池面后，移至池岸。

（7）救生员右手紧抓溺水者，右手上提，防止其倒下，脱出左手移至溺水者颈部，保护头部和脊柱。

（8）救生员用右手将溺水者的双腿原地旋转90°，让溺水者呈仰卧姿势。

3. 常见错误动作

（1）救生员到池边时单手定位不牢。

（2）救生员未改变溺水者身体位置，未牢牢顶在池边。

（3）救生员未分清溺水者的上下手就轻易上岸，造成无法转体提拉。

（4）救生员将溺水者上提时，未使其臀部高于池面就提拉，造成溺水者腰椎受伤。

三、浅水无阶梯单人上岸技术（浅水蹬岸技术）

1. 动作要点

救生员站于溺水者右侧，使溺水者呈仰卧位，救生员右手抓起溺水者左手腕，左手抱腰。救生员右手将溺水者左手手肘拉至套在自身脖子上，左手上移托住溺水者头部，再弯腰用右手将溺水者双腿搬起，溺水者弯腰俯卧于救生员背上。

2. 练习步骤

（1）溺水者仰卧于水面，救生员右手抓起溺水者左手腕，左手抱腰。

（2）救生员右手将溺水者左手手肘拉至套在脖子上。

（3）救生员左手移至溺水者头部。

（4）救生员弯腰用右手将溺水者双腿搬起。

3. 常见错误动作

（1）溺水者手肘位套紧脖子。

（2）救生员右手只搬溺水者单腿。

四、扶梯上岸法

此上岸法适用于有意识的被救人员，救生员协助其自主上岸。

1. 动作要点

（1）救生员将溺水者拖带至池边扶梯前，先抓住扶梯扶手，后将被救人员移至扶梯。

（2）协助被救人员扶住扶梯把手，保护其上岸。

2. 练习步骤

可以分以下两个步骤重复练习，强调动作要点，可做陆上模拟练习和入水实战训练。

（1）救生员将溺水者拖带至池边扶梯前，先抓住扶梯扶手后，将被救人员移至扶梯。

（2）协助被救人员扶住扶梯把手，保护其上岸。

3. 常见错误动作

（1）救生员蹬踩扶梯不稳，造成滑倒。

（2）被救人员上岸滑落，救生保护不到位。

第六节　肩背运送技术

肩背运送技术是指救生员将溺水者送至现场急救室或邻近医院的一项专门技术。本节介绍其中的上肩动作技术和放下动作技术。

一、上肩动作技术

救生员 A 面对溺水者，右脚插入溺水者两腿间，双手握持其同侧手腕，救生员 B 位于溺水者头部位置，双手托住溺水者肩背，二人合力将其上身扶起。救生员 A 左脚后退一步成右弓步，双手从溺水者双腋下穿过到溺水者背后，并互抓手腕双臂夹住溺水者，在救生员 B 的协助下，将溺水者抱"坐"于右大腿上。救生员 A 头部从溺水者右股下错过，以右手插入其两腿间，并下踏降低自己的重心。以抄裆的右手臂将原"坐"在大腿上的溺水者上托，左手将溺水者右手左拉，在救生员 B 的协助下，使溺水者俯卧在救生员 A 的肩背上时，救生员 A 的右肩顶在溺水者的腹部，左肩顶在其胸部。救生员 A 右臂将溺水者右腿紧夹在右胸前，右手紧抓其右上臂，左手扶撑在自己的左膝，在救生员 B 的协助下用力站起，然后，左手向后上举，保护溺水者的头部，防止与障碍物、墙边等碰撞（见图 4-46）。

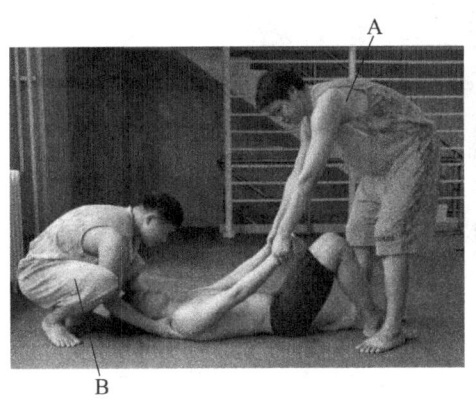

(1)

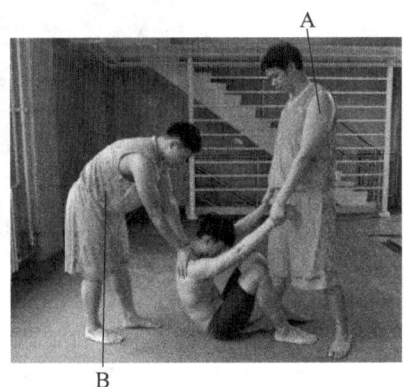

(2)

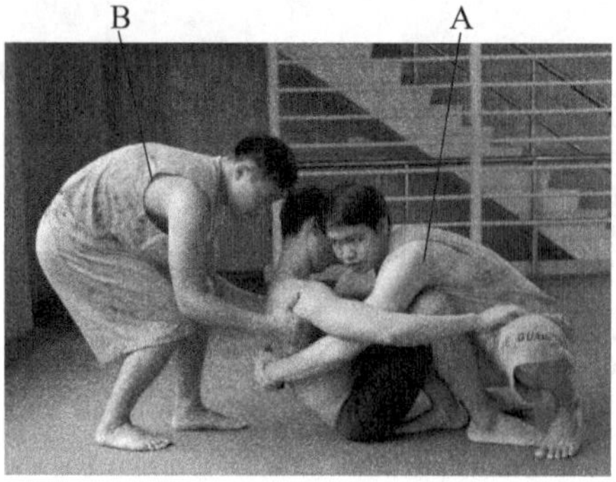

(3) 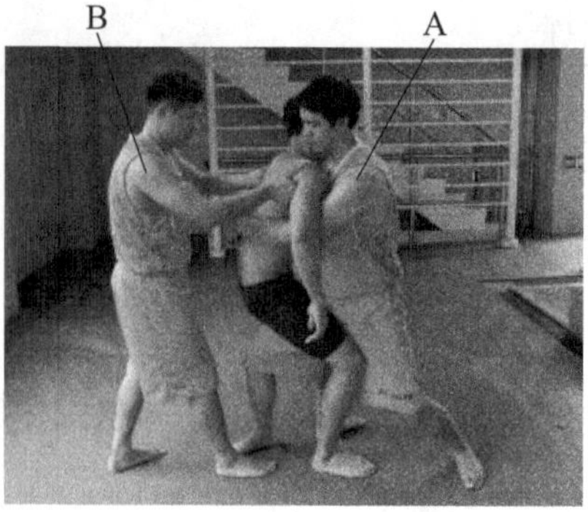　　　　　　　　　　(4)

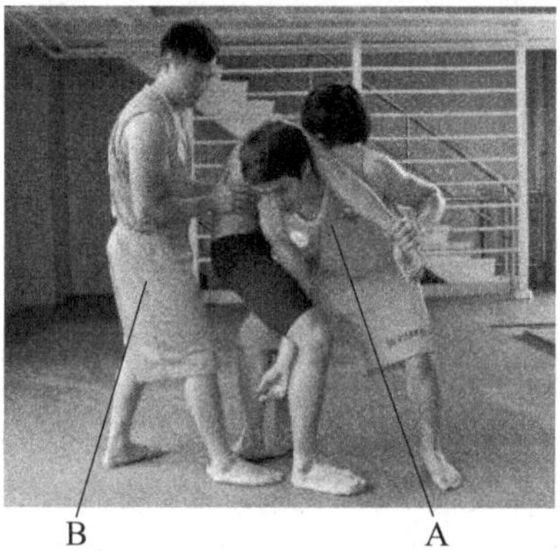

(5) 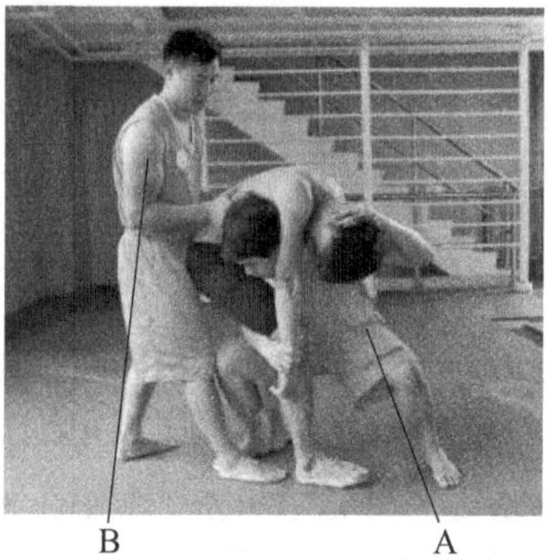　　　　　　　　　　(6)

(7)

图4-46　肩背运送技术动作——上肩动作组图

二、放下动作技术

救生员A右手抓握溺水者的右腕处，上身右倾下蹲，右臂托在裆下，右脚上前一步，将其抱"坐"在自己的右大腿上，救生员B在溺水者身后协助。救生员 A 左手仍紧抓溺水者的右臂，将其挂靠在颈背部保护好，抽出右手，插入溺水者背后并紧抱保护，然后，头部由溺水者的右腋下抽出，脱出左手，插入其后背，救生员 B 双手托住溺水者后背，与救生员 B 合力将溺水者缓缓放平于地面或急救板上（见图 4 – 47）。

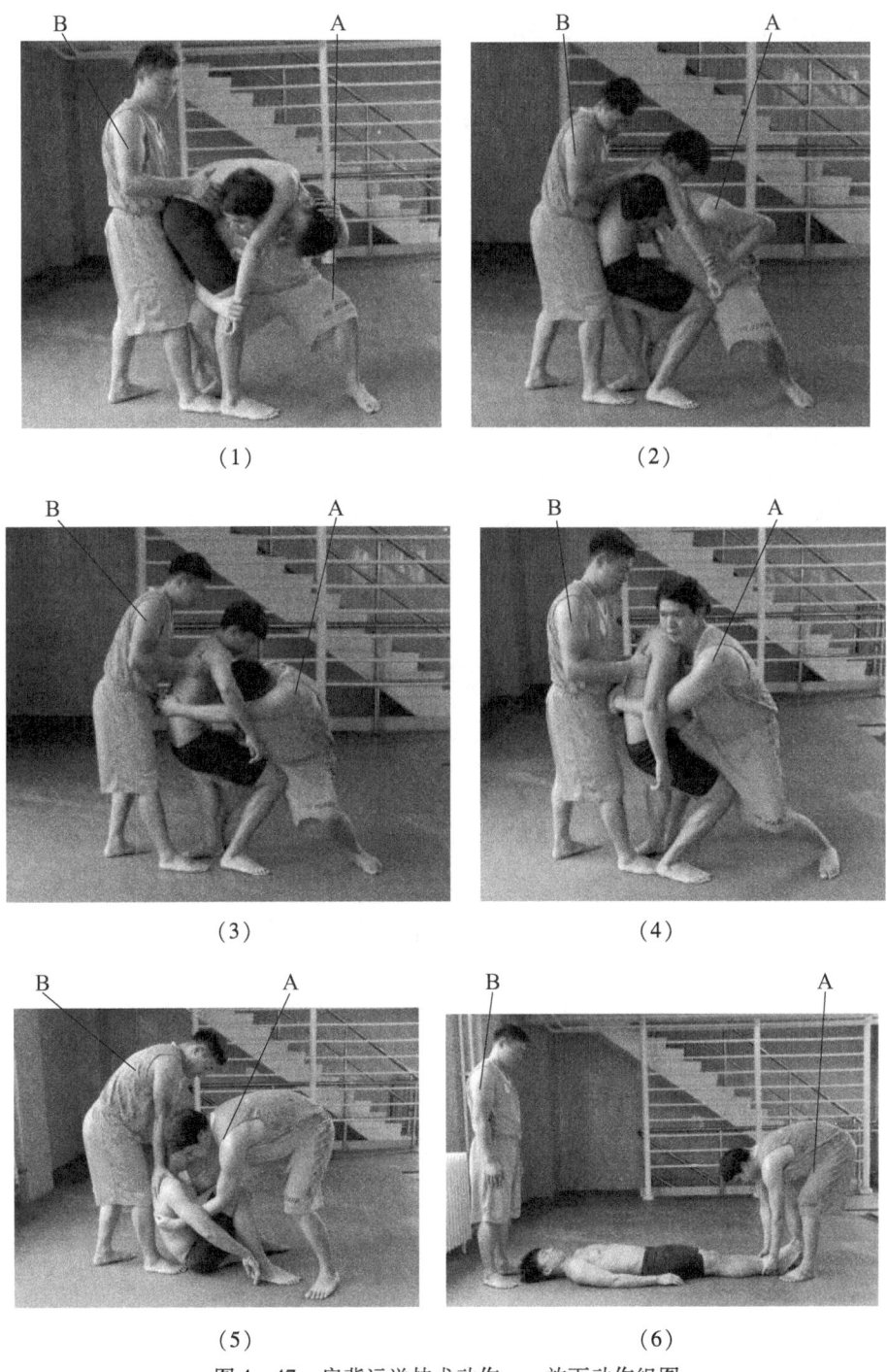

图 4 – 47　肩背运送技术动作——放下动作组图

📖 **思考题**

1. 游泳池现场徒手赴救包括哪些环节？
2. 当救生员单手（臂）被溺水者单手抓住时，应采用何种方法解脱？
3. 现场徒手赴救入水方式有哪些？
4. 泳池现场徒手赴救接近方式有哪几种？
5. 游泳池现场徒手赴救上岸方式有哪几种？

第五章　游泳池设施器材与施救

【学习目标】

1. 了解各救生器材的材质、摆放位置及主要用途；
2. 具备正确使用救生器材进行救援的能力；
3. 了解游泳场馆标志牌、警示语、告知牌的主要作用和摆挂位置。

【章节导引】

随着救生技术的不断更新与提高，救生装备也在不断地推陈出新，以适应游泳池安全开放的需要。本章将介绍常见游泳救生器材、场馆标志及标识等装备，结合救生员岗位工作实际情况，详细讲解各项装备的规格、摆放位置、作用及使用方法。

第一节　游泳池救生设施设备

一、救生观察台

救生观察台是救生员在值岗时为了便于及时并清晰地观察责任区水域游泳者而设置的一个特殊的救生椅（见图 5-1）。

（一）标准游泳场所救生观察台的设置标准

救生观察台的座椅高度应不低于 1.5 米，座位宜舒适，让救生员久坐也不易疲劳。救生观察台的阶梯上下应方便，安全牢固。为了避免形成观察盲区与死角，救生观察台的前沿必须与游泳

图 5-1　救生椅

池边垂直摆放。室外游泳场所救生观察台应为救生员配置遮雨棚或遮阳伞等。

（二）非标准游泳场所救生观察台的设置标准

非标准游泳场所可根据不同情况设置可移动的救生观察台，如大型游乐场水

域面积较大，可在水中设置救生观察台。此外，为便于观察，可适当调整救生观察台的高度。

二、游泳场馆标志标识

安全标志是游泳场所必须设置的标志牌，它可以提示游泳者注意安全，是预防安全事故发生的一种有效措施。游泳场所安全标志主要可分为告知牌、警示牌、标志牌三大类。

（一）告知牌

告知牌包括游泳场所示意图、救生员岗位值班图、绿色通道、残疾人通道、救生器材及各工作室标志牌、水温、室内温度、室外温度、水质告知牌等。告知牌的作用是告诉游泳者进该游泳场所应该知晓的注意事项，如进入游泳场所的安全须知、游泳场所泳客须知、游泳池溺水事故处理流程图、游泳池情况公示、游泳场所上岗人员公示牌等。告知牌通常张贴在游泳馆入口处或者通往泳池的通道旁边，以便于泳客清楚地了解相关内容（见图5-2～图5-4）。

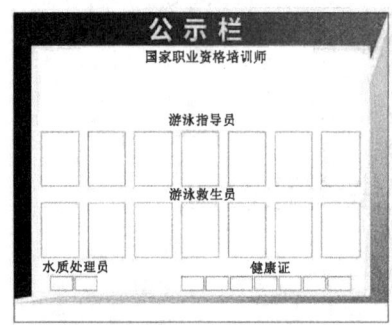

图5-2 公示栏

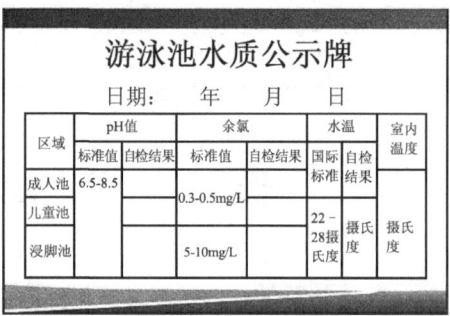

图5-3 水质公示牌

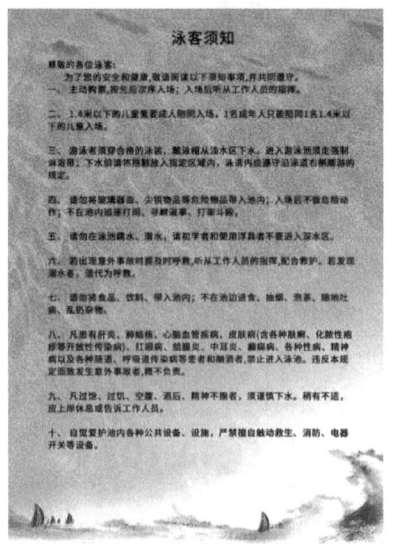

图5-4 泳客须知牌

(二) 警示牌

警示牌是警示游泳者在本场所哪些行为是禁止的、哪些地方是有危险的标志。例如，禁止潜泳警示牌、禁止跳水警示牌、禁止奔跑警示牌等（见图5-5、图5-6）。

图 5-5　警示牌1

图 5-6　警示牌2

(三) 标志牌

标志牌是提示游泳者了解游泳场所环境的标志。例如，深浅水区标志牌、更衣室标志牌、救生员休息室标志牌、紧急通道标志牌等（见图5-7～图5-9）。

图 5-7　标志牌1

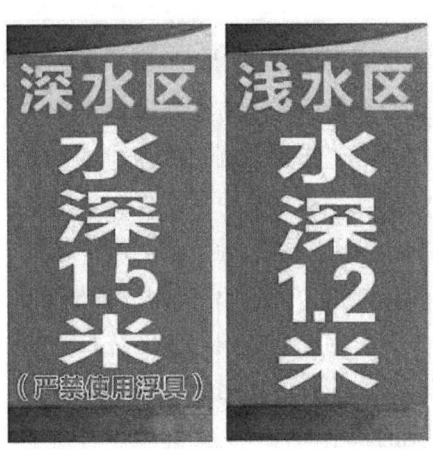

图 5-8　标志牌2

图 5-9 标志牌 3

第二节 游泳池救生器材与施救

一、游泳池救生器材的日常管理

（1）救生圈、救生杆、救生绳、救生浮标通常放在救生观察台一侧。

（2）游泳池救生器材必须有专人管理，未经许可不得随意挪动使用。

（3）按游泳池配备标准和场馆需求及时配置器材及设备，以保证场馆正常运营。

（4）做到定期保养，及时维修。如有损坏要及时更换，保持常用器材、设备完好无损。

二、救生圈（绳）

（一）救生圈（绳）摆放位置与规格

救生圈是游泳池常用的救生工具，通常悬挂在救生观察台一侧，一般放置于救生员岗位观察侧，以方便拿取。当发生溺水情况时，救生员可在岸上将救生圈抛投予溺水者，抛投距离一般为 5～8 米扇面范围，系绳救生圈可抛投后直接将溺水者拖回池岸边，救生员亦可以携带救生圈下水进行救援。救生圈的国家标准为：内径 440 毫米，外径 710 毫米，厚度 105 毫米，重量 2.5 千克，材质为高密度聚乙烯，浮力 14.5 千克，颜色为橘红色与白色相间。每个救生圈上应标明其名称、制造厂名、制造编号、制造日期及批号、检验机构检验标志。未使用的救生圈应存放在干燥的库房内，且应平放。

常见的救生圈可分为无绳型和有绳型两种（见图 5-10、图 5-11）。

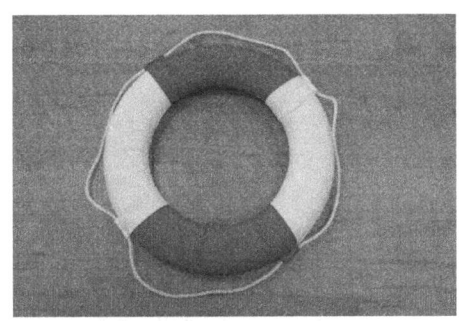
图 5 – 10　无绳型救生圈

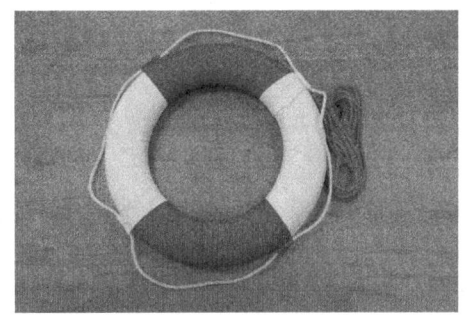
图 5 – 11　有绳型救生圈

（二）救生圈（绳）的使用

1. 无绳型救生圈

无绳型救生圈主要适用于有自主抓握救生浮具能力的溺水者，一般是救生员在岸边发现溺水者后，直接将无绳型救生圈抛在溺水者体侧，让溺水者抓握住以保证溺水者暂时的生命安全，然后再将其救回岸边（见图5 – 12）。此外，无绳型救生圈亦可起到救生员徒手救援臂延和防护的作用，增长岸边手援距离和避免被溺水者抓伤。

图 5 – 12　无绳型救生圈使用示例

2. 有绳型救生圈

有绳型救生圈是在无绳型救生圈上配备常规30米的救生圈安全绳，其由高强度轻质纤维制成，抗击性能好且延伸率小。有绳型救生圈较多适用于溺水者离岸边较远时救生员抛投使用，当溺水者抓握之后，救生员无须下水，手拉绳索即可将溺水者拉回岸边（见图5 – 13）。

图 5 – 13　有绳型救生圈使用示例

三、救生杆

（一）救生杆的摆放位置与规格

救生杆是游泳池常用的救生工具之一（见图5 – 14）。通常放置在救生观察台一侧，救生杆一般长度为3～4米，通常救生杆的前端有一软质材料的圈套，便于套扣溺水者或溺水者抓握。常用的有竹竿、塑料伸缩杆及铝合金杆。

目前游泳场所配备的救生杆基本都具备可伸缩一定长度的功能。伸缩救生杆的优点是只要溺水者距离在救生杆所能及的距离范围内，救生员可根据实际情况缩放救生杆长度以进行施救。伸缩救生杆的国家标准为：长4300毫米，大头43毫米，小头20毫米，材质为玻璃纤维，伸缩范围1000～4500毫米，拉动重量（水中浮动状态）120千克，最大弯曲直线500毫米，适合温度-10～40℃。

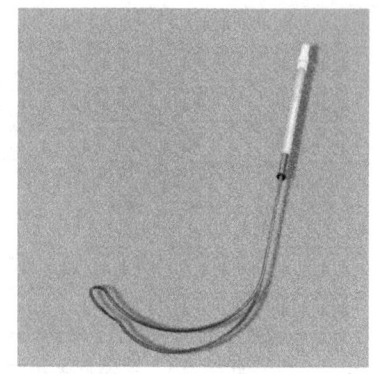

图5-14　救生杆

（二）救生杆的使用

救生杆是营救溺水者常用的器材之一，一般放置于救生观察岗位旁容易取拿的位置，当发生溺水事故时，可以及时取拿实施救援。救生杆的适用距离一般为离岸边3～10米远处，在使用救生杆救助前要先判断溺水者是否有意识和有能力抓握救生杆，然后根据距离及时调整杆长度，伸递给溺水者，避免因过长误砸或过短够不着溺水者而耽误救援最佳时机（见图5-15）。

图5-15　救生杆使用示例

四、救生浮标

（一）救生浮标的摆放位置与规格

救生浮标是世界各国救生员普遍采用的救生专用器材之一，是目前游泳场所救生器材的基本配置之一（见图5-16）。救生浮标通常由具有一定柔软度的泡沫制成，颜色为橘红色或黄色，一端连接有短绳，末端附有肩环和扣节，通常放置在救生观察台一侧。

救生浮标的标准为：总长度约3850毫米，浮标体长960毫米，宽145毫米，厚90毫米；一端附有长10毫米的弹簧扣，另一端附有长10毫米的环状扣，扣上系有一绳索，长2150毫米，绳索另一端与一长720毫米的圈状背带连接。

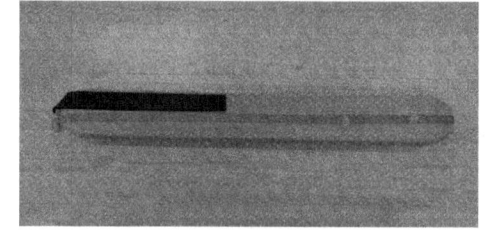

图5-16　救生浮标

（二）救生浮标的使用

1. 值岗佩戴

救生员在值岗观察期间，不论是坐岗还是巡岗，都应佩戴救生浮标，以应对突发溺水需要赴救的情况。佩戴救生浮标时，应将救生浮标上的肩带斜挎于一侧的肩部上，其他多余的托绳整理好绕在救生浮标上，或握在手中，或夹在救生浮标与身体之间，或双手臂抱住救生浮标，对值岗期间责任区进行观察（见图5-17、图5-18）。

图5-17　坐岗佩戴救生浮标

图5-18　值岗时佩戴救生浮标

2. 间接赴救

救生浮标在岸上救援也可作为"救生圈"使用，且特别适于对距离游泳池岸较近的游泳初学者和体力不支游泳者的间接救援。溺水者距离游泳池岸边2～3米时，救生员采用跪姿或俯卧池边姿势，将救生浮标抛到或递给溺水者，待溺水者抓住救生浮标后，将溺水者拉到游泳池岸边上岸（见图5-19）。特别注意抛救生浮标时不要直接抛向溺水者头部，这样可避免救生浮标上的扣环伤害到水中的溺水者。

图5-19　间接救援使用救生浮标示例

（三）其他间接救援的技术和方法

间接救援也称池岸救援。在适当条件下，对于救生员和溺水者来说，这是众多赴救技术中最安全、迅速和有效的技术。救生员在池岸上采用手援或使用现有基本救生器材（救生圈、救生杆等器材）可将较为清醒的溺水者救助上岸。

1. 手援技术

手援救援技术是指救生员根据具体情况徒手进行救援行动的一种方式，在采用此类技术时，救生员应先确保自身安全，防止被溺水者拖拽下水造成溺水者二次伤害。通常溺水者离池岸较近时，会采用这种水中救援技术。一般救生员以跪姿或俯卧的姿势，一只手抓住最近的可以固定自己身躯的物品，另一只手伸出对溺水者实施救援。

2. 其他间接救援工具的使用

游泳场所一般有许多可以充当间接救援工具的器物，例如，教学常用的打腿板，游泳者携带的毛巾、衣物，等等，这些器物在救援中都可起到延长徒手救援的作用（见图5-20、图5-21）。

图5-20 间接救援手援示例

图5-21 其他物品间接救援示例

第三节　救生浮标直接赴救技术

一、入水技术

当发生溺水情况，在游泳池岸上无法救援时，需要下水赴救，救生员要根据溺水者与岸边的距离、游泳池水的深度、救生观察台的高度、水中障碍物等不同因素采取合理的入水技术。救生员利用救生浮标施救的常用入水技术有以下四种：跨步式入水、蛙腿式入水、鱼跃浅跳式入水和救生台入水技术。

（一）跨步式入水技术

（微课视频"跨步式入水技术"）

1. 动作要点

救生员距离溺水者较近时可采用跨步式入水技术。救生员穿戴救生浮标的肩带，可采用左肩右斜方式或将其环绕固定于浮标中部，将救生浮标横置于胸前并经过腋下，手扶救生浮标中间下方，呈"抱胸"姿势，浮标托绳置于浮标和胸前间，双脚开立成跨步式，救生员眼睛始终盯紧水中溺水者，身体前倾向前跨出一步，蹬离岸边的腿用力蹬直，头部保持在水面上。入水后，双腿向内做剪夹水动作，形成向上合力，把口鼻始终保持在水面上（见图5-22）。

2. 常见错误动作

（1）双腿未前后分开。

（2）双手臂未抱紧救生浮标，浮标在入水后脱离救生员。

（3）救生员眼睛未始终盯紧水中溺水者。
（4）入水后，过于放松，双腿未立即做剪夹水动作。

图 5-22　浮标跨步式入水技术动作组图

（二）蛙腿式入水技术

（微课视频"蛙腿式入水技术"）

1. 动作要点

救生员距离溺水者较近时可采用跨步式入水技术。救生员穿戴救生浮标的肩带，可采用左肩右斜方式或将其环绕固定于浮标中部，将救生浮标横置于胸前并经过腋下，手扶救生浮标中间下方，呈"抱胸"姿势，浮标托绳置于浮标和胸前间，双脚左右开立，救生员眼睛始终盯紧水中溺水者，身体前倾，双腿同时用力蹬离池岸，在空中两腿做蛙泳腿外翻脚动作，入水后，双脚向内做快速蹬夹水动作，形成向上合力，使头部始终保持在水面上，且口鼻不应没水，眼睛始终盯住施救目标（见图5-23）。

图5-23　浮标蛙腿式入水技术动作组图

2. 常见错误动作

（1）双腿未同时蹬离池岸边。

（2）双手臂未抱紧救生浮标，浮标在入水后脱离救生员。

（3）救生员眼睛未始终盯紧水中溺水者。

（4）入水后，过于放松，双腿未立即做蹬夹水动作。

（三）鱼跃浅跳式入水技术

（微课视频"鱼跃浅跳式入水技术"）

1. 动作要点

救生员距离溺水者较远时可采用鱼跃浅跳式入水技术。救生员穿戴救生浮标的背带，可采用左肩右斜或右肩左斜的方式，手持救生浮标在池岸边起跳入水或跑动起跳入水。救生员起跳时用脚蹬离，双臂入水前将救生浮标浮体放置于体侧，腾空时双臂及双腿伸直，入水角度尽量要小。入水后头部尽快露出水面，眼睛锁定救援目标，然后快速游近溺水者（见图5-24）。

2. 常见错误动作
(1) 先放置救生浮标，后鱼跃式入水。
(2) 入水前，救生浮标位置放置错误，阻碍入水。
(3) 入水角度过大，平拍入水。

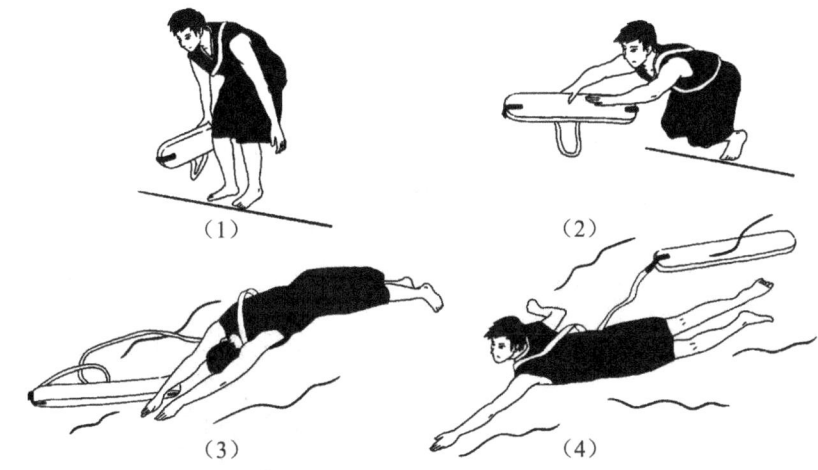

图 5-24　浮标鱼跃浅跳式入水技术动作组图

(4) 头部出水后，眼睛未紧盯溺水者。

（四）救生台入水技术

1. 动作要点

救生台入水技术是指值岗期间救生员坐在救生台上直接跳入水中的技术。在赴救前，救生员坐立在救生台上，迅速将救生浮标的肩带斜挎于肩部或环绕于浮标中部，双手抓握住其他多余的托绳，将救生浮标横置于胸前（见图 5-25），向前呈坐姿跳入水中，身体前倾，入水后迅速出水，眼睛始终紧盯溺水者。采用救生台入水技术必须是在固定且牢固的救生台上，入水点水深必须在 1.5 米以上。

图 5-25　浮标救生台入水技术动作组图

2. 常见错误动作

（1）救生员入水前未将救生浮标横抱置于胸前。

（2）救生员在抱置救生浮标跳入水中时，未呈坐姿姿势。

（3）救生员未站立斜挎救生浮标肩带，抱置救生浮标从救生台上直接跳入水中。

二、接近技术

浮标接近是救生员靠近溺水者并有效控制的一项专门的救生技术。相较于徒手接近技术，浮标接近技术更为省力及安全，是确保救生员安全接触溺水者，顺利完成施救的重要技术之一。根据溺水者在水中的状态，一般采用以下四种技术接近：水面昏迷溺水者背面和正面（侧面）接近、水面挣扎溺水者接近和沉底溺水者接近。

（一）水面昏迷溺水者背面接近

（微课视频"昏迷者背面接近技术"）

1. 动作要点

救生员靠近水面昏迷溺水者，于溺水者背面2～3米处急停，将救生浮标横置于胸前，采用抬头爬泳或抬头蛙泳靠近溺水者背后，双手臂从溺水者腋下插入后，用双手臂向上固定和控制溺水者双肩，将救生浮标夹在救生员胸前与溺水者肩背部之间，辅助溺水者头部偏向一侧，将溺水者仰卧漂浮在救生浮标上，使溺水者口鼻始终保持在水面上。

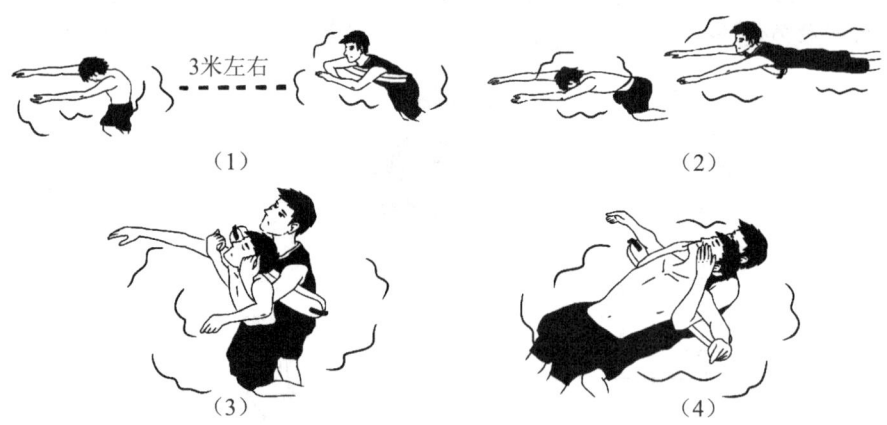

图 5-26　水面昏迷溺水者背面接近示例

2. 常见错误动作

（1）使用双手抓握溺水者腋下，未采用双手臂从溺水者腋下插入控制溺水者双肩。

（2）救生浮标未横置于救生员胸前与溺水者肩背部之间，或脱离溺水者。

（3）未辅助溺水者头部偏向一侧。

（二）水面昏迷溺水者正面（侧面）接近

1. 动作要点

救生员靠近水面昏迷溺水者后，于正面（侧面）2～3米处急停，将救生浮标横置于胸前，用左手（以左手为例）抓住救生浮标中间并垂直向下压至水下，右手伸向溺水者右手臂，手掌朝下抓住溺水者的手腕或前臂，将溺水者拉提转置仰卧位，同时左手将救生浮标推置于溺水者背部，救生员松开下压救生浮标的左手，救生浮标上浮至溺水者背部，使溺水者口鼻保持在水面上。随后，救生员左手从溺水者左腋上方向下穿过溺水者腋下，夹住溺水者上臂与救生浮标，用前臂顶住溺水者背部固定溺水者，用侧泳方式迅速将溺水者拖带回岸边（见图5-27）。

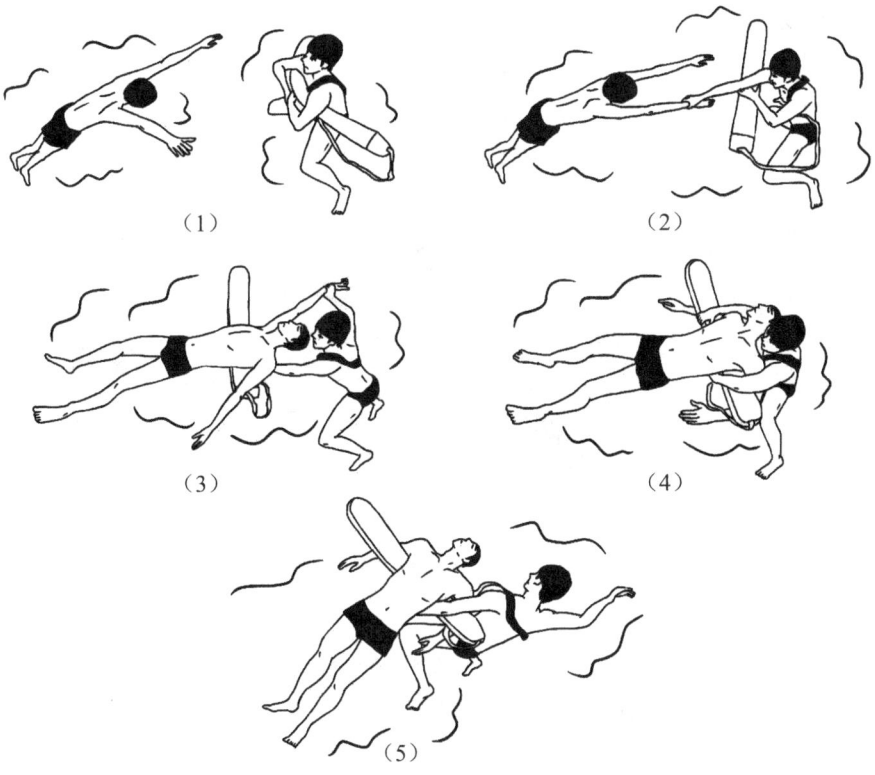

图5-27 水面昏迷溺水者正面、侧面接近示例

2. 常见错误动作

（1）救生员一手将溺水者拉提转置仰卧位，另一手未将救生浮标下压至水下。

（2）救生浮标下压位置错误。

（3）未能使溺水者口鼻保持在水面上。

（4）夹住溺水者上臂及浮标的手松脱。

（三）水面挣扎溺水者接近

（微课视频"挣扎者正面接近技术"）

1. 动作要点

当水中有溺水者在挣扎时，救生员斜挎救生浮标肩带，在距离溺水者2～3米的位置保持安全距离，将救生浮标的一端推向在水中挣扎的溺水者，使其双手抓握住救生浮标，待溺水者抓稳后，环扣浮标，采用蛙泳或反蛙泳将其拖带回池岸边，同时用语言安抚。这是一种比较快速、安全和有效的方法，救援通常首选此方法（见图5-28）。

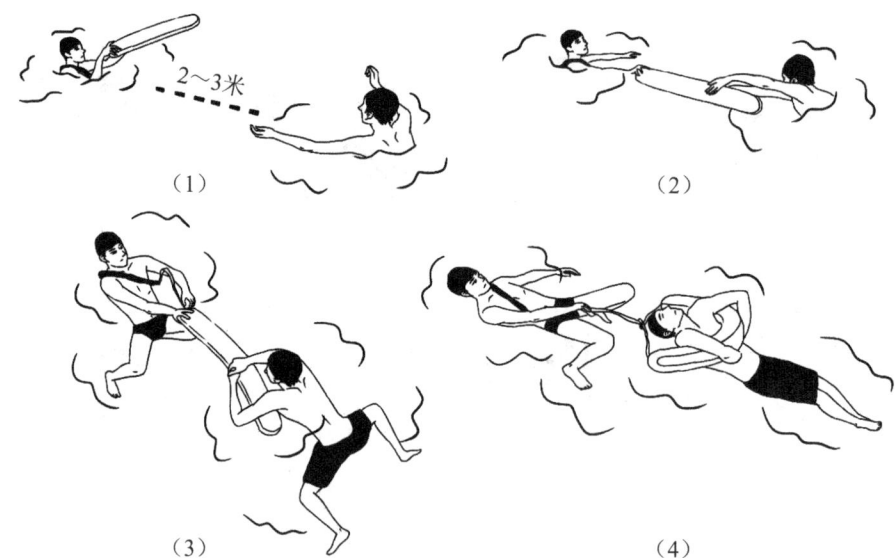

图5-28 水面挣扎溺水者接近示例图

2. 常见错误动作

（1）在向溺水者推伸救生浮标时，从空中甩向溺水者。
（2）救生员未抓握住救生浮标就推给溺水者。
（3）救生员未等溺水者抓握住救生浮标就进行拖带。

（四）沉底溺水者接近

1. 动作要点

当游泳池有沉底溺水者时，救生员携带救生浮标斜挎肩带，游至沉底溺水者的身后立即下潜，左手（以左手为例）从溺水者左腋下穿过胸前至左腋下环抱溺水者，右手将救生浮标托绳下拉交于左手，持续到右手抓握住救生浮标浮体中间位置，在蹬离池底上浮的同时将救生浮标横插至溺水者背后，浮至水面后将救生浮标横置于溺水者背部，使溺水者呈仰卧位。之后，救生员右手从溺水者右腋上方向下穿过溺水者腋下，夹住溺水者上臂与救生浮标，用前臂顶住溺水者背部固定溺水者，用侧泳方式迅速将溺水者拖带回岸边（见图5-29）。

图5-29 沉底溺水者接近示例图

2. 常见错误动作
（1）未能下潜至溺水者身后。
（2）左手水下牵拉浮标时松脱。
（3）右手横置浮标溺水者位置错误。
（4）未能使溺水者呈仰卧位。
（5）夹住溺水者上臂及浮标的手松脱。

三、拖带技术

（微课视频"拖带技术"）

拖带技术是救生员在水中使用救生浮标运送溺水者的一种技术，在使用浮标拖带溺水者时，救生员通常会根据实际情况，采用反蛙泳、侧泳、抬头爬泳等不同的游泳技术，将溺水者安全、迅速地运送到池岸边。

（一）反蛙泳双臂托腋拖带技术

1. 动作要点

反蛙泳双臂托腋拖带技术能有效地照顾到溺水者，通常是在对水面昏迷者背面接近以后采用的拖带技术，一般在运送距离较短且溺水者意识不清，不能掌握水中平衡的情况下使用。救生员在距溺水者2～3米处急停，将救生浮标置于自己胸前穿过腋下，然后接近溺水者后背，双臂由溺水者背后经腋下固定溺水者，手肘处于溺水者腋下位置，小臂向身体方向发力，使溺水者呈仰浮姿势固定，这时将救生浮标移至溺水者背部腋下位置，借助救生浮标的浮力将溺水者拖带到岸边，拖带时辅助溺水者的头部侧在救生员头部一边，以避免溺水者一旦挣扎时和救生员撞头（见图5-30）。

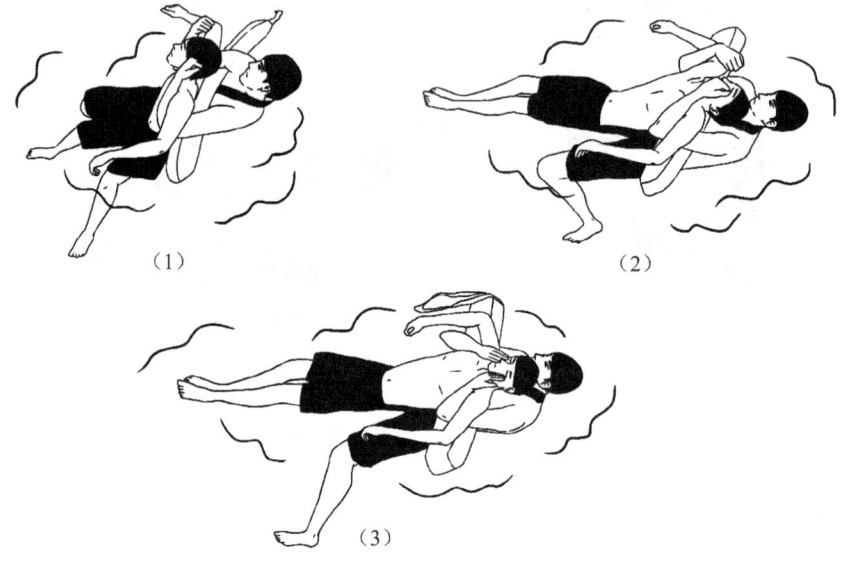

图5-30 浮标双臂托腋拖带技术动作组图

2. 常见错误动作

（1）救生浮标未横置于救生员胸前与溺水者肩背部之间，或脱离溺水者。

（2）救生员未观察前进方向，方向错误或救生员头部撞墙。

（3）救生员未辅助溺水者头部侧在一旁，溺水者与救生员撞头。

（二）侧泳拖带技术

1. 动作要点

救生员在距溺水者2～3米处急停，接近溺水者时，救生员将浮标一侧轻推给溺水者，待溺水者抓稳后，将浮标环扣上，使溺水者双腋卡在浮标上，在拖带过程中，救生员采用侧泳技术动作，将溺水者拖带回池岸边（见图5-31）。

2. 常见错误动作

（1）救生员未观察溺水者情况，出现溺水者脱离救生浮标或呛水。

（2）救生员未观察溺水者情况，导致救生浮标拖绳缠绕溺水者。

（3）在传递浮标时力度过大，砸到溺水者。

（4）浮标环扣手法错误。

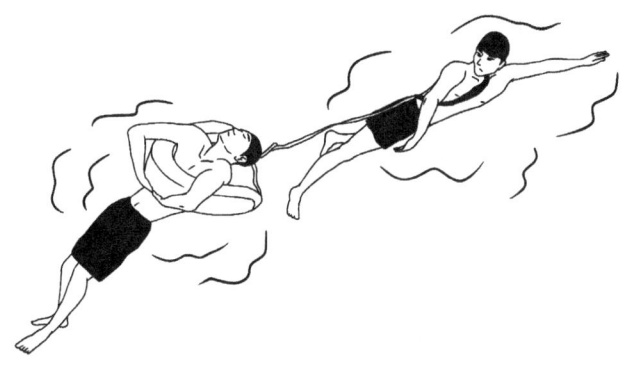

图 5-31　浮标侧泳拖带技术动作

（三）抬头爬泳拖带技术

1. 动作要点

抬头爬泳拖带技术通常是救生员在运送距离较远，且溺水者意识比较清醒，能掌握水中平衡的情况下采用的技术。一般救生员在距溺水者 2～3 米处急停，接近时将浮标固定拖带的另一侧轻推给溺水者，待溺水者抓握平稳后，将浮标扣上，此时溺水者双腋卡在浮标上。在拖带过程中，救生员采用抬头爬泳技术动作，快速游向泳池岸边，在拖带过程中应时刻关注溺水者情况，避免溺水者未抓握住救生浮标出现脱落的情况。必要时，也可适时采用仰卧拖带技术，以便观察溺水者情况。

图 5-32　浮标抬头爬泳拖带技术动作

2. 常见错误动作

（1）救生员未观察溺水者情况，出现溺水者脱离救生浮标或呛水。

（2）救生员未斜挎救生浮标，救生浮标肩带脱落。

（3）在传递浮标时力度过大，砸向溺水者。

（4）浮标环扣手法错误。

四、双人上岸技术

（微课视频"双人上岸技术"）

双人上岸技术是指水中救生员将溺水者运送到泳池岸边后，与池岸上接应救生员配合，将溺水者送上岸的一种救助技术。此技术与徒手赴救双人上岸技术相似。

1. 动作要点

水中救生员用反蛙泳或侧泳方式将溺水者运送至池边，手臂穿过溺水者腋下抓攀池边进行固定，将溺水者的一只手交给岸上救生员，再将溺水者的另一只手交给岸上救生员，此时岸上救生员要用交叉手方式分别接过溺水者的手臂，并将溺水者转体180°，然后根据水中救生员的口令进行配合，水中救生员举托溺水者，岸上救生员提拉溺水者至池岸边。之后由水中救生员发出动作口令指导岸上救生员进行操作：首先将溺水者的双手交叉固定于胸前，后拉至泳池边安全地方，然后救生员一手护头一手护腰将溺水者放至仰卧位（见图5-33）。

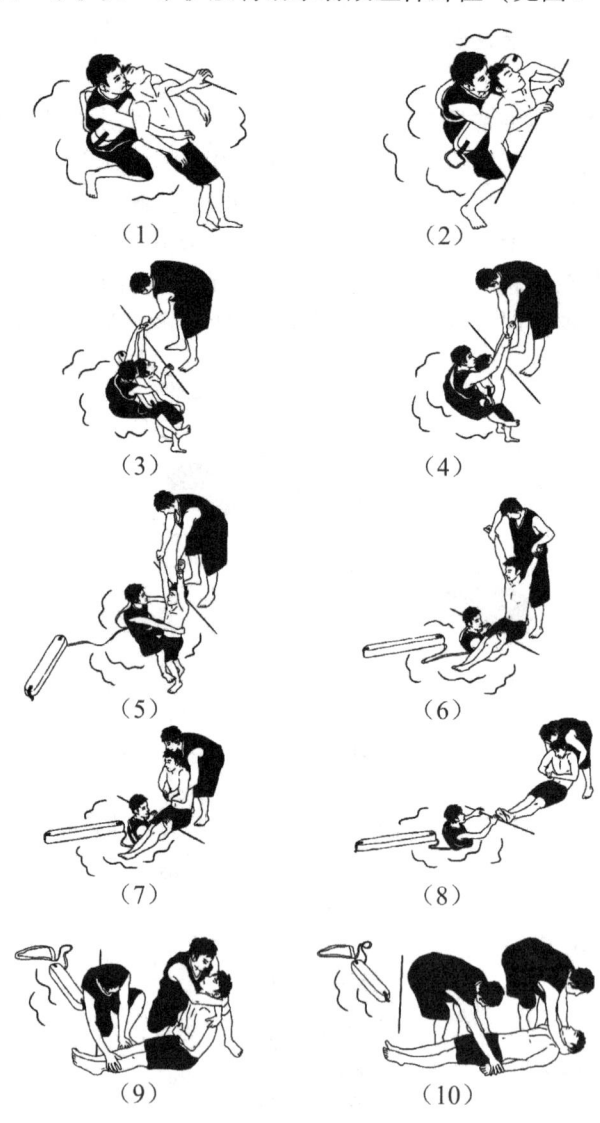

图5-33 浮标双人上岸技术动作组图

2. 常见错误动作

（1）水中救生员与岸上救生员配合时，左右手未分清，造成溺水者身体位置错误。

（2）岸上救生员未听从水中救生员口令提拉，水中救生员未举托。

（3）上岸后未将溺水者撤离至安全区域。

（4）将溺水者放置仰卧位时，未护住其头颈。

第四节　游泳池急救器材

游泳场所需配备各种急救器材，并应定期对这些器材进行维护和保养，以备在抢救溺水者时使用。

一、颈托

颈托（见图5-34）是用来固定疑似颈椎受伤的游泳者，颈托有很多种，有单一尺寸型颈托、尺寸可变型颈托等。目前游泳场所大多采用尺寸可变型颈托。

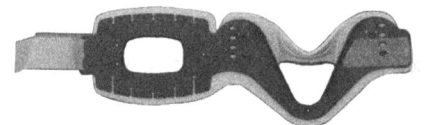

图5-34　颈托

二、急救板

急救板是用来固定、运送溺水者或疑似脊柱受伤的游泳者，可用于陆上施救和水中施救及运送（见图5-35）。

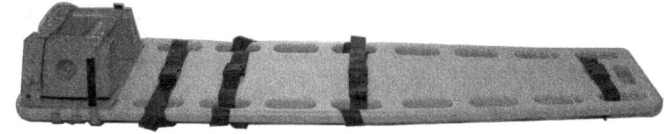

图5-35　急救板

三、急救药箱

急救箱（见图5-36）是每个游泳场所必备的急救器材之一。急救箱内应配备常用护理用品与急救药物，如消毒棉、纱布、医用酒精、人丹、清凉油等。

图5-36　急救药箱

四、单向呼吸阀

单向呼吸阀是对溺水者进行人工呼吸的器械，可避免救生员与溺水者直接口对口的接触，避免传染性疾病的传播（见图 5-37）。

图 5-37　单向呼吸阀

五、氧气瓶（袋）

氧气瓶（袋）（见图 5-38）是游泳场所必备的急救器材之一。当有溺水者经过抢救恢复自主呼吸后可给予吸氧，以及时进行复苏后的护理。

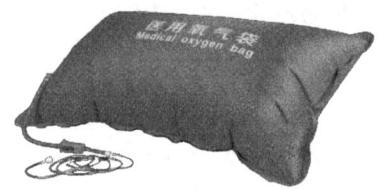

图 5-38　氧气袋

六、自动体外心脏除颤器

自动体外心脏除颤器（automated external defibrillator，AED）是一种应用电击来抢救和治疗心律失常的电子医疗设备（见图 5-39），具有疗效高、作用快、操作简便的特点。对心跳停止的溺水者可使用 AED 来帮助其恢复心跳。AED 的使用需根据严格的流程进行操作。

图 5-39　自动体外心脏除颤器（AED）

七、游泳池急救器材的日常管理

（1）急救器材、药品做到"五固定"（定数量品种、定点放置、定人保管、定期消毒灭菌、定期检查维修），"二及时"（及时检查维修、及时购买补充）。物品有明显标记，不准随意挪动。

（2）急救必备器械齐全，性能良好，处于备用状态。

（3）急救箱药物齐全，药品标签清晰，无变色、变质、过期失效、破损现象。急救药品、器材使用后，应在 24 小时内补充齐全。

（4）当值救生员每一周检查一次，救生组长每两周检查一次急救器材和药品，以保证齐全可用。

📖 思考题

1. 游泳场馆应具备哪些标识标志？
2. 游泳场馆应配备哪些救生器具？
3. 救生浮标在实际救援中有哪些作用？
4. 救生圈在实际救援中有哪些使用方式？
5. 假如没有救生器材，我们可以使用哪些工具实施救援？

第六章 游泳救生的现场急救技术

【学习目标】

1. 了解溺水的分类和原因;
2. 了解心肺复苏流程,掌握各环节技术及练习方法;
3. 了解水上及陆上急救板、AED、颈托使用流程,掌握各环节技术及练习方法;
4. 具备判别各类急症及正确使用针对性现场急救技术能力。

【章节导引】

现场急救是指针对在水上游泳活动中发生的意外事故(如溺水、颈椎损伤等),在医务人员尚未到来之前,为防止溺水者情况恶化,而对其采取的一系列的急救措施,是挽救生命的重要阶段,也是整个施救过程中最重要的措施之一。它对及时有效地维护溺水者的生命安全,防止再损伤,提高抢救成功率,减少致残率,为进一步救治创造条件,具有极其重要的意义。因此,现场急救是为了抢救生命,提高生存率;减轻伤痛,防止伤情恶化,降低伤残率。本章主要介绍游泳救生现场急救技术。

第一节 溺水的分类、原因及表现

一、溺水的分类和原因

(一)溺水的分类

溺水是指大量水或其他液体被吸入呼吸道和肺部,引起人体缺氧窒息死亡。按进入气道内的水量分类,可分为干性溺水和湿性溺水(见图6-1)。按进入气道内水的性质分可分为海水溺水和淡水溺水。

干性溺水是指人入水后,因受强烈刺激(惊慌、恐惧、骤然寒冷等),引起喉头痉挛,以致呼吸道完全梗阻,造成窒息死亡。当喉头痉挛时,心脏可反射性停搏,也可因窒息、心肌缺氧而致心脏停搏。干性溺水引起的死亡占溺亡的

10%~15%。

湿性溺水是指大量液体进入呼吸道及肺部，阻碍气体交换，造成机体呼吸功能不全和低氧血症、二氧化碳蓄积，导致急性窒息死亡，占溺亡的85%~90%。海水溺水和淡水溺水都属于湿性溺水。

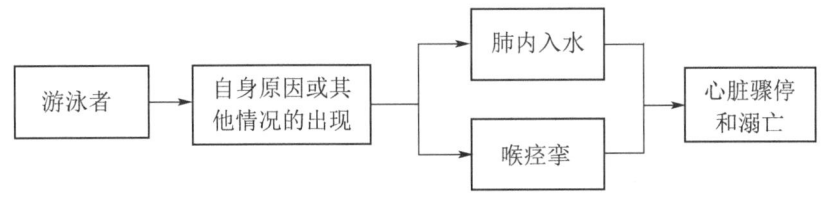

图6-1　溺水的分类

（二）溺水的原因

发生溺水事故的原因有很多，可以归类为：游泳者自身的情况；游泳场所环境、设备的缺陷；救生员观察时思想不集中等因素。因此，为了减少溺水事故的发生，应当加强对游客安全宣传教育，提高自我防范意识，狠抓游泳场所管理制度建设，开展救生员职业道德教育与技术培训。

溺水后，溺水者会本能地挣扎求助，呼救时可能发生误吸，溺水会刺激产生过度通气，溺水者会主动闭气，同时会有不同程度的喉痉挛，这一系列的改变会导致低氧血症。低氧血症及其产生的酸中毒可能会导致心脏骤停和中枢神经系统缺血，甚至导致溺水者死亡。

二、溺水的临床表现

溺水实质上是一种特殊的急性呼吸功能衰竭。溺水者被淹溺后因过度紧张而屏气，造成喉、气管痉挛，发生窒息、缺氧。根据溺水时间的长短、吸入液体的多少可将临床表现分为轻度、中度和重度（见表6-1）。

表6-1　溺水后的临床表现

程度	时间/分钟	临床表现
轻度	<1	神志清醒，仅有血压升高、心率增快
中度	1~2	神志模糊，呼吸浅慢且不规则，心率、血压下降，反射活动减弱
重度	3~4	面部肿胀、青紫，烦躁不安伴抽搐，两肺有弥漫性湿啰音，心音弱或心律不齐

三、溺水后的生理变化和症状

溺水造成的窒息、缺氧，对全身各个系统均有不同程度的影响。缺氧对脑组织损害较大，表现为颅内血流量减少、内压增高及脑细胞水肿。此外，缺氧会造成心肌活动受抑制，心输出量减少，心率、血压下降，心律失常，心跳微弱或停止等变化，其具体症状随溺水时间的长短而有所不同（见表6-2）。

表6-2 溺水后的症状表现

时间	症状
<10秒	头晕、恶心
10~45秒	昏厥或抽搐、昏迷、瞳孔散大
60秒	呼吸停止、大小便失禁
4~6分钟	脑细胞开始发生不可逆的损伤
10分钟以上	脑细胞死亡

第二节 溺水者的心肺复苏

现场心肺复苏（caedio pulmonary resuscitation，CPR）是针对心跳、呼吸骤停的患者所采取的最初级、最基本的急救技术，是最基础的生命支持和挽救生命的重要阶段，是在没有急救器材的情况下徒手进行抢救的有效手段。在操作时，救生员应按照抢救程序，规范操作，相互配合，以提高抢救成功率。

溺水本质是窒息引起急性呼吸衰竭，窒息时间延长可导致心搏骤停。因此，要迅速对呼吸停止和心脏停搏的溺水者进行呼吸支持和使用心脏按压方法形成暂时的人工循环，以尽快恢复心脏自主搏动。对于溺水者的现场心肺复苏应遵循A—B—C—D顺序，即开放气道—人工通气—胸外按压—早期除颤。

一、溺水者的心肺复苏过程

（一）成人心肺复苏的方法与流程

（心肺复苏实操示范）

在游泳场所对成年溺水者心肺复苏应按照如下步骤进行操作（单人操作）。

1. 第一步：观察环境

环顾四周，确定环境安全。救生员将溺水者施救上岸后，应将其放置在急救板或者硬地上，不可将溺水者安置在柔软的物体上，以免影响胸外心脏按压的效果，同时要确认周围安全，并保持四周通风（见图6-2）。

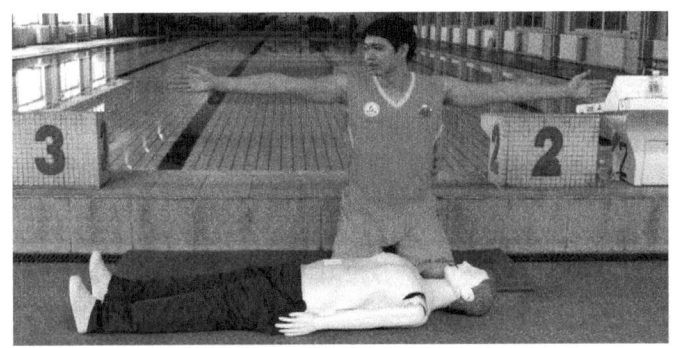

图6-2 确认环境安全

2. 第二步：判断意识是否清晰

双膝跪于地面，轻拍溺水者双肩，同时俯身在脸一侧高声呼叫"先生/小姐，你怎么了？"救生员迅速判断溺水者有无意识，如无意识，呼叫人员帮忙打"120"急救电话（见图6-3、图6-4）。

图6-3 轻拍重唤溺水者

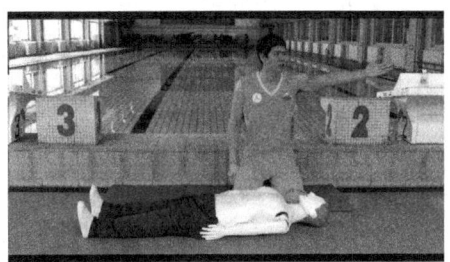

图6-4 呼救请求帮助

3. 第三步：判断呼吸和颈动脉搏动

救生员侧脸，眼光观察溺水者胸腹部是否有起伏，用面颊部感觉是否有呼吸，同时用食指和中指指尖触及溺水者气管正中部（相当于喉结的部位），向侧方滑动2～3厘米至胸锁乳突肌前缘凹陷处，判断有无颈动脉搏动，判断时间为5～10秒（见图6-5、图6-6）。

图6-5 检查呼吸

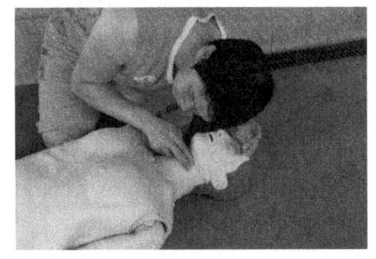

图6-6 检查呼吸动作细节

4. 第四步：摆放急救体位

救生员将溺水者放置仰卧位。溺水者头部不能高于心脏位置，双手放于躯干两侧。救生员靠近溺水者右侧肩部跪地,双膝与肩同宽(见图6-7)。如溺水者存在自主有效呼吸,应置于稳定的侧卧位,以免发生气道窒息。

图6-7 摆放急救体位

5. 第五步:清理口腔异物

救生员观察溺水者口腔有无异物。应先查明口腔中有无血液、呕吐物或其他分泌物,若有这些液体、异物,应先尽量清除掉。可一手按压开下颌,另一手用食指、中指将固体异物勾出,或用手指缠绕纱布清除口腔中的液体分泌物(见图6-8)。

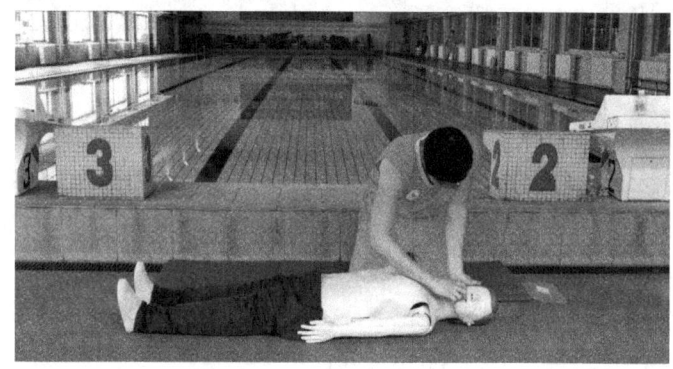

图6-8 清理口腔异物

6. 第六步:开放气道

救生员用压额提颏法(俗称仰头抬颌法)开放气道。救生员用左手的小鱼际(手掌外侧缘)部位置于溺水者前额,下压使其头部后仰。同时,右手的食指及中指放在下颌部的颏骨体上,旁开中点2厘米左右,将颏部向前上方抬起帮助头部后仰,打开气道(见图6-9)。如溺水者怀疑有颈椎损伤,可用推举下颌法开放气道。

图 6-9 仰头抬颌法打开气道

7. 第七步：人工呼吸（通气测试）

救生员用按于前额手的食指与拇指捏闭溺水者鼻翼，深吸一口气后，张开口贴紧溺水者的嘴（要把溺水者的口部完全包住），向溺水者口内吹气，直至溺水者胸腹部上抬（见图6-10、图6-11），一次吹气完毕后，应立即与溺水者口部脱离，放松捏鼻翼的手，以使溺水者从鼻孔呼气，同时，侧转头，双眼目视溺水者胸腹部是否有起伏，以便做下一次人工呼吸。

图 6-10 人工呼吸

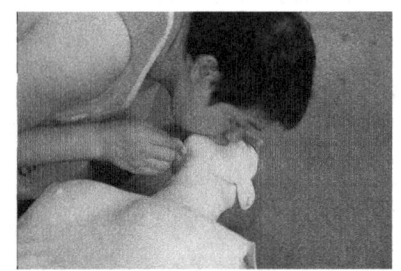

图 6-11 人工吹气动作

如果溺水者的口不能张开（牙关紧闭），口部严重损伤或救生员的口部不能完全紧密地包住溺水者的口唇，不能经其口部进行通气时，可采用口对鼻人工呼吸的方法进行，即一手按于前额，使溺水者头部后仰，另一手抬起溺水者的下颌，并使其口部闭住。救生员吸一口气，用嘴封住溺水者的鼻部，吹气后离开鼻子，让呼气自动排出（见图6-12）。

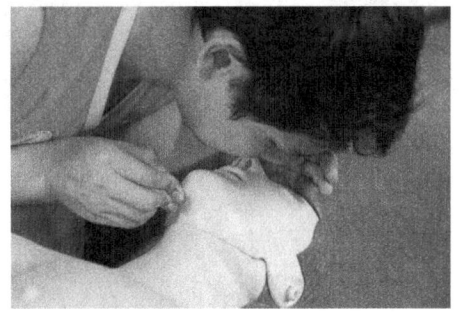

图 6-12 松开捏鼻的手指

使用面罩做人工呼吸时,将面罩置于溺水者面部,救生员用双手拇指与食指围绕面罩边缘并向面部方向施压以形成完整的密闭,其余手指推举下颌角并使其头后仰(疑有颈椎损伤的溺水者禁忌仰头伸颈)以开放气道,救生员吸气后口含面罩,嘴向溺水者吹气(见图6-13、图6-14)。使用面罩时,应选择适合于溺水者面部大小的型号;面罩封严面部,同时罩住口鼻;密切观察胃的反流物。

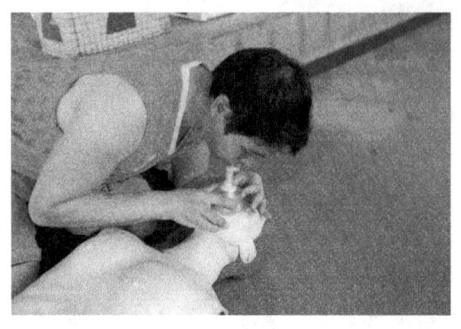 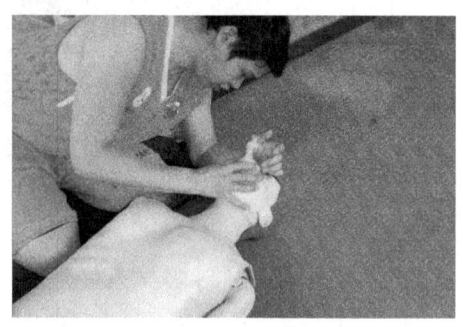

图6-13 面罩吹气　　　　　　　　图6-14 吹气后松开手指

8. 第八步:胸外按压

(1)按压部位:采用十字交叉法定位,右手食指沿胸骨向剑突方向画一横线,然后沿着两乳头连线再画一竖线,右手食指平放置两线交叉点。左手掌根部沿胸骨下滑直至碰到右手食指,内凹处与右手食指重叠。此时,左手掌中心部位应是胸骨柄位置,胸骨下1/3段,即为按压部位(见图6-15)。成人男性可采用快速定位法,即两乳头连线中点胸骨处。

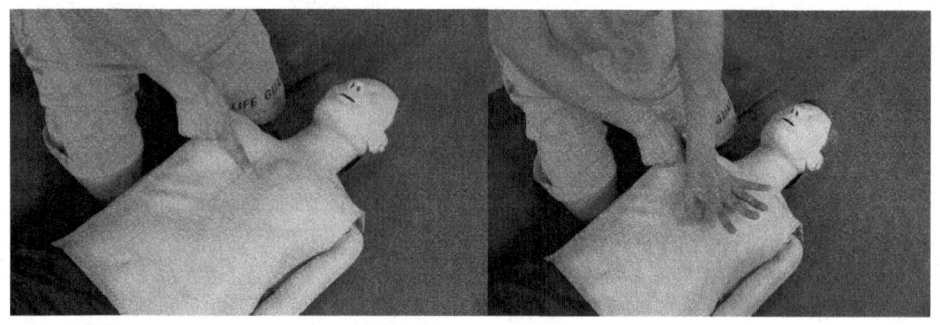

图6-15 十字定位动作

(2)按压动作:双手叠加,十指相扣,以下方一手掌根部接触按压部位,双臂位于溺水者胸骨的正上方,双肘关节伸直。以髋关节为支点,身体重量垂直下压,抬起时手掌根不能离开按压部位,按压时观察溺水者面部反应(见图6-16)。

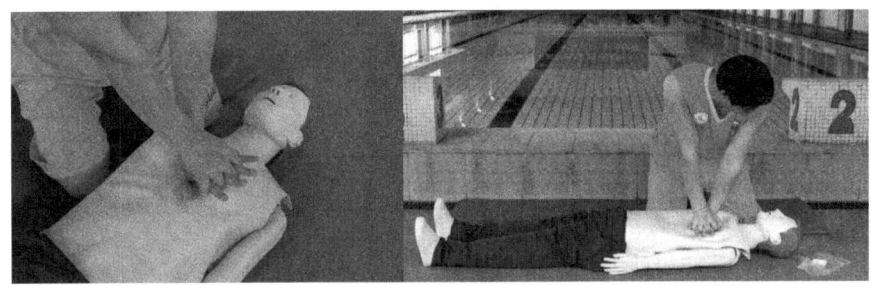

图6-16 胸外按压动作

9. 第九步：人工呼吸（操作方法同第七步）

10. 第十步：评估

救生员首轮做5个30∶2按压和吹气（约2分钟）后，复检溺水者的呼吸、颈动脉搏动。无循环迹象可使用AED。如果检查心率不可电击，则继续做心肺复苏。如果检查心率可电击，则进行电击，电击后继续做心肺复苏（见图6-17）。

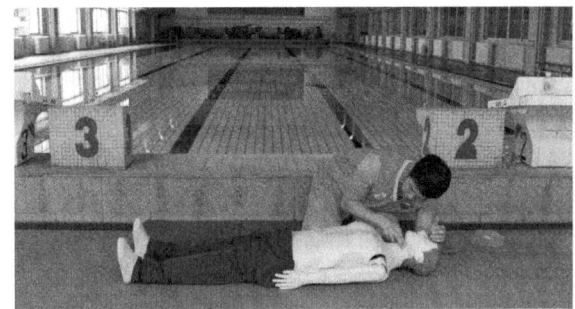

图6-17 重新评估动作

特别提醒：当溺水者经抢救苏醒后，必须送到医院观察或治疗。

（二）儿童和婴儿心肺复苏的方法与流程

儿童与婴儿有多种定义与划分，为便于操作，本教程将1岁至青春期前（14岁）划分为儿童；1岁前划分为婴儿。在游泳场所对儿童和婴儿溺水者心肺复苏应按照如下操作步骤（单人操作）。

1. 第一步：观察环境

确保现场环境对救生员和溺水者都是安全的。

2. 第二步：判断意识

检查儿童溺水者有无反应。轻拍他（她）的双肩或脸颊，并呼喊："你还好吗？"若是婴儿则轻轻拍足底。

3. 第三步：检查呼吸和脉搏

观察溺水者胸腹部是否有呼吸起伏，同时判断脉搏搏动是否正常。

（1）检查儿童脉搏：将2根手指放置大腿内侧，髋骨和耻骨之间，在躯干和大腿交汇处的折痕以下（股动脉）或颈动脉处。

(2) 检查婴儿脉搏：将2或3根手指置于婴儿上臂内侧（肱动脉），在肘和肩膀之间，然后手指尝试感受脉搏。判断时间均在5～10秒以内。

4. 第四步：急救体位

摆正体位，仰卧位。

5. 第五步：清理异物

将溺水者的嘴尽量张开。如有异物用手指将其清除。

6. 第六步：开放气道

救生员用左手小鱼际（手掌外侧缘）部位置于溺水者前额，下压使其头部后仰。同时，右手的食指、中指放在下颌部的颏骨体上，旁开中指2厘米左右，将颏部向前抬起，帮助头部后仰，打开气道。

7. 第七步：人工呼吸

（1）儿童口对口人工呼吸：正常吸一口气张开口唇，严密地包住儿童溺水者口唇，将气体缓慢吹入溺水者的口腔到肺部，使胸廓抬起。吹气后，口唇离开，松开捏紧鼻的手指，使气体呼出。侧转头吸入新鲜空气，同时观察其胸腹部起伏情况，再进行第二次吹气。

（2）婴儿口对口鼻人工呼吸：正常吸一口气张开口唇，用嘴唇包住婴儿的口鼻，将气体缓慢吹入其口腔到肺部，使胸廓抬起。吹气后，嘴唇离开，使其气体呼出。救生员侧转头吸入新鲜空气，同时观察其胸腹部起伏情况，再进行第二次吹气。

8. 第八步：胸外按压

（1）儿童：对于大多数儿童，可以使用双手或单手按压胸部。按压技术与成人相同。对于非常小的儿童，单手按压即可达到预期的按压深度。

（2）婴儿：采用双指按压，将2根手指放在婴儿胸部的中央（略低于乳头连线，在胸骨下半部分），不要按压胸骨末端。

9. 第九步：评估

救生员首轮做5个30∶2按压和吹气（约2分钟）后，复检溺水者呼吸和脉搏。无循环迹象可使用自动体外心脏除颤器（AED）。如果检查心率不可电击则继续做心肺复苏。如果检查心率可电击则进行电击，电击后继续做心肺复苏。

二、不同人群的心肺复苏对比

在操作心肺复苏时，救生员应按照不同人群救援特点（见表6-2），采用特定的手法和方式规范操作，并与各岗位相互配合，正确实施救援。

表6-2 不同人群现场心肺复苏对比

内　容	成　人	儿　童	婴　儿
判断意识	轻拍双肩，大声呼叫		拍足底大声呼叫
检查呼吸	5～10秒，观察没有呼吸或不能正常呼吸（仅仅是喘息）	5～10秒，观察不呼吸或仅仅是喘息	
心肺复苏程序	A—B—C—D（开放气道—人工通气—胸外按压—早期除颤）		
人工呼吸	2次有效通气测试，每次吹气持续1秒，可见胸廓起伏		
按压速度	每分钟至少100次，不超过120次		
按压深度	至少5厘米，不超过6厘米	身体厚度1/3，大约5厘米	身体厚度1/3，大约4厘米
按压位置	胸骨柄下半段，两乳头连线中点		两乳头连线正下
按压中断	尽可能减少胸外按压的中断 尽可能将中断控制在10秒内		
开放气道	仰头抬额法（怀疑有颈椎外伤：推举下颌法）		
按压与以气比例	30:2 1或2名施救者		单人30:2 双人15:2
AED使用	尽快连接并使用AED（成人电极片）	尽快连接并使用AED（儿童电极片）	

三、心肺复苏的有效指标

心肺复苏操作是否正确，主要靠平时严格操练，掌握正确的方法。心肺复苏的有效标志是，除可触摸到大动脉开始搏动外，同时也应出现脑复苏的征象。而在现场急救中判断复苏是否有效，可以根据以下4个方面综合考虑。

1. 瞳孔

复苏有效时，可见瞳孔由大变小。如瞳孔由小变大固定、角膜浑浊，则说明复苏无效。

2. 面色

复苏有效时，可见面色由紫绀转为红润，手足温度略有回升；如溺水者面色变为灰白，则说明复苏无效。

3. 颈动脉搏动

按压有效时，每一次按压可以摸到一次搏动，如若停止按压，搏动亦消失，应继续进行心脏按压。如若停止按压后，脉搏仍然跳动，则说明溺水者心跳已恢复。有条件时，按压时可测到血压在60/40mmHg左右。

4. 神态

复苏有效时，可见溺水者有眼球活动，睫毛反射与对光反射出现，甚至手脚开始抽动，肌张力增加。

四、心肺复苏的终止条件

心肺复苏的目标是维护生命、恢复健康、缓解痛苦、减少病残和使"临床死亡"的溺水者逆转。在现场抢救中应坚持连续进行心肺复苏，不能简单地做出停止复苏的决定。

现场救生员心肺复苏的终止条件：

（1）有自主呼吸及心跳已有良好恢复。

（2）有其他人接替抢救或有医师到场承担复苏工作。

（3）有专业医师到场，确定溺水者已死亡。

施救人员在将溺水者用救护车运送去医院的途中，如有必要也必须坚持持续不断进行心肺复苏，并保证心肺复苏的质量。

五、心肺复苏的注意事项

（一）人工呼吸的注意事项

（1）连续吹气2次。吹气时暂停按压胸部。

（2）每次吹入气量为500～600毫升，应避免过度通气。

（3）有脉搏无呼吸者，每6～8秒吹气1次（10～12次呼吸/分钟）。

（4）溺水者的口不能张开（牙关紧闭）或口部严重损伤，可以用口对鼻人工呼吸。

（5）所有人工呼吸方式，如第一次未见胸廓起伏，则应重新调整气道，再次试试呼吸，要确保胸廓起伏。

（二）胸外按压的注意事项

（1）每按压胸部30次后，口对口吹气2次，即30∶2。

（2）按压频率100～120次/分钟。

（3）按压时肘关节不能弯曲，成人深度应至少5厘米，不超过6厘米；婴儿、儿童深度为身体厚度的1/3，婴儿大约4厘米，儿童大约5厘米。

（4）大声计数按压次数。

（5）每次按压后胸廓完全弹回，保证按压与抬起时间基本相等。

（6）溺水者应水平仰卧于硬质平面上，以保证按压胸骨时身体不会移动。

（三）模拟人使用注意事项

（1）模拟人使用后进行消毒，如脸皮、口鼻、胸皮、呼吸管道、进气阀等可用清洁液擦洗、消毒。

（2）气袋破裂需重新更换，可打开胸皮，将肺气袋上面的垫皮与传感器吹气拉杆连接的钉帽取出，拿掉垫皮，把肺气袋和相连的一小段波纹管一起拔出，按样更换上新的肺气袋，按原样组装，恢复原样。

（3）安放在通风干燥处，千万不能放在潮湿或太阳暴晒的地方，以防影响使用寿命。

（4）口对口人工呼吸时，必须垫上消毒纱布面巾，一人一片，以防交叉感染。

（5）操作时应清洁双手，女性请擦除口红及唇膏，以防脏污面皮及胸皮，更不允许用圆珠笔或其他色笔涂画。

（6）按压操作时，按一定频率节奏和正确部位按压，不能乱按一通。

第三节　颈托的使用

成人脊柱由24块椎骨（7块颈椎、12块胸椎、5块腰椎）、1块骶骨、1块尾骨，以及23个椎间盘、椎间关节及韧带等彼此连接构成。游泳者发生脊柱损伤一般常见于颈椎、腰椎。脊柱骨折或脱位等易造成脊髓损伤。

因此，意外事故造成严重损伤时（如跳水时头碰池底、意外滑落、颈部碰壁等），救生员在现场救治中都需要特别注意保护伤者脊柱，并使用专业工具进行搬动和运送，避免脊髓受伤或脊柱受伤进一步加重，造成溺水者瘫痪甚至死亡。

一、陆地颈托佩戴

当游泳者颈椎受伤后，使用颈托固定是比较理想的急救手段。颈托用来固定怀疑颈椎受伤的游泳者。在佩戴颈托时，需有两名救生员配合进行。在复位、丈量、佩戴、固定颈托时，都应紧密配合，严格按照操作程序进行。

（一）佩戴颈托技术

1. 操作步骤

第一步：救生员B询问伤者情况及查看伤情，并呼叫支援。救生员A位于伤者头肩部，双膝跪在伤者头顶后方，并与其身体呈一直线。先固定双手肘关节，可支撑在地面上，两手掌分放在伤者头部两侧，拇指轻按其前额，食、中指按面颊，无名指和小指放在耳下，但不要超出耳垂（如伤者身体处于未固定状态，则头锁法不能使用），见图6-18、图6-19。

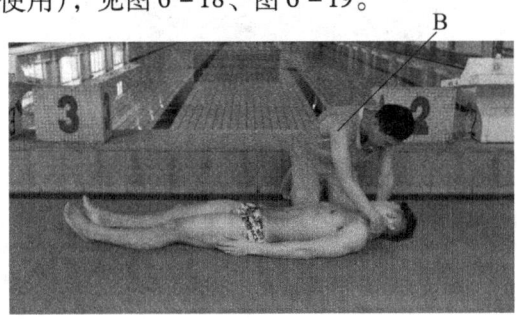

图6-18　检查颈部

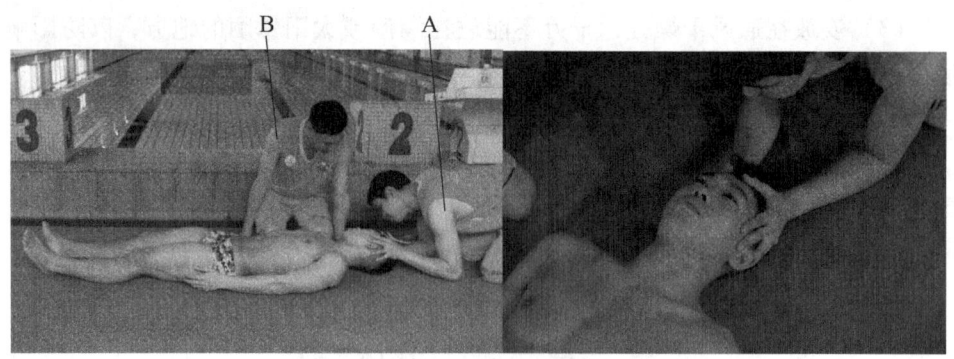

图 6-19　头锁固定

第二步：救生员 B 位于伤者身体右侧，两腿分开与肩同宽，右手食指垂直于肚脐之上，救生员 A 以此为瞄准点，小心地将伤者颈部置于"正中位"，即鼻尖与肚脐呈一直线（见图 6-20）。

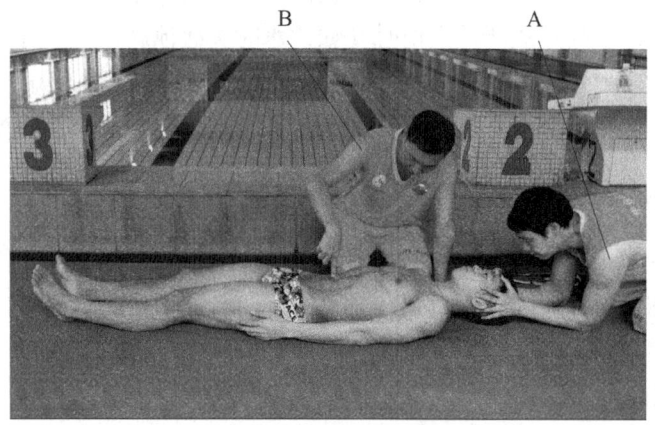

图 6-20　头部左右复位

第三步：救生员 B 将手指横置于伤者嘴角上方，救生员 A 根据救生员 B 的指挥，轻轻前后移动伤者头部，使其嘴角至耳垂的连线与地面垂直（见图 6-21）。

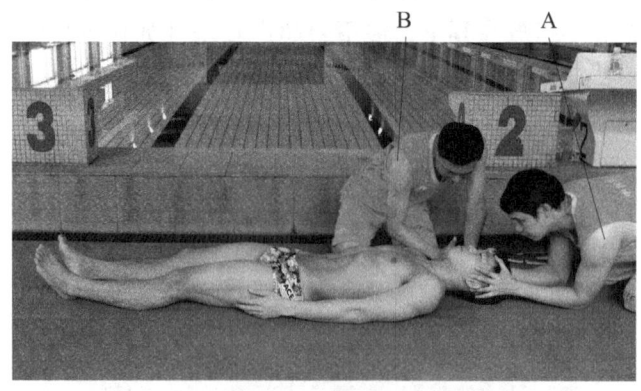

图 6-21　头部上下复位

第四步：救生员 B 用右手丈量伤者下颌骨至肩顶项部的距离，然后，按此尺寸调整颈托尺寸（见图 6-22）。

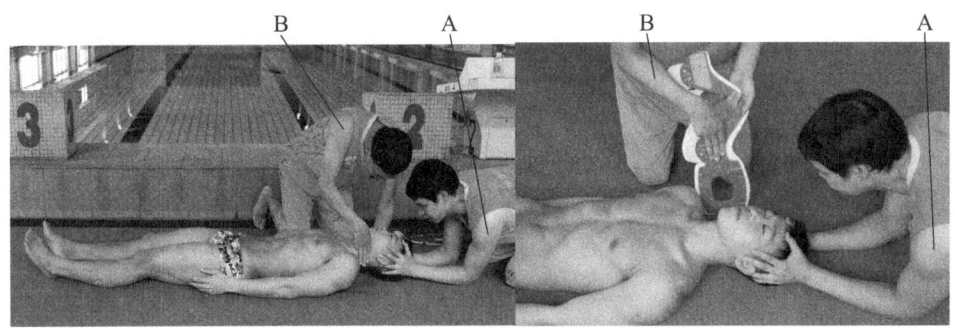

图 6-22　丈量颈部尺寸

第五步：救生员 B 将颈托小心地穿过受伤者的后颈，然后，慢慢地将下颌垫上的小圆点与受伤者的下颌尖吻合，两端黏合固定，即完成佩戴颈托动作（见图 6-23）。

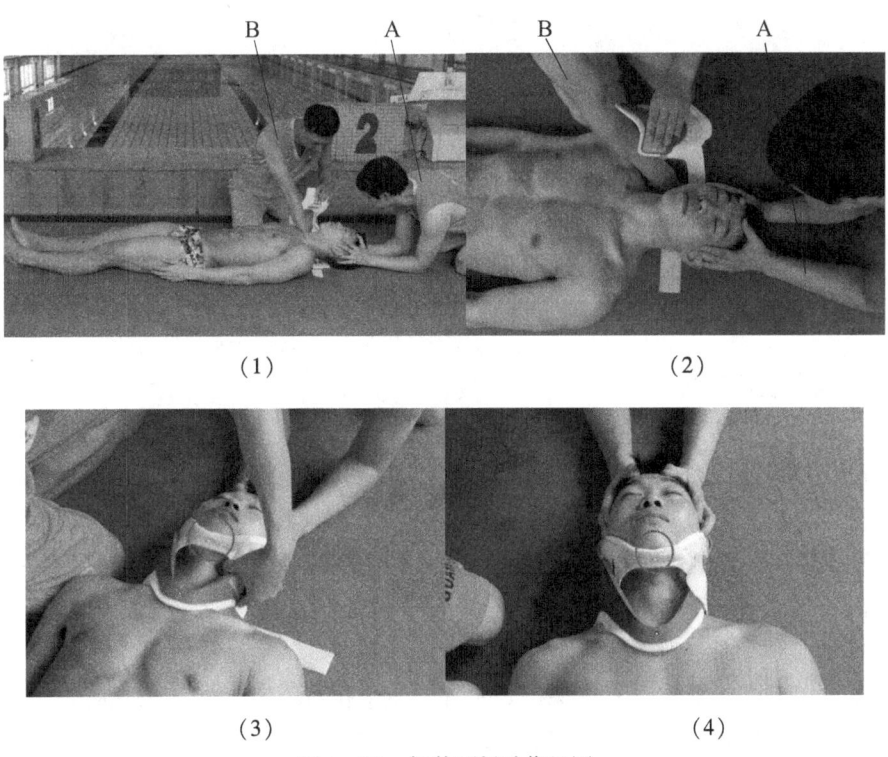

图 6-23　佩戴颈托动作组图

2. 注意事项

（1）复位时，按照先左右、后前后的顺序进行。

（2）移动受伤者头至"正中位"时，如遇到阻力或受伤者感到疼痛时，应立即停止复位,保持其原位。

(3) 在进行搬运等其他动作时,应该始终留意受伤者颈部的位置是否保持"正中位"。

(4) 切记颈托只能协助防止颈椎移动,并不能完全将颈椎固定在安全位置。

(5) 颈托与皮肤之间可伸入一指,固定效果好,患者舒适。

(二) 徒手颈部固定手法

当没有颈托时,救生员可以采用徒手颈部固定技术来暂时固定伤者,在一定程度上可使患者安全地转移至急救板或等待专业人员的救援。徒手颈部固定技术主要有以下几种。

1. 头锁法

头锁的作用是固定伤者头部。伤者取仰卧位,救生员双膝跪在伤者头顶后方,并与其身体呈一直线;然后把双手肘关节固定支撑在地面上;两手掌分放在伤者头部两侧,拇指轻按伤者前额,食、中指按其面颊,无名指和小指放在耳下,但不要超出耳垂(见图6-24)。当伤者身体处于未固定状态时,头锁法不能使用。

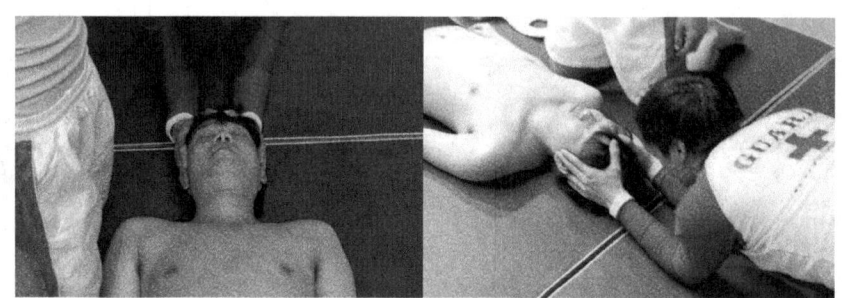

图6-24 头锁法动作

2. 斜方肌挤压法

主要用于平移伤者过程中保持伤者的头部与躯干同时移动。伤者取仰卧位,救生员双膝跪在伤者头顶后方,并与其身体呈一直线;固定双手肘关节,双手虎口张开,在伤者头部两侧插入肩下至斜方肌,掌心向上,压紧斜方肌;用双手前臂紧贴伤者头部两侧,使头部固定好。在移动伤者身体时,必须用前臂稳固伤者的颈部(见图6-25)。

3. 改良斜方肌挤压法

主要用于伤者翻转过程中保持其头部与躯干相对固定(如清理呕吐物、插入固定板等)。伤者取仰卧位,救生员双膝跪在伤者头顶后方,并与其身体呈一直线;先固定双手肘关节,其中一手用斜方肌挤压法锁紧其斜方肌,另一手则用头锁固定法固定伤者的颈部;手掌与前臂须同时用力将其颈部固定。在转动伤者时,需一手固定在地上或膝上。若另一肘关节需要离开地面或膝部时,则应尽量将手臂紧贴身体(见图6-26)。

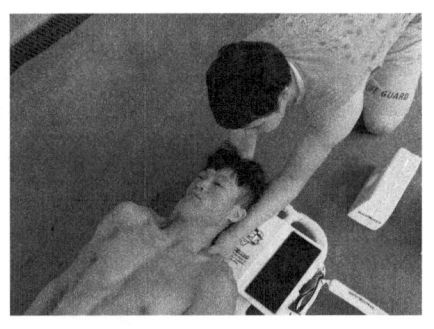
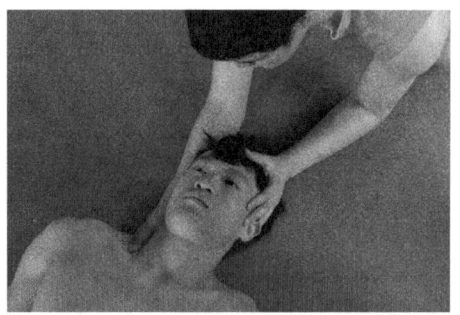

图6-25 斜方肌挤压法动作　　　　图6-26 改良斜方肌挤压法动作

4. 胸背固定法

救生员站在伤者的侧面,将肘关节与前臂放在伤者胸骨上,虎口张开,拇指及食指分别按压其面颊;另一手臂放在其背部脊椎骨上,手掌托住后枕,手指锁紧头部(见图6-27)。按压面颊的手不能盖住伤者的口鼻,以免影响其呼吸。

5. 头胸固定法

头胸固定法是用于需要转换固定手法时固定伤者的一种过渡手法。救生员双膝跪在伤者一侧头肩的位置;一手肘关节和前臂放在伤者的胸骨上,手掌放在伤者面颊上;另一手先固定肘关节,然后手掌放在伤者额头上,稳固地施压,避免头及颈部移动(见图6-28)。切勿转动头颈部或捂住伤者的口鼻,以免影响其呼吸。

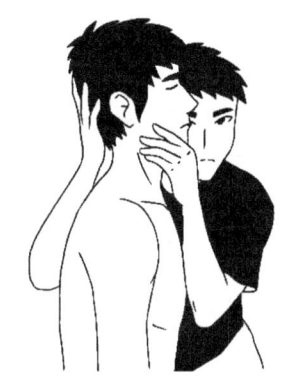

图6-27 胸背固定法动作

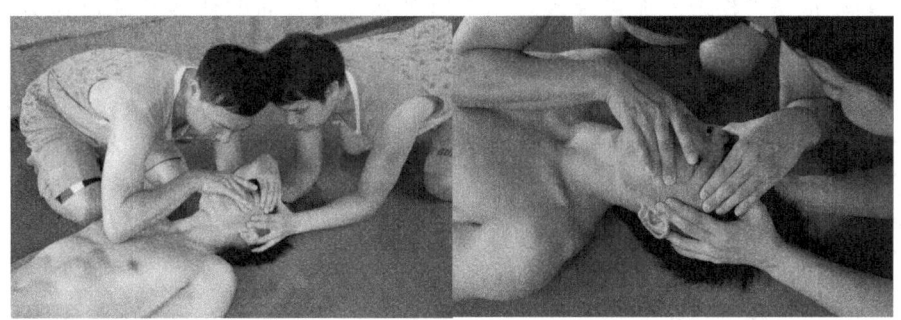

图6-28 头胸固定法

二、水中颈部固定技术

在水中救护时,应先运用手法固定伤者,再使用急救板固定并运送伤者。

(一)胸背固定技术

伤者俯卧位(以救生员在伤者左侧为例):救生员游到伤者身旁,右手固定其颈部，使其头颈与身体呈一直线；左手肘关节紧贴伤者胸部，虎口张开，拇指及食指分别按压其面颊，右手肘关节紧贴伤者背部，手掌紧托其后枕，然后向上翻转伤者，使其面部朝上露出水面（见图6-29）。此固定技术可适用于在水面、池底的脸部向上或向下的伤者，但不适用在极浅的水中或在深水处而面部朝下的伤者。

图6-29 水中胸背固定技术动作组图

伤者仰卧位（以救生员在伤者右侧为例）：救生员用于"伤者俯卧位"相同的方法固定伤者的头颈与身体，但要先用水下的左手固定伤者的背部和后枕，然后再用右手固定其胸部和下颌。

（二）上臂固定技术

救生员接近伤者时抓紧溺水者的上臂处，使双臂向前伸展并固定其头部，使伤者保持头颈部与身体呈一直线，然后缓缓地将伤者向前推进，使其整个身体浮在水面，最后将伤者向自己身体一侧翻转，使其面部朝上；翻转后，救生员一手捏住伤者两颊，使其张开嘴，便于呼吸，另一手用前臂与前胸夹住伤者两臂固定其头部，继续使伤者颈部与身体呈一直线（见图6-30）。此固定法在浅水和深水区域均可使用。

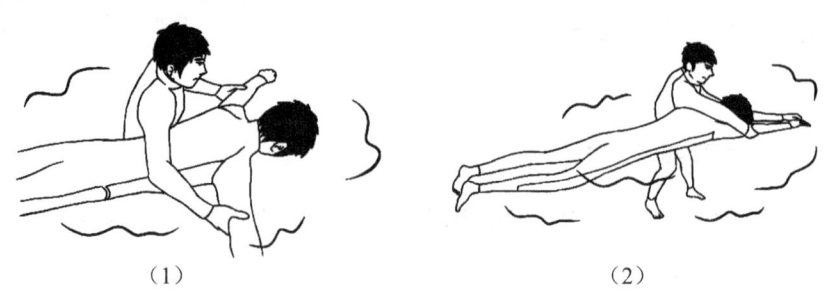

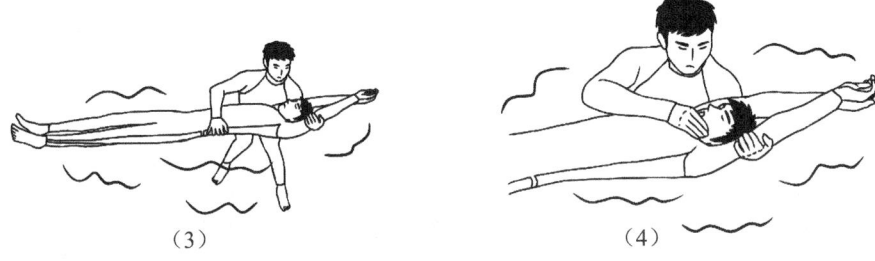

图 6-30 水中上臂固定技术动作组图

易犯错误如下：
①伤者双臂没有前伸，肘关节弯曲。
②伤者上臂没有夹紧头部。
③翻转后没有保持溺水者头部与身体呈一直线。
④口鼻没有露出水面。

第四节　急救板的使用

一、陆地急救板的使用

当脊椎受伤者需要转送医院时，救生员需极其小心谨慎，并严格按照以下程序与手法将伤者移至急救板以便运送。在上板、固定、搬运过程中，需要 3~4 名救生员配合。由在患者头部位置的救生员 A 担任指挥者。

（一）操作步骤

第一步：救生员 A 位于伤者头肩部，双膝跪在伤者头顶后方，并与其身体呈一直线。先固定双手肘关节，支撑在地面上，两手掌分别放在伤者头部两侧，拇指轻按其前额，食、中指按面颊，无名指和小指放在耳下，但不要超出耳垂（如伤者身体处于未固定状态，头锁法不能使用），见图 6-31。

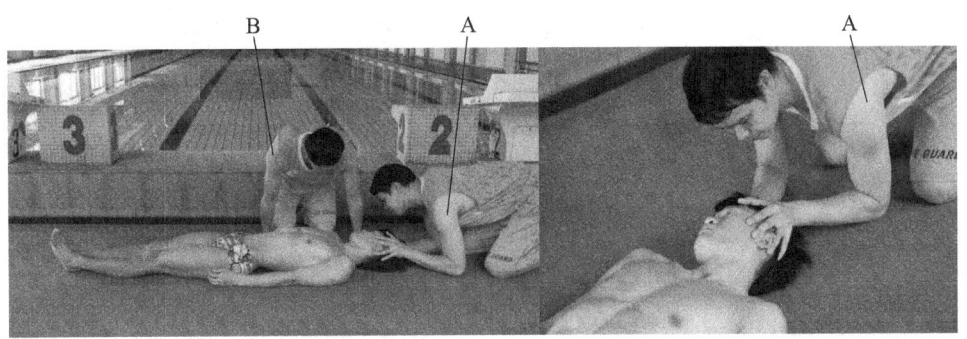

图 6-31　头锁固定伤者颈部

第二步：救生员 B 位于伤者身体右侧，两腿分开与肩同宽，指挥救生员 A 小心地将伤者颈部复位（见图 6-32）。

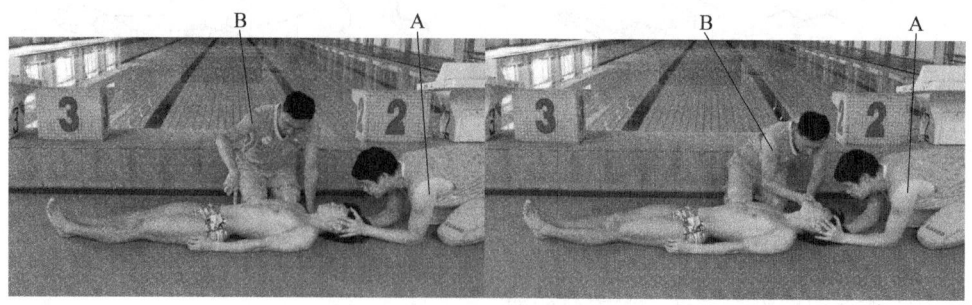

图 6-32　复位伤者颈部

第三步：救生员 B 用头胸固定法为救生员 A 做改良斜方肌挤压法过渡（见图 6-33）。

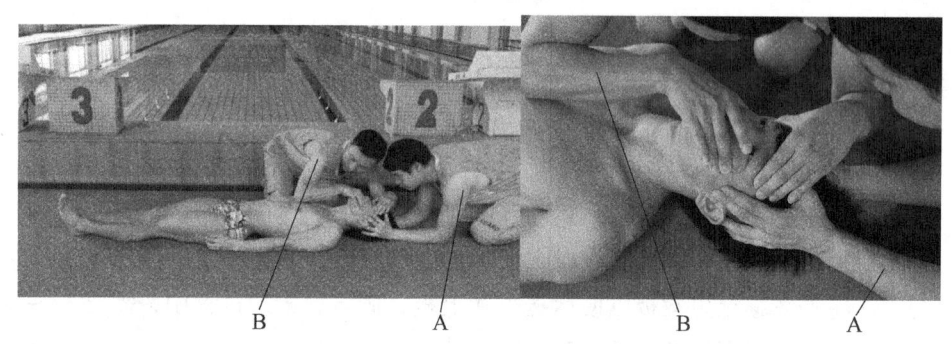

图 6-33　头胸固定动作

第四步：救生员 A 用改良斜方肌挤压法锁紧伤者头部后，救生员 B 松开胸头锁（见图 6-34）。

第五步：救生员 B 和救生员 C 双手置于伤者左侧身体处，救生员 B 的右手与救生员 C 的左手交叉，同时用力将伤者侧翻（见图 6-35）。

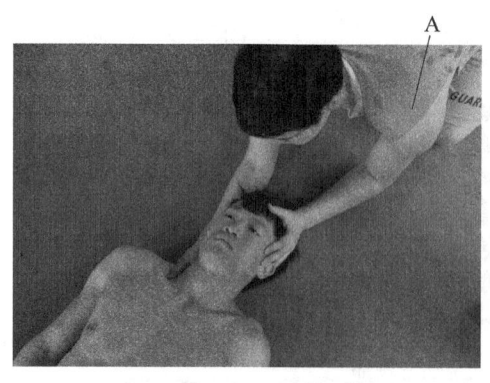

图 6-34　改良斜方肌动作

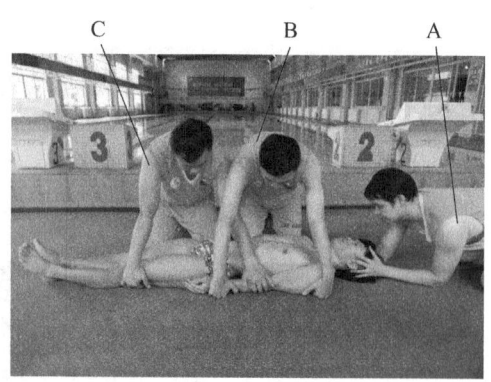

图 6-35　协同将伤者翻身

第六步：救生员 B 抽出右手检查伤者脊柱是否有异常或受外伤（有伤情应及时处理），见图 6-36。

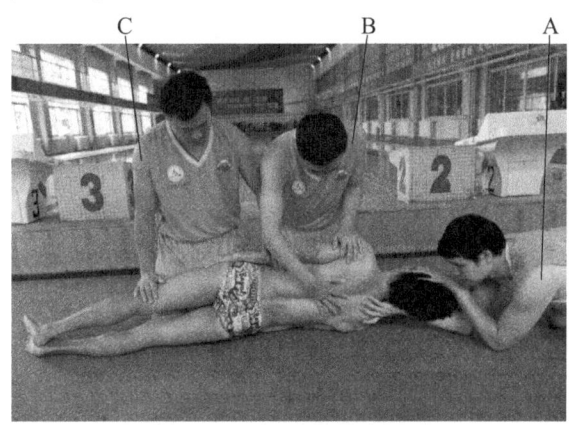

图 6-36 检查伤者背部

第七步：救生员 D 将急救板贴于伤者后背以固定伤者，在救生员 A 的指挥下，救生员 B 和救生员 C 合力将伤者缓慢放于急救板上（见图 6-37、图 6-38）。

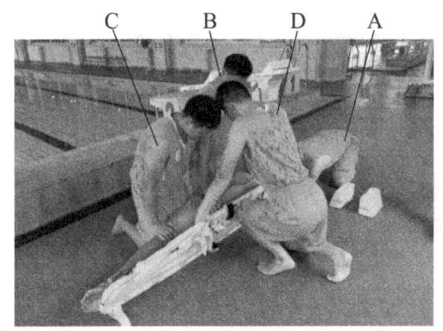 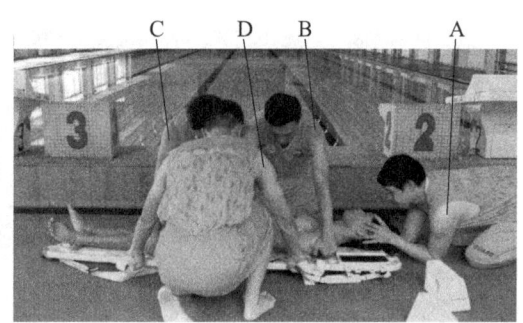

图 6-37 插板固定伤者　　　　　　图 6-38 放平翻身伤者

第八步：救生员 B 用头胸固定法过渡，使救生员 A 由改良斜方肌挤压法改为斜方肌挤压法固定伤者后，救生员 B 松开胸头锁（见图 6-39、图 6-40）。

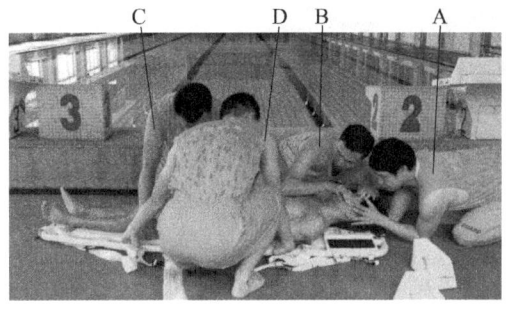 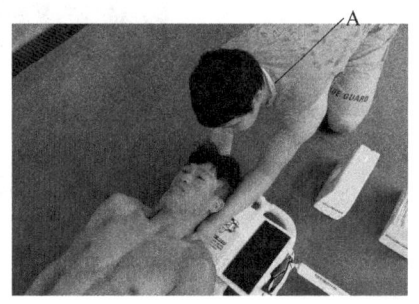

图 6-39 头胸固定患者　　　　　　图 6-40 转换斜方肌锁

第九步：救生员 B 和救生员 C 双手抓握急救板边缘，由救生员 A 指挥，救生员 B、C 用前臂将伤者平移至急救板中心位置（见图 6-41）。

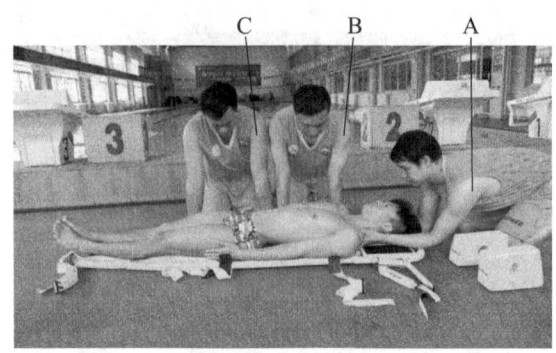

图 6-41 平移患者

第十步：救生员 B 把伤者躯体和四肢固定在脊柱固定板上，依次按照胸带、腰带、脚带的顺序进行固定。首先，胸带固定（两手臂不应固定在内）；然后，腰部用固定带固定（两手腕应固定在内）；最后，脚腕用固定带固定（固定时固定带应从脚底以"8"字形固定），见图 6-42。

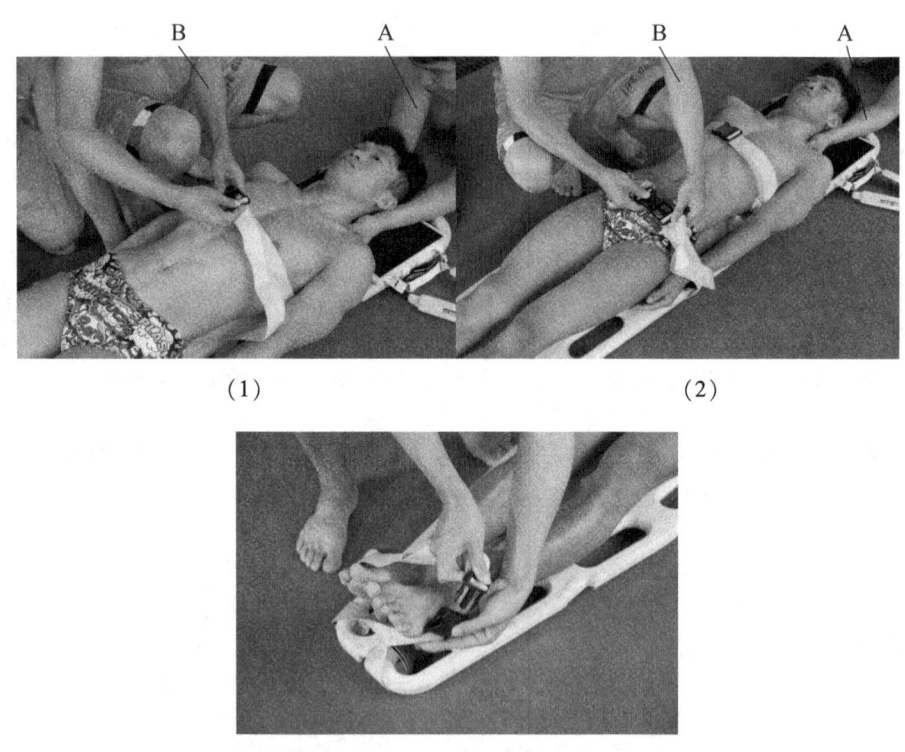

图 6-42 佩戴胸带、腰带、脚带动作组图

第十一步：身体固定完成后，救生员 B 回到原位做头胸锁，救生员 A 解开

斜方肌挤压,准备头部固定器固定头部,先用两块头垫紧贴置于伤者头部两侧,再用固定带固定伤者头部(见图6-43)。

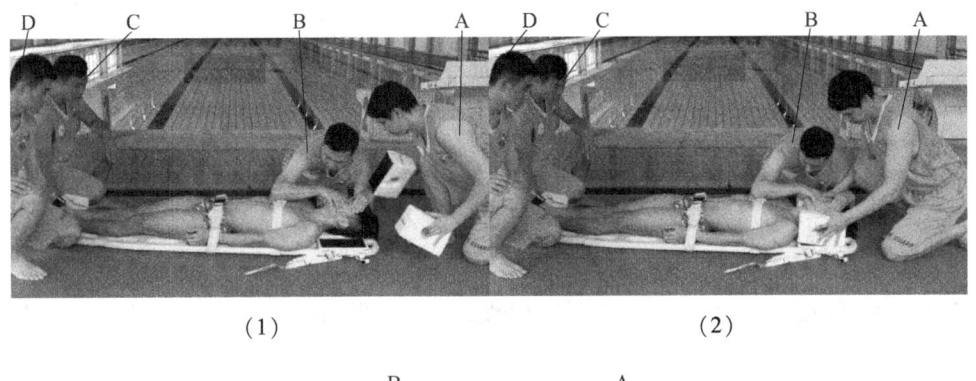

图6-43 佩戴头枕、头带、颌带动作组图

第十二步:固定好伤者后,救生员B松开胸头锁,听从救生员A的指挥,救生员A、B、C、D合力将急救板抬起,将伤者运送至医务室或附近医院(见图6-44)。

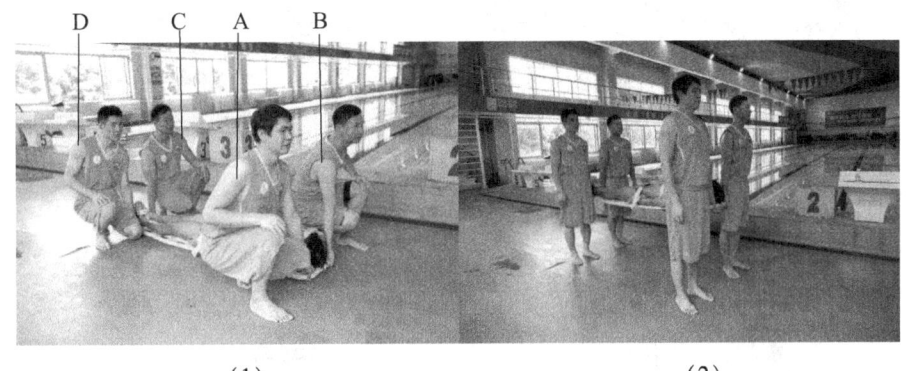

图6-44 运送伤者

(二)注意事项

(1)动作要缓慢、平稳。

(2)指挥者的口令要清晰,前一个动作未完成或口令未发出时,协助者不得随意松开。

（3）手法固定时，先要稳固自身肢体重心，再固定伤者。

（4）在复位时，若伤者感到疼痛，不得再继续。保持原状，等待医务人员救助。

（5）怀疑颈椎损伤时，第一时间上颈托进行固定；如果怀疑有腰椎损伤，上板时要在腰部加3～5厘米厚的软垫保护。

二、水中急救板的使用（浅水）

当判断水中的溺水者可能发生脊柱受伤时，呼叫同伴协助，委托同伴拨打"120"电话向专业的医疗机构呼救求助。同时在水中固定溺水者，保障溺水者维持正常呼吸与脊柱相对固定，在同伴的协助下，将溺水者移至合适的位置再进一步采取加固措施。在水中对溺水者进行救助时，应保持溺水者头部与身体呈一直线，并维持溺水者的面部在水面上。

在水中使用急救板固定和运送伤者时至少需要两名救生员。若救生员人数充足，则拯救行动更容易、更快捷。在水中徒手固定伤者后，如有条件，需尽快在水中使用急救板固定伤者。以下以采用胸背固定法固定伤者后使用水中急救板固定技术为例，说明具体步骤。

（一）操作步骤

第一步：救生员A迅速下水，用上臂固定法固定伤者，使伤者脸部朝上，口鼻完全露出水面，呼叫救生员B携带急救板过来协助，并缓慢向池边靠近。救生员B从侧面把急救板垂直压入水中，放在伤者身下，然后救生员A一手护住伤者腰部抓住急救板，另一手放置伤者头后与急救板之间（见图6-45）。

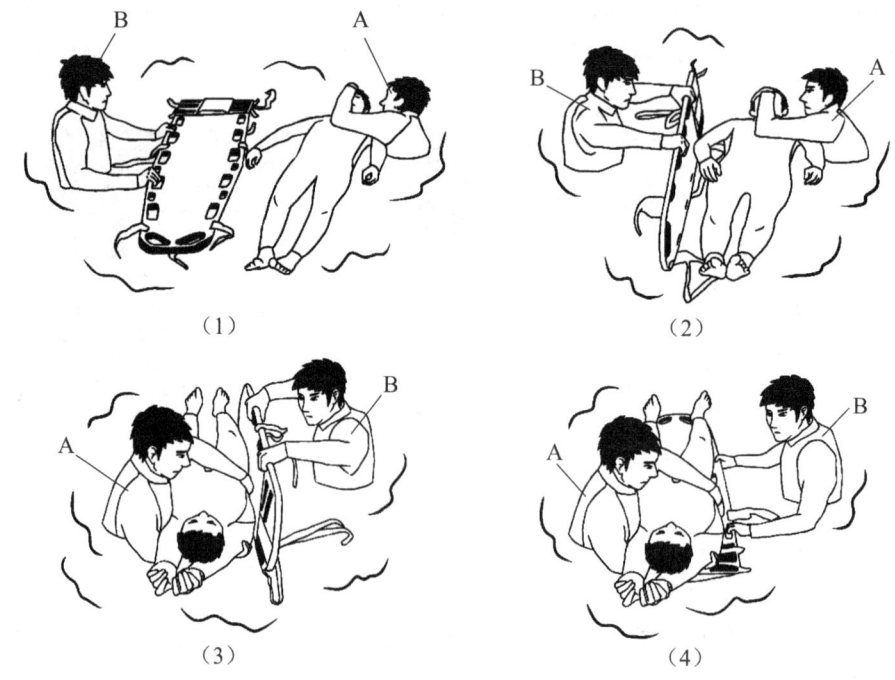

图6-45 浅水急救板上板技术动作组图

第二步：救生员 A、B 二人合力用急救板将伤者运送至岸边，救生员 A 移至板头，背靠池壁，急救板头部紧压胸前，两肘部压紧急救板两侧，五指分开紧贴伤者侧脸颊，固定伤者头部（见图 6-46）。

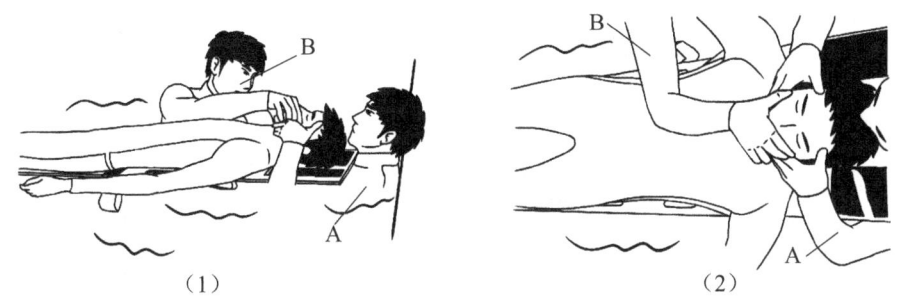

图 6-46 水中固定患者头部技术动作

第三步：救生员 B 用固定带依次固定伤者胸部（两手不应固定在内）、腰部（两手腕应固定在内），脚部固定带应从脚底绕"8"字形固定，以防上岸时伤者下滑（见图 6-47）。

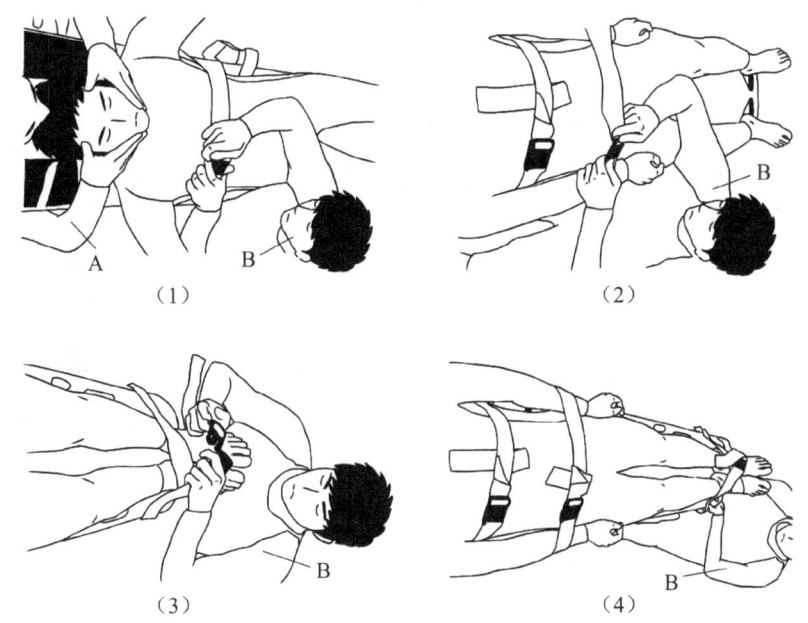

图 6-47 水中佩戴胸带、腰带、脚带动作组图

第四步：救生员 B 用"胸背固定手法"固定伤者，救生员 A 准备头部固定器安置并固定头部，再将固定带固定（见图 6-48）。

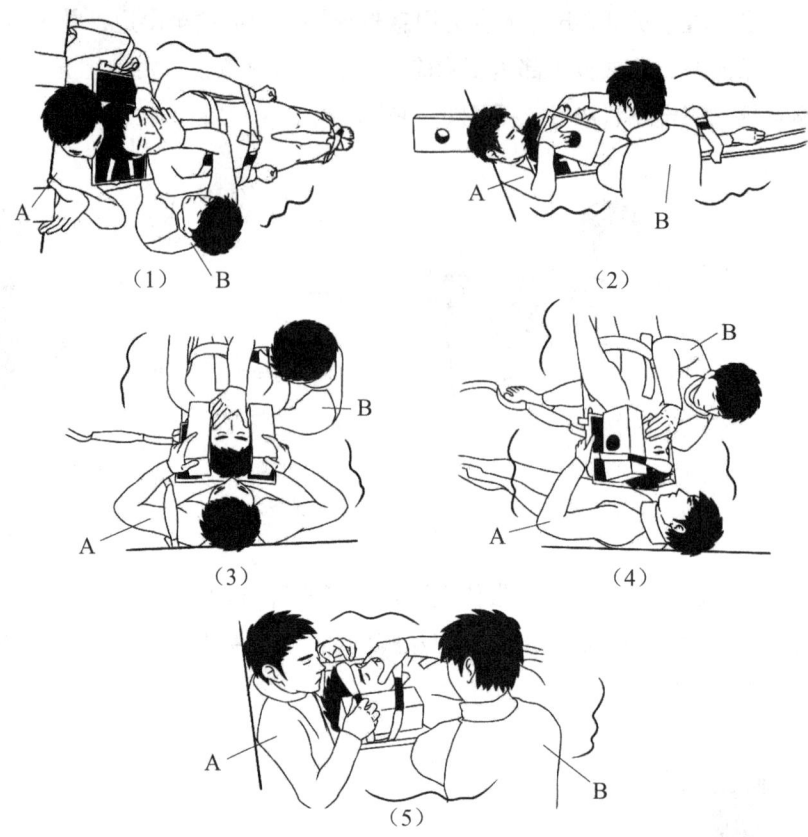

图 6-48 水中佩戴头枕、头带、颌带动作组图

第五步：头部固定完成后，救生员 A 移至急救板侧面，与救生员 B 面对面，二人合力将急救板伤者头部一侧上移，搁至池边（见图 6-49）。

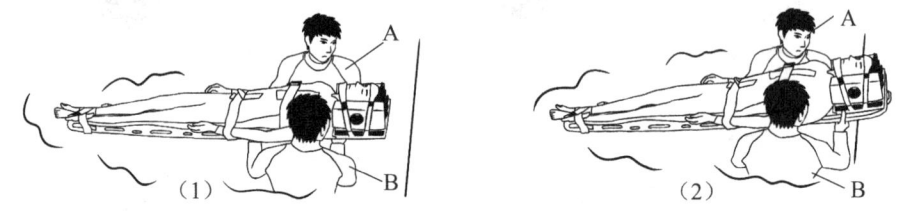

图 6-49 水中急救板上岸技术动作

第六步：救生员 B 迅速移至板尾，防止急救板下滑，然后，救生员 A 上岸，二人合力将伤者推送上岸（见图 6-50）。

图 6-50 水中急救板上岸运送动作

（二）注意事项

（1）在深水区救援时，救生员应尽量使用救生浮标以协助固定自己。

（2）翻转和上板动作应缓慢、平稳。

（3）急救板有较大的浮力，插板时，救生员身体贴近急救板，垂直向下用力，再将急救板平放在伤者身下。

（4）将伤者放置于急救板后，应及时运送至浅水区固定。

（5）二人配合交换动作时，指挥者口令应清晰，前一个动作未完成或口令未发出时，协助者不得随意松手。

第五节 自动体外心脏除颤器

自动体外心脏除颤器（automated external defibrillator，AED）是一种便携式医疗设备，它可以诊断特定的心律失常，并能够给予电击来阻止异常心率（心室颤动或无脉性室性心动过速），使心脏的正常节律得以恢复。它可分为全自动体外除颤器和半自动体外除颤器。当施救者给溺水者贴上电击贴片后，全自动体外除颤器会自动判断溺水者情况并进行电击；半自动体外除颤器则会提醒施救者按下电击按钮。

在心脏骤停3～5分钟内，快速除颤至关重要。因为引起心脏骤停的最主要心律失常是心室纤颤，而治疗室颤的唯一有效方法是除颤。成功除颤的机会转瞬即逝，当发生室颤后数分钟内不立即除颤，就可能转为心脏停搏。虽然徒手心肺复苏可以暂时被动维持脑和心脏循环功能，但心肺复苏并不能将室颤转为正常心律。

一、工作原理

自动体外除颤器是针对心室颤动（或心室扑动）和无脉性室性心动过速这两类患者而设计的。当患者出现心室颤动（或心室扑动）或者无脉性室性心动过速时，其特征如同无心率一样不会有脉搏，在这两种心律失常时，心肌虽有一定的搏动但却无法有效将血液送至全身；在发生心室颤动时，心脏的电活动处于严重混乱的状态，心室无法有效泵出血液。在心动过速时，心脏则因为跳动太快而无法有效泵出充足的血液，通常心动过速最终会变成心室颤动。遇到这两种情况若得不到及时的矫正，将会迅速导致脑部损伤和死亡。

自动体外除颤器本身并不能让患者恢复心跳，它的主要作用是通过电击使室颤、室扑等致命性心律失常终止，然后再通过心脏高位起搏点的兴奋重新控制心脏搏动，从而使心脏恢复跳动（但有部分患者因其患有心脏基础疾病，可能在除颤后无法恢复心跳），此时自动体外除颤器会经过分析并提示没有除颤指征，并建议立即进行心肺复苏。

二、使用方法及操作步骤

使用自动体外除颤仪时，主要依据以下步骤。

第一步：开启 AED。

溺水者取平卧位，救生员跪于溺水者一侧，当 AED 到达时，迅速打开 AED 的盖子开启电源，接着快速擦干溺水者胸部，遵循说明和声音的提示操作（见图 6-51）。

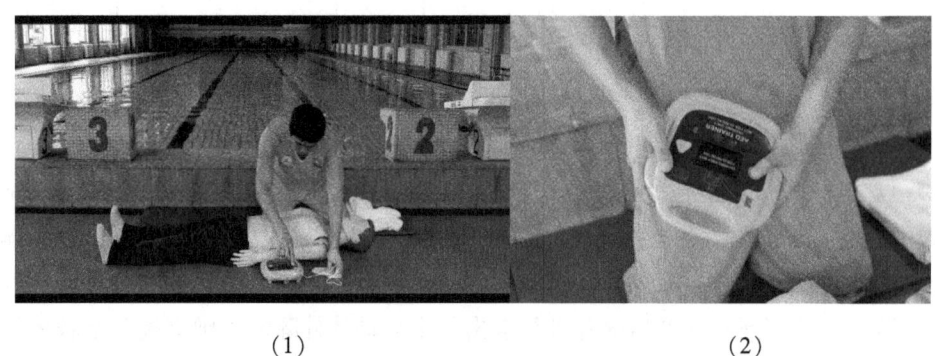

(1)　　　　　　　　　　　　(2)

(3)　　　　　　　　　　　　(4)

图 6-51　打开 AED 及擦干患者身体组图

第二步：电极片粘贴。

先将 AED 电极片的衬背撕下，将一片电极片贴在溺水者右锁骨下方；另一片电极片贴在左乳头外侧，上缘位于腋下几厘米。若是儿童溺水者，应将电极片分别贴在前胸与后背。然后，将 AED 连接电缆接到 AED 主机插孔（见图 6-52）。目前的自动除颤器备有成人电极贴片及儿科电极贴片两种。儿科电极贴片适合 8 岁以下儿童抢救时使用。

(1)　　　　　　　　　　　　(2)

(3)

图6-52　贴电极片及连接主机组图

第三步：AED分析心律。

AED分析心律，AED会自动进行该步骤，遣散人群远离溺水者（有部分AED需要按下"分析"键）。分析完毕后，AED将告诉救生员是否需要电击（见图6-53）。

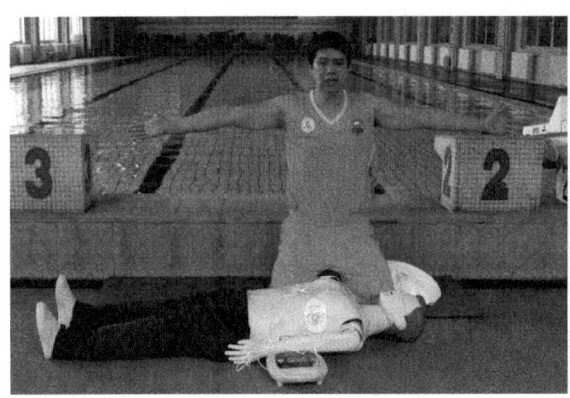

图6-53　心率分析、疏散人群

第四步：电击。

如果AED建议电击，需再次大声告知周围人员离开溺水者，确保无人碰触溺水者。确认安全后，按下"电击"按钮（见图6-54、图6-55）。

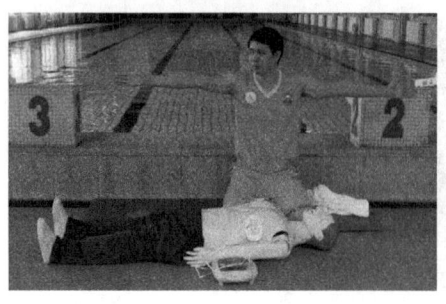

图6-54 电击前疏散人群

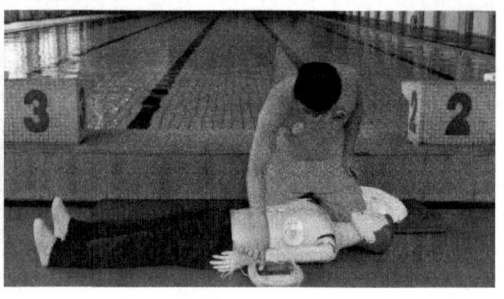

图6-55 启动电击

第五步：心肺复苏。

如果无需电击或电击完成后，<u>应立即继续实施心肺复苏术</u>（见图6-56）。

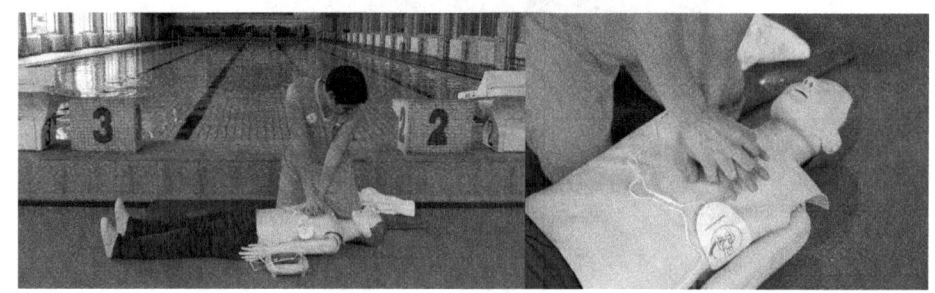

图6-56 操作心肺复苏

第六步：评估。

进行5组心肺复苏或2分钟后，AED会提示重复步骤3和4，按提示进行操作，直到急救医务人员到场或溺水者开始恢复自主呼吸和意识。

三、注意事项

（1）当溺水者胸部毛发浓密时，在贴电极片之前，需用剃刀将贴电极片部位的毛发剃除，否则，AED将不能准确分析溺水者的心律，AED会显示"检查电击"或"检查电极片"。

（2）如果溺水者在水中，需先将溺水者运送上池岸，擦干躯干后再贴电极片。切勿在水中使用AED。

（3）如溺水者患有心脏疾病，其体内可能会有植入式除颤器和起搏器，可在其胸部上方或腹部的皮肤下方发现一硬块。在贴电极片时要避免直接将电极片贴在植入装置上，并遵循AED的正常操作步骤。

（4）当发现溺水者贴电极片位置有药物透皮贴片时，在不延误电击的前提下，可在放置电极片前除去贴片，并将该区域擦拭干净。

📖 **思考题**

1. 常见溺水分类、原因有哪些？
2. 溺水后的生理变化和临床表现有哪些？
3. 如何判断呼吸是否骤停和呼吸道是否畅通？
4. 现场急救心肺复苏包含哪些环节？
5. 使用 AED 救援有哪些注意事项？

第七章 游泳场馆常见损伤处理和应急预案的制定

【学习目标】

1. 树立"先救助后转移"的救治意识;
2. 了解各类损伤病理及处理方法;
3. 具备制定游泳场馆应急预案能力。

【章节导引】

与许多运动项目一样,游泳活动在参与的过程中同样会造成运动伤害。在游泳的过程中,由于场地、器材、游泳者的身体状况及运动技巧熟练程度的不同,损伤会时常出现。当游泳者出现损伤时,我们首先需要对损伤进行辨别和定性,目的是为了让救生员在现场采用恰当的处理方式应对所出现的损伤,以减轻伤者的痛苦、降低因处理不当而产生后遗症的风险,最大限度地降低致残率和死亡率。本章主要阐述游泳场馆常见损伤处理及应急预案的制定。

第一节 运动损伤处理的基本原则

一、坚持"先救助后转移"的原则

这要求救生员发现游客受伤时,应立即展开有效的处理,然后再进行安全转移。

二、伤者应尽快离开危险区域

当救生员遇到游客受伤时,应先对处理环境进行评估,确认其安全程度,如果认为场地环境有危险因素存在,则需要尽快帮助伤者离开危险区域。

三、及时处理

发现损伤时,应立即现场采取有效的应对措施,做到早期呼救、早期心肺复苏并早期实施清创、止血、包扎、固定和运送。

四、方法恰当

在现场处理时，对游泳的损伤处理方法要恰当，尽量减轻伤者的痛苦并舒缓情绪。同时，也要注意对自己的安全进行防护，以免自身受伤。

五、在现场处理时不应继续加重伤者所受到的伤害

在现场处理的过程中，应该妥善处理伤者的损伤，不应该增加伤者的痛苦乃至让伤者的伤情加重，甚至造成二次伤害。

六、现场处理的措施应简单易行且效果必须确实可靠

在游泳场所现场配置的急救器材是简单实用的器材，这就要求救生员在现场处理时所采取的措施应该是简单的和容易操作的，保证所进行的处理在专业救护人员到达前可以确实可靠地控制住伤者的伤情。

第二节 常见损伤的处理

一、常见损伤的类型

根据皮肤黏膜的完整性分类，可分为开放性损伤和闭合性损伤。

（一）开放性损伤

1. 损伤特点

开放性损伤伤处皮肤或者黏膜的完整性受到破坏，伤口与外界相通，例如，擦伤、刺伤、裂伤及开放性骨折等属此类损伤，一般会伴随出血现象的发生（见图7-1）。

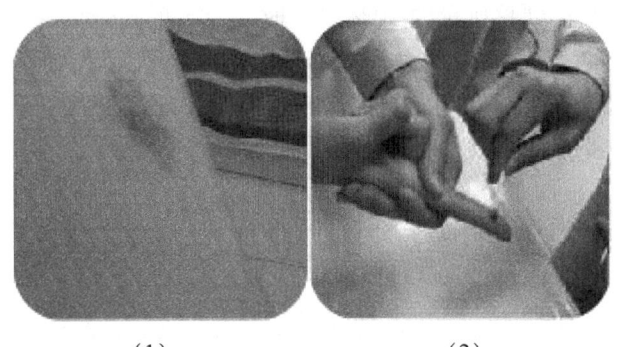

（1） （2）

图7-1 开放性损伤组图

2. 处理原则

控制出血，尽快止血，减轻疼痛，预防休克。严禁拔除嵌入的物品，伤者与

急救处理者要穿戴消毒手套。当发生开放性损伤时，通常的处理步骤是：清创、止血、固定、包扎。

（二）闭合性损伤

1. 损伤特点

闭合性损伤是指伤处的皮肤或者黏膜保持完整，没有伤口与外界相通，例如，挫伤、拉伤、扭伤、脱臼及闭合性骨折等，没有出血现象，但伤处会出现肿胀充血及皮下瘀血现象。

2. 处理原则

按 PRICE 原则处理。包括：保护（protection）、休息（rest）、冰敷（ice）、压迫（compression）、抬高（elevation）五步骤。

二、常见外伤的处理

（一）清创

清创的目的就是在伤口未发生感染前，清除坏死或失活组织、异物、血块和彻底止血，将污染伤口转变为清洁伤口，是防止伤口感染的关键。创面过大或伤口较深者应及时送医院救治。

清创的基本步骤：①先用无菌纱布覆盖伤口，如有油污，可先用汽油或乙醚酰擦去，再用肥皂水刷洗皮肤，冲洗干净后擦干。②取去覆盖伤口的纱布，用肥皂水，加过氧化氢（过氧化氢）反复多次蘸洗伤口。③用生理盐水冲洗创面及伤口，清除明显的异物、血块和脱落的坏死组织。④经上述处理后，用棉球浸润0.5%碘伏、75%酒精消毒皮肤。

（二）止血

由于长时间浸泡在水中，游泳者表层皮肤较易开裂，如遇池边（壁）不光洁或存在不明物等更容易造成游泳者划伤出血。按照出血的种类可以分成动脉出血、静脉出血、毛细血管出血、外出血、内出血（见表7-1）。少量出血不会危及生命，当失血量达到总血量的20%以上时，会出现头晕头昏、脉搏增快、血压下降、出冷汗、脉搏细弱等症状；如果出现大出血且失血量达到总血量的40%时，就有可能危及生命。因此，及时采取有效的止血措施，对降低死亡率和残疾率均具有重要意义。

表7-1　出血的种类

动脉出血	血液颜色呈鲜红，出血呈喷射状，血液自伤口近心端随脉动而冲出，失血量随血管大小而不同
静脉出血	血液颜色呈暗红，血液自伤口远心端随静脉涌出或缓慢流出，若破裂血管较大，也可能危及生命
毛细血管出血	随出血血管距离动静脉远近的不同，血液颜色可自鲜红过渡至暗红色，呈点状或片出，出血量较少，多可自愈

续上表

外出血	身体外表有伤口，可直接见到血液从伤口流到体外
内出血	身体表面没有伤口，血液由破裂的血管流向组织，形成瘀血或血肿；流向体腔和管腔，形成积血。内出血不容易发现，因此要特别注意观察分析和判断

近心端、远心端的止血方法在医学临床特别是急救时有广泛的应用。近心端、远心端是相对于某个位置而言的，一般可以根据心脏位置判断，而最为科学的是根据此处血管及血液流向来判断。近心端是动脉的上游至心脏，远心端是静脉的下游至毛细血管。如遇血管出血，首先应根据伤口深浅、血液流速与颜色等来判断出血的种类（动脉、静脉、毛细血管）。如果是动脉出血，应包扎近心端；如果是静脉出血，应包扎远心端。常用的止血方法有以下五种。

1. 加压包扎止血法

用绷带加压包扎伤口止血（见图7-2）。

适用范围：小动脉、小静脉或毛细血管的出血。

方法：先将无菌敷料覆盖在伤口上，再用弹性绷带或三角巾以适当压力包扎，包扎不要过紧或过松，过紧会引起血液循环不良，过松则不能有效固定及止血，绷带不要在伤口上打结，以免压迫伤口引起疼痛；也不要在身体背后打结，易产生不适感。

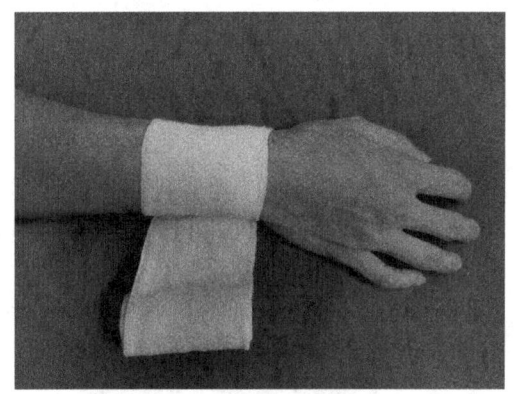

图7-2 加压包扎止血法

2. 指压止血法

指压止血法是指用手指或拳头压迫伤口近心端的表浅动脉，用力将动脉压向深部的骨上，阻断血液流通，从而减少出血，以达到临时止血目的的一种止血方法。指压止血法是一种临时止血措施，在指压止血的同时必须做好进一步处理的准备，如采取止血带、加压包扎等方法止血。

适用范围：指压止血法适用于头、面、颈部和四肢的外出血。指压止血法应根据出血点的位置，采取不同的手法进行止血。

（1）颞动脉压迫止血法：用于头顶及颞部

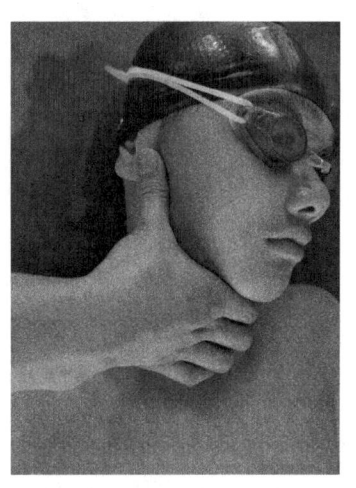

图7-3 颞动脉压迫止血法

动脉出血。方法：用拇指或食指在耳前正对下颌关节处用力压迫（见图7-3）。

（2）颌外动脉压迫止血法：用于肋部及颜面部出血。方法：用拇指或食指在下颌角前约半寸外，将动脉血管压于下颌骨上（见图7-4）。

（3）颈总动脉压迫止血法：常用于头、颈部大出血而采用其他止血方法无效时。方法：在气管外侧，胸锁乳深肌前缘，将伤侧颈动脉向后压于第五颈椎上，使用颈总动脉压迫止血法时应注意禁止双侧同时压迫（见图7-5）。

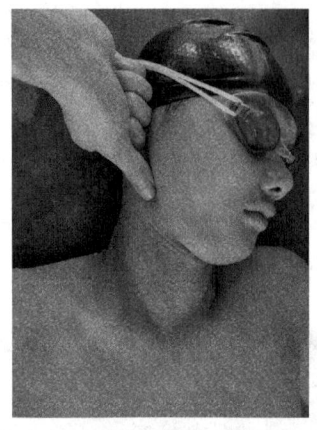 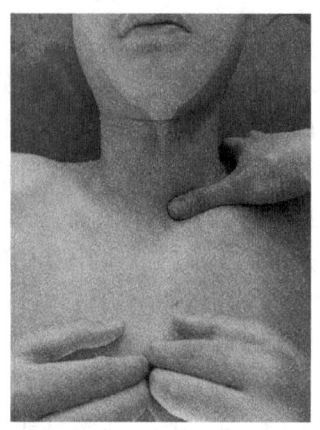

图7-4 颌外动脉压迫止血法　　图7-5 颈总动脉压迫止血法

（4）肱动脉压迫止血法：用于手、前臂及上臂下部出血。方法：在患者上臂的前面或后面，用拇指或四指压迫上臂内侧动脉血管（见图7-6）。

（5）股动脉压迫止血法：用于同侧下肢出血。方法：在腹股沟中点稍内下方处，将股动脉用力压在股骨上（见图7-7）。

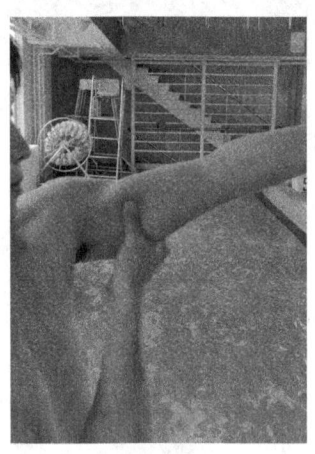 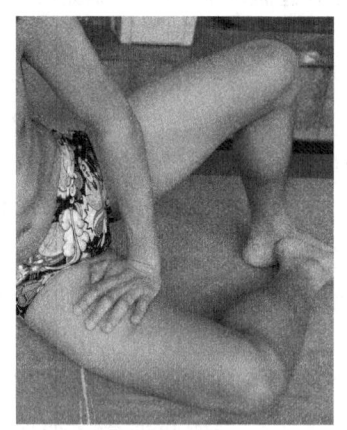

图7-6 肱动脉压迫止血法　　图7-7 股动脉压迫止血法

3. 加垫屈肢止血法

是指在肘、窝垫以棉垫卷或绷带卷，将肘关节或膝关节尽力屈曲，借衬垫物压住动脉，并用弹性绷带或三角巾将肢体固定于屈曲位，以阻断关节远端的血流达到止血目的的一种止血方法。适用范围：可用于肘、膝关节远端肢体受伤出血，但须先确定局部有无骨关节损伤，有骨关节损伤者禁用。

方法：将棉垫或绷带卷起来放在肘窝或膝关节窝上，再屈肘或屈膝，然后用绷带以"8字形"缠好，进行包扎（见图7-8）。

4. 止血带止血法

止血带止血法是当出现出血现象时，使用制式止血带或胶管、胶带、绷带、布条等对四肢伤出血进行止血的方法（见图7-9），是用于四肢大出血急救时简单、有效的止血方法，它通过压迫血管、阻断血流来达到止血的目的。适用范围：一般只适用于四肢大动脉出血，或采用加压包扎后不能有效控制大出血时才可选用。

方法：①橡皮止血带。橡皮止血带常用橡皮带、橡皮条，在伤口上方近心端10厘米处绕两圈，打一个活结。②气性止血带。常用血压计袖带。上肢每半小时、下肢每一小时要松开一次。

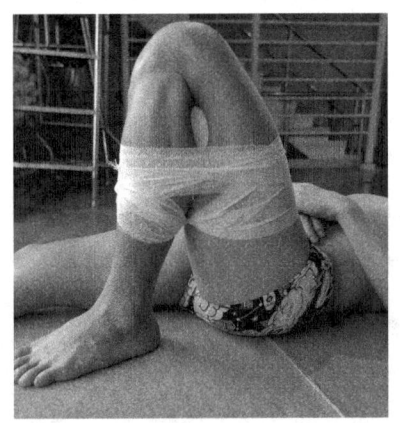

图7-8 加垫屈肢止血法

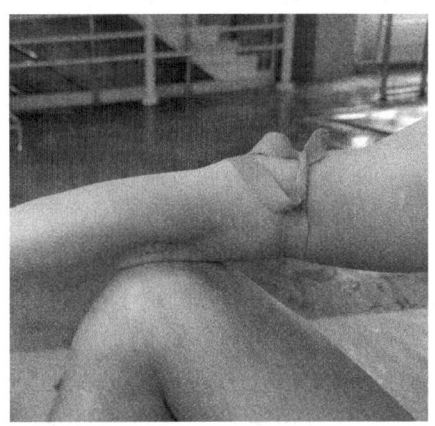

图7-9 止血带止血法

在使用止血带止血时，应注意以下几点。

（1）部位要准确：止血带应扎在伤口的近心端，并应尽量靠近伤口。前臂和小腿不适于扎止血带，因其有两骨，动脉常走行于两骨（前臂为尺、桡骨，小腿为胫、腓骨）之间，所以止血效果差。上臂扎止血带时，不可扎在下1/3处，以防损伤桡神经。

（2）压力要适度：止血带的松紧度以刚达到远端动脉搏动消失、恰能止血为度。

（3）衬垫要加好：止血带与皮肤之间应加衬垫以免损伤皮肤。

（4）时间控制好：扎止血带的时间不宜超过3小时，并应每0.5～1小时松止血带1次，放松2～3分钟。松解止血带前，应先补充血容量，做好纠正休克的准备，并备齐止血用器材；松解时，若患者出血，可用指压法止血。

5. 外用药物止血法

创可贴适用于表浅出血。此外，有条件可适当使用外用止血药物，外用止血药物有多种类型：①止血粉：可加速创面血栓的形成，达到止血目的；②止血纸：柔软、有弹性，易黏附于创面，适用于较大创面的渗血；③止血栓：吸血后膨胀，可起到填塞作用，适用于较深、较大的创口。

一般小动脉和静脉出血可用加压包扎止血法。较大的动脉出血，应用止血带止血。在紧急情况下，须先用压迫法止血，然后再根据出血情况改用其他止血法。

（三）固定

现场急救的目的在于用最简单而有效的方法抢救生命，保护伤者，预防感染和降低损伤，安全而迅速地运送伤员，以便尽快得到妥善处理。因此及时正确地固定骨折的四肢，可减少伤员的疼痛及周围组织的继续损伤，同时也便于伤员的搬运和转送。

所有的四肢骨折均应做临时固定，目的在于限制受伤部位的活动度，从而减轻疼痛，避免骨折断端等因摩擦而损伤血管、神经乃至重要脏器。

1. 固定材料

骨折临时固定最常用的器材是夹板，有铁丝夹板、木质夹板、塑料制品夹板和充气性夹板。现场急救时常就地取材，选用长短宽窄合适的木板、竹板、木棒、镐把等代替。紧急情况下，可直接借助患者的健侧肢体或躯干进行临时固定。另备纱布或毛巾、棉垫、绷带、三角巾等。

2. 各种部位骨折简易固定方法

（1）锁骨骨折

①症状：锁骨变形、血肿，肩部活动时疼痛加重。

②简易固定方法：这时应尽量减少对骨折部位的刺激以免损伤锁骨下血管，只用三角巾悬吊上肢即可，如无三角巾可用围巾代替（见图7-10）。

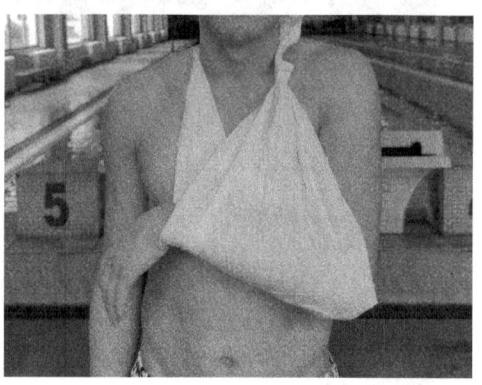

图7-10　锁骨骨折固定

（2）上臂骨折（肱骨干骨折）

①症状：上臂肿胀、瘀血、疼痛。活动时出现畸形，上肢活动受限制。

②简易固定方法：用夹板先放后侧，再放前侧，最后放内、外侧夹板，然后用4条绷带或2～3条三角巾固定。由于桡神经紧贴肱骨干，固定时骨折部位要加厚垫保护以防止桡神经损伤（桡神经负责支配整个上肢的伸肌功能）。桡神经一旦受损，便不能伸肘，不能抬腕，手指伸直有障碍。同时肘部要弯曲，悬吊上肢。如果现场没有夹板等固定物，可用三

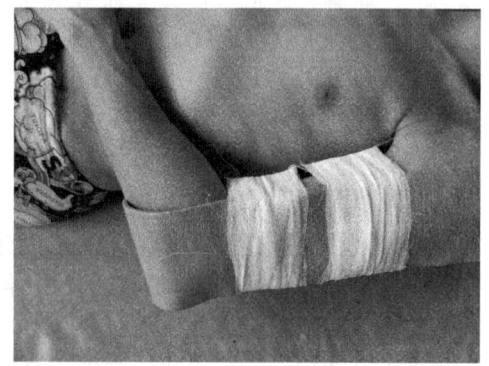

图7-11　上臂骨折（肱骨干骨折）固定

角巾将上臂固定在身体上，方法是将三角巾叠成宽带后通过上臂骨折部位绕过胸前和胸后在对侧打结固定，同样上臂也要悬吊在胸前（见图7-11）。

(3) 前臂骨折

①症状：前臂骨折分桡骨或尺骨，或桡骨、尺骨双骨折。活动时有非关节运动，显现畸形。

②简易固定方法：前臂骨折对血管神经损伤机会不大。可用小夹板或用上下两块木板固定，肘部弯曲90°悬吊在胸前；也可用书本垫在前臂下方直接吊起前臂（见图7-12）。

(4) 股骨骨折（大腿骨骨折）

①症状：损伤大时出血多，易出现休克。骨折后大腿肿胀、疼痛、变形或缩短。

②简易固定方法：采用旁侧夹板固定。

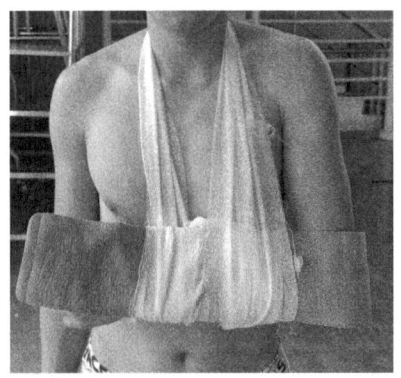

图7-12　前臂骨折固定

如果有条件，可用一块长夹板从伤侧腋窝下到脚后跟，一块短夹板从大腿根内侧到脚后跟，同时将另一条腿与伤肢并拢，再用七条宽带固定，固定时在膝关节、踝关节骨突出部位放上棉垫保护，空隙处要用柔软物品填充。固定时先从骨折上下两端开始，然后固定膝、踝、腋下和腰部。足尖保持垂直位置固定（见图7-13）。如果没有夹板也可用三角巾、腰带、布带等将双腿固定在一起，注意两膝、两踝及两腿间隙之间垫好衬垫。

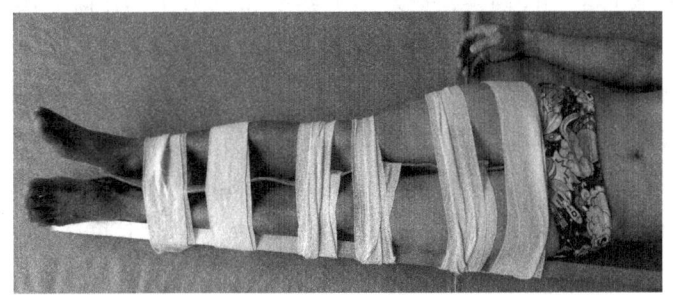

图7-13　股骨骨折（大腿骨骨折）固定

(5) 小腿骨折

①症状：出血，肿胀。

②简易固定方法：小腿骨折固定时切忌固定过紧，同时在骨折部位要加垫保护。用夹板固定时，最好用五块夹板，如果只有两块夹板，则分别放在伤的内侧和外侧；如只有一块木板，就放在伤外侧或两腿之间，再用绷带或三角巾分别固定膝上部、膝下部，骨折上、骨折下及踝关节处（见

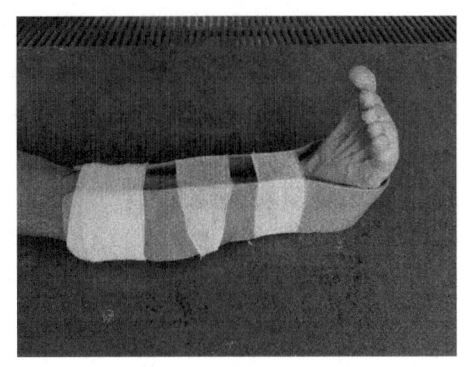

图7-14　小腿骨折固定

图7-14)。同样要保持足尖垂直，以"8"字形固定；如果没有夹板，可用带状三角巾或绑带把伤肢固定在健侧肢体上，方法同股骨骨折固定。

3. 注意事项

在应急处理骨折患者尤其是固定和搬运时应注意以下几个方面。

（1）伴有皮肤伤口及出血者：应先清除可见的污物，然后用干净的棉花或毛巾等加压包扎后再固定。

（2）上肢骨折：可用木板或木棍、硬纸板进行固定，然后用绷带或绳索悬吊于脖子上。下肢骨折可用木板或木棍捆扎固定，也可将双下肢捆绑在一起以达到固定目的。

（3）四肢开放性骨折（骨折断端经伤口暴露出来）有出血：不能滥用绳索或电线捆扎肢体。可用宽布条、橡皮胶管在伤口的上方捆扎。捆扎不可太紧，以不出血为度。上肢捆扎止血带应在上臂的上1/3处，以避免损伤桡神经。

（4）骨盆骨折：用宽布条扎住骨盆，患者仰卧，膝关节半屈位，膝下垫枕头或衣物，以稳定身体，减少晃动。

（5）四肢骨折患者的搬运：下肢骨折患者可由1人托住受伤肢体，其他人抬躯干上担架；上肢骨折者可自己行走，如需搬运时，方法同下肢骨折者。

（6）胸腰椎骨折患者的搬运：须由2～3人同时托头、肩、臀和下肢，平托患者，放于担架或木板上。

（7）颈椎骨折患者的搬运：要有1人牵引固定头部，其他人抬躯干上担架，然后在颈头两侧用棉衣等固定。

（四）包扎

包扎一般应用在伤者伤口出现出血、关节扭伤及脱臼等情况下，当伤者遇到这类损伤的时候，及时、正确地对伤处进行包扎处理，能够有效地保护伤口，防止污染及止血。包扎时还能和固定物一起使用，对伤处进行固定，减轻伤者的痛楚，有效减少再次受损伤的概率。

包扎时应注意松紧度合适，既要避免因包扎太紧而妨碍血液循环及神经受压，又要避免包扎太松而失去止血和固定的作用。当包扎部位在四肢时，还要注意让手指指端、脚趾趾端外露，以方便随时观察甲床颜色及检查指端有否麻木。避免包扎不当导致受伤的肢体供血不足、组织坏死的情况出现。一般使用的包扎材料是绷带和三角巾，紧急情况下可以使用干净的毛巾、布条等。

1. 各种包扎方法

（1）环形包扎法。

环形包扎法适合应用在躯干或肢体上下径粗细均匀的部位。开始时先把绷带头斜放，用手压住，将绷带绕肢体包扎1圈后，再将带头的一个小角折起来用绷带压住，然后继续绕圈包扎，包扎时后一圈压住前一圈，一般包扎3～4圈即可，最后一圈时，用医用胶布或打结来固定（见图7-15）。

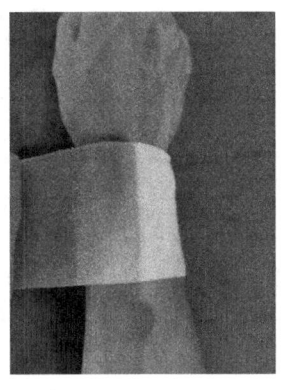
图 7-15　环形包扎法

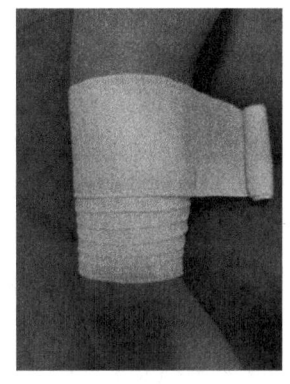
图 7-16　螺旋形包扎法

注意要点：绷带头斜放，第一圈压住一个小角，以起到固定的作用；最后一圈用医用胶布或绷带打结固定。

（2）螺旋形包扎法。

螺旋形包扎法应用于肢体粗细相差不大或躯干部位，原则上按从远端到近端的方向包扎，开始时先把绷带头斜放，用手压住，将绷带绕肢体包扎 1 圈后，再将带头的一个小角折起来用绷带压住，然后将绷带向上或向下斜形缠绕，后一圈压住前一圈的 1/2 到 1/3，反复包扎，最后一圈用医用胶布或打结固定，包扎圈数的多少根据包扎部位的长短和面积决定（见图 7-16）。

注意要点：原则上按从远端到近端的方向包扎；开始时绷带头的放置及包扎 1 圈后的操作方法和环形包扎法一致；斜形缠绕时后一圈压前一圈的 1/2 到 1/3。

（3）转折形包扎法（反折螺旋包扎法）。

转折形包扎法又称反折螺旋包扎法，这种包扎方法主要应用于肢体粗细相差较大的部位，如小腿部位和前臂部位。包扎的方向也是从远端到近端。包扎开始时先把绷带头斜放，用手压住，将绷带绕肢体包扎 1 圈后，再将带头的一个小角折起来用绷带压住，绕 2～3 圈后用

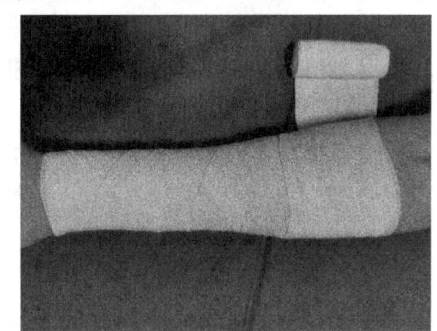
图 7-17　转折形包扎法

一个拇指压住绷带，将其上缘反折，反折处注意避开伤口，后一圈压住前一圈的 1/2 到 1/3，每一圈的转折线应该互相平行，最后一圈用医用胶布或者打结固定好（见图 7-18）。

注意要点：开始部分及结束部分的包扎方法与环形包扎法一致；反折处要注意避开伤口；每一圈的转折线应该互相平行。

（4）"8"字形包扎法。

"8 字形"包扎法常应用于关节部位的包扎，开始时先把绷带头斜放，用手压

住，将绷带绕肢体包扎1圈后，再将带头的一个小角折起来用绷带压住，然后将绷带斜形缠绕，一圈绕关节上方，一圈绕关节下方，反复进行，最后一圈用医用胶布或绷带打结固定，因包扎方法像写阿拉伯数字"8"，因此得名（见图7-18）。

注意要点：开始部分及结束部分的包扎方法与环形包扎法一致；主要应用在关节部位；缠绕方法是关节上一圈、关节下一圈重复进行。

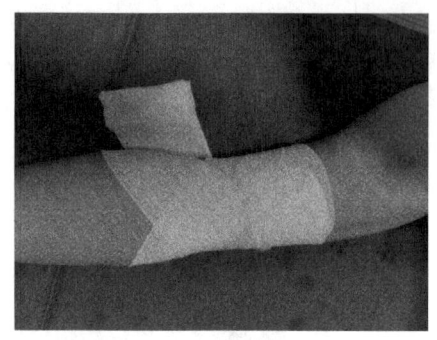

图7-18 "8字形"包扎法

（5）三角巾包扎法。

三角巾是指用一米见方的布料对角剪开，因外形为等腰直角三角形而得名。在日常使用上，根据三角巾规格的大小，又分大三角巾（96cm×96cm×136cm）和小三角巾（46cm×46cm×68cm）两种规格。常用的三角巾包扎法有大悬臂带包扎法、小悬臂带包扎法、头巾包扎法等。

①大悬臂带包扎法。

用于上肢损伤（锁骨和肱骨骨折除外）时，对损伤的上肢进行固定，方法是将大三角巾顶角放在伤肢的肘关节后，一个底角置于健侧肩上，肘关节屈度略小于90°放在三角巾中央，另一个底角上折，包住前臂，调节好长度后，在颈后将两个底角互相打结。最后把肘后的顶角折在前面用别针固定好（见图7-19）。

注意要点：适用于上肢受伤的固定，但锁骨骨折和肱骨骨折不适用；调整好长度后，两底角在颈后互相打结；顶角折在前面用别针固定好。

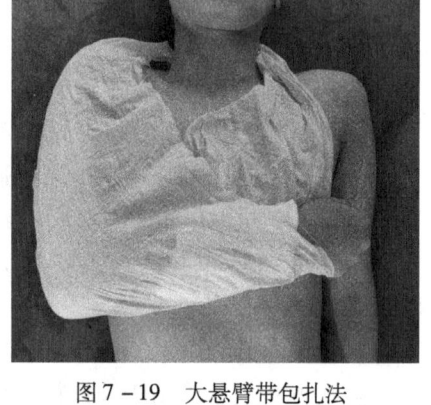

图7-19 大悬臂带包扎法

②小悬臂带包扎法。

大悬臂带包扎法不适用于锁骨、肱骨的骨折，在遇到这两个部位发生骨折时，小悬臂带包扎法可以弥补大悬臂带包扎法的不足。另外，小悬臂带包扎法还可以用在上臂及肩关节受伤后需要包扎固定的情况，将大三角巾叠成四横指宽的宽带，带子的中央放在伤侧前臂的下1/3处，调节好长度后，两端在颈后打结（见图7-20）。

注意要点：仅适用于锁骨、肱骨骨折

图7-20 小悬臂带包扎法

及肩关节和上臂受伤的情况；大三角巾折成四横指宽的宽度；固定在受伤侧的前臂下 1/3 处。

③头巾包扎法。

头巾包扎法用于头部受伤的情况，方法是将三角巾底边反折两指宽的折边，然后把底边的中点放在额头部位，高度与眉毛上方平高，顶角经头顶拉向枕后，再将底边经过左右两耳的上方向后拉紧，在枕部交叉并压住向后拉的三角巾顶角，再交叉绕过左右两耳上回到前额部拉紧打结，最后将顶角向上反掖在底边内固定，或者用别针、医用胶布固定完成（见图 7-21）。

注意要点：此包扎法用在头部受伤的情况下；底边折出两指宽的折边；露出左右两耳；边要压实。

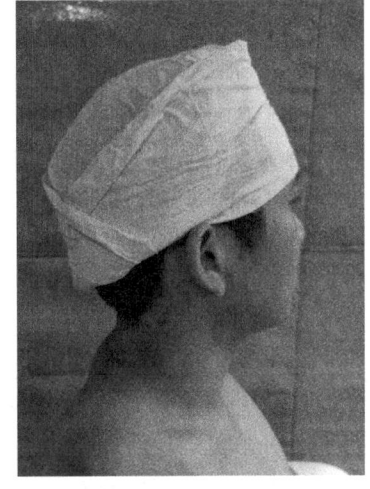

图 7-21　头巾包扎法

第三节　游泳场馆应急预案的制定

各游泳场所应对各种可能发生的事件制定紧急预案。明确个人责任，工作到位，并经常进行精练、反复演练。一旦突发意外事件，就能做到从容不迫、有条不紊，迅速、高效地处理好各类案情。

一、应急预案的类型

游泳场所一般可能发生的突发事件有以下几种类型：
（1）争执事件预案；
（2）溺水事故预案；
（3）开放性损伤事故预案；
（4）脊柱损伤事故预案；
（5）雷雨、暴雨天气等预案。

二、应急预案的内容

1. 紧急情况下信号发布

设定特殊紧急信号，由专人负责实施并颁布，如拉响警铃或警笛，全体值岗救生员鸣哨，并用广播系统宣布情况，组织游泳者听从指挥有序起水撤离等。

2. 确定现场指挥

制定紧急预案时，必须确定好现场指挥者。当第一指挥者不在现场时，由第二指挥者接替指挥。保证有人指挥，组织好现场指挥和抢救工作，确保紧急抢救预案得以有条不紊地实施。

3. 明确现场人员分工

当发生紧急事件时,以当班救生员为主,根据各工作岗位所处的位置,合理安排好各岗位分工,需要有以下几方面的人员分工:

(1) 实施抢救人员(胸外挤压、口对口呼吸分工,肩背运送配合等);
(2) 补岗救生员(明确岗位位置);
(3) 对外联络人员(报警/拨打"120"等);
(4) 打开紧急通道人员;
(5) 维护现场秩序人员;
(6) 现场情况记录人员。

4. 应急安全疏散通道和安全安置地点的设置

每个游泳场所都应最少设置两个应急安全疏散通道,以及能容纳游泳场所内所有游泳者起水后的安全安置地点。事故发生时,要有专人(工作人员或保安)负责应急通道的畅通和安全,并有人维持秩序,通道和安置点必须以安全快捷为前提,避免其他事件的发生。

5. 确定突发事件发言人

突发事件发生及处理的整个过程,所有参加抢救人员都必须遵守《救生员守则》规定,不擅自发表个人意见和看法。经调查确定后,由指定发言人对外宣布事件发生情况及处理过程和结果。

6. 安排好事故后续工作

事故处理结束后,召集当班人员开好总结会,及时提交事故报告书,封存好现场录像机等有关资料证据。

三、应急预案示例

在游泳池开放管理中,为了在发生意外事件时能及时、有效、妥善地处置,每家开放的游泳场所都应根据自己的场地、设备、人员等具体情况,制定溺水事故应急预案与抢救工作流程,以提高抢救效率。

案例一

案例名称:喝水过多,气道堵塞
案例地点:游泳池 1 号区域

1 号岗救生员发现泳客在深水区池底,四肢不动,立即连续鸣短哨示意值班巡场后,通过对讲机报告救生组长,并跳入水中开始施救,救生组长下达立即启动应急预案的指令(见表 7-2)。

表 7-2 紧急溺水事故处理预案

抢救程序	实施内容	人员分工	备注
1	泳客正常活动,发现 1 人俯卧在池底中间不动弹	1 号岗救生员;6 号岗(流动岗)	救生员发现后,立即连续鸣短哨示意流动岗,随后于最近的距离跳入水中接近水底的泳客

续上表

抢救程序	实施内容	人员分工	备注
2	发布紧急信号（拉响警铃）	安全经理、救生组长	现场第一指挥人不在场则由第二人接替指挥；拉响警铃，全体值班救生员吹响哨子；用广播系统宣布情况
3	拨打"120"电话，向上级主管部门汇报	6号岗（流动岗）接应并引导"120"工作人员到场	
4	打开紧急通道，清理通道门前车辆		
5	溺水者起水、疏散围观人群、维持现场秩序	5号岗救生员（流动岗）实施；3、4、6号岗救生员协助	请游客听从指挥起水并撤离到安全地带
6	救生员赴救	1号岗救生员赴救；2号岗救生员负责运送急救板到出事地点并协助施救拖带；3、4号岗救生员负责岸上接应	1号岗救生员水中采用"托双腋"拖带，将溺水者拖至岸边，巡场协助上岸后随即在岸边负责对溺水者做检查
7	现场急救	值班医务人员准备好急救用药及器材；3、4号岗救生员实施控水、清除口腔异物；1、2号岗救生员负责心肺复苏	检查有无受伤，如有受伤要及时救治；实施心肺复苏一直到溺水者清醒，或直到医生到达后交由医生处理，救生员才能停止心肺复苏抢救；值班医务人员协助，借助药物、器械建立呼吸和心脏起搏
8	事故调查、总结	安全经理	向现场目击证人了解情况，进行事故调查；总结并形成文字材料，报有关单位并存档
9	发布事故信息	安全经理	报告事故发生情况及处理结果
10	事故后续工作	救生组长	救生组长牵头组织救生员对事故进行分析，总结经验，避免类似事故再次发生

案例二

案例名称：入水动作不当导致颈椎骨折

案例地点：游泳池2号区域

泳客进场后，站在出发台处欲往下跳，2号救生岗救生员发现后，立即吹连续短哨音，同时使用手电筒闪光警示。示意劝阻无效后，泳客不听劝阻强行跳水致颈椎骨折，救生员实施抢救的过程通过对讲机报告救生组长，救生组长随即下达紧急施救指令（见表7-3）。

表7-3 脊柱受伤事故处理预案

抢救程序	实施内容	人员分工	备注
1	现场指挥者	救生组长、救生组副组长	现场第一指挥人不在场，则由第二人接替指挥
2	发布紧急信号，拨打"120"电话	6号岗（流动岗）接应并引导"120"工作人员到场	拉响警铃，全体值班救生员吹响哨子；用广播系统宣布情况
3	打开紧急通道，清理通道门前车辆		
4	实施抢救	2号岗救生员入水控制伤者；3号岗救生员负责运送急救板、颈托等器材到出事地点紧急援助；1、4号岗救生员负责岸上接应	紧急信号发布后迅速启动
5	运送伤者	伤者上脊柱板后，由2、3号岗救生员协同把伤者送上岸，1、4号岗救生员做好迎接准备	急救板
6	护送伤者去医院	120急救车到达后与120医生做好交接（游泳场医生或救生组长），并由救生组副组长护送伤者去医院	
7	游泳场重新开放	2组救生员上岗接替上一班救生员	检查游泳池内无安全隐患后重新开放
8	召开事故调查会	救生组长牵头召开事故调查会	确定事故性质、责任人

续上表

抢救程序	实施内容	人员分工	备注
9	发布事故信息	事故发言人对外发布事故信息	报告事故发生情况及处理结果
10	上报事故报告	救生组长上报事故报告	
11	事故后续工作	救生组长牵头组织救生员对事故进行分析总结，吸取教训，避免类似事故再次发生	

案例三

案例名称：游泳圈发生漏气，有意识挣扎

案例地点：游泳池1号岗位

游客持游泳圈在水中划水，游泳圈漏气，泳客并未发现，当泳客一个人游到距离池边较远的地方时突然下沉。主责区救生员发现后，立即吹连续短哨声，示意邻岗救生员帮忙补岗，主责区救生员跳入水中开始施救。

1. 一名泳客带着游泳圈正常活动，当游到距离池边较远的地方时，逐渐开始下沉，马上呼救；

2. 主责区（1号岗位）救生员发现后，立即吹连续短哨声，示意邻岗救生员帮忙看岗，随后跨步式入水进行施救；

3. 邻岗救生员随即告诉巡场，巡场到主责救生员的岗位进行补岗；

4. 主责救生员采用抬头爬泳快速接近溺水者，在距离3米处急停，判断溺水者是正面、背面还是侧面后，采用相应的接近方法；

5. 主责救生员水中接近完成控制溺水者后，采用"托双腋"拖带，将溺水者拖至岸边，拖带过程中询问或和溺水者对话（判断有无意识），让溺水者放松；

6. 上岸后，检查溺水者情况，演练结束。

案例四

案例名称：双人溺水

案例地点：游泳池2号岗位

一名泳客突然呼救，临近另一名泳客见状前去施救，不料被溺水者抱住。主责区救生员发现后，立即吹连续短哨声，示意邻岗救生员帮忙补岗，主责区救生员跳入水中开始施救。

1. 正常活动时，突然一名泳客呼救，临近的另一名泳客见状前去施救，不料被溺水者抱住，两人同时挣扎；

2. 主责区（2号岗位）救生员发现后，立即吹连续短哨声，示意邻岗救生员帮忙看岗，随后跨步式入水进行施救；

3. 邻岗救生员随即报告给巡场，同时通知待岗人员上岗，巡场到主责救生员的岗位进行补岗；

4. 水中溺水者正面双手抱紧施救泳客的腰；

5. 主责救生员采用抬头爬泳快速接近溺水者，在距离1米处急停，判断两人谁是溺水者，采用背后接近溺水者方式，双手拖双腋，双脚蹬开施救泳客；

6. 巡场对被蹬开的施救泳客进行判断：是否需要施救？安排补岗A协助主责救生员上岸，安排补岗B对施救泳客进行观察，必要时使用救生器材帮助靠岸；

7. 双人靠岸后，演练结束。

案例五

案例名称：深水区呛水，有意识呼救

案例地点：游泳池1号岗

泳技不佳的泳客，在深水区域连续游进，在距离池边5米位置的时候，由于泳姿不当，突然呛水，并用肢体语言进行呼救。主责区救生员发现后，立即吹连续短哨声，示意邻岗救生员帮忙补岗，同时使用器材进行间接施救。

1. 泳客正常活动，在游进过程中，动作紧张；

2. 连续游至深水区后，由于在一次吸气动作时头未抬起就吸气，导致呛水，无法喊出声音，大幅度地挣扎，并挥舞双手；

3. 主责区（1号岗位）救生员发现后，立即吹连续短哨声，示意邻岗救生员帮忙看岗，随后携带救生竿到最近的位置施救；

4. 主责救生员在最近的位置使用救生竿把溺水者救起；

5. 随后在岸边询问溺水者情况，并劝导不要再进入深水区，在浅水区练好泳技，不要因为寻找刺激而不顾自身安危。

思考题

1. 游泳场馆常见损伤有哪些？
2. 常见的止血方法有哪些？
3. 常见的固定方法有哪些？
4. 常见的包扎方法有哪些？
5. 游泳池应急预案包括哪几方面的内容？

第八章　游泳场馆管理

【学习目标】

1. 熟悉游泳场馆人力、财力、物力资源管理制度；
2. 了解救生员岗位分类，掌握各岗位工作内容；
3. 掌握救生员队伍安全保障方法。

【章节导引】

目前各级政府和体育行政主管部门都非常重视游泳场所的安全工作，广大人民群众也越来越关注游泳场所的安全，各游泳场所管理人员越来越注重安全措施的落实。救生员只有充分认识到游泳场所安全工作的重要性，才能顺利地做好开放工作，为游泳者生命安全保驾护航，营造一个和谐、稳定的体育锻炼及休闲娱乐场所。本章主要介绍游泳场馆人力、财力及物力资源管理等方面的内容。

第一节　游泳场馆管理制度

一、管理人员工作制度

场馆管理人员工作制度内容包括加强场馆规范化管理、保证场馆正常运行、梳理工作进程等。管理人员作为整个场馆各项服务工作的负责人，应当恪尽职守，熟悉各项工作的性质及其流程，确保工作质量，提高工作效率，建立勤政廉洁、务实高效的高绩效团队。

（1）遵守国家法令，严守场馆规章制度，严肃工作形象。

（2）组织主持场馆日常全面工作，编制本部门日常工作计划。

（3）贯彻执行场馆的各项工作指令，熟悉了解本部门各项工作质量。

（4）组织对日常工作的检查、检验工作，一丝不苟地组织完成场馆工作。

（5）组织部门下属人员认真检验工作情况，严把工作质量关，做好日常工作记录并存档。

（6）每周组织召开一次本部门工作总结会议，掌握各项工作进程，检测工作质量，做好质量分析记录并存档。

（7）对未完成或未正确完成的工作要负责监督完成或整改。

（8）协助上级主管领导对各项工作的审查及检验，对不合理的管理及安排有义务提出建议并修改。

（9）对本部门日常工作中的问题要随时展开检查与完善。

（10）每日主动向场馆领导发送工作日志，汇报工作情况，积极响应场馆领导的决定，虚心接受工作指正。

（11）经常深入工作第一线，认真检查各项工作质量，及时正确领导工作路线。

（12）完成场馆领导交给的其他工作。

二、财务管理制度

财务管理的主要任务是建立健全场馆财务制度，依法组织收入，合理安排支出，如实反映俱乐部财务状况，参与俱乐部重大经济决策和签订经济合同等事项，对俱乐部经济活动进行控制与监督。

（1）贯彻执行国家有关法规和财务规章制度，加强财务监督，严守财经纪律、奉公守法。

（2）严格执行场馆专款专用制度。

（3）科学合理使用俱乐部现有资源，如实反映单位财务状况，努力节约支出，提高资金使用效益。

（4）建立健全单位内部会计监督制度，依法设置会计账簿，并保证其真实、完整。

（5）会计凭证、会计账簿、财务会计报表和其他会计资料，必须符合国家统一的会计制度规定。

（6）如实登记财务账目，按时核对月结，做到账款相符，按时编制报送月度、年度报表。

（7）妥善办理、保存原始凭证、账本及财务报表等。

（8）不得伪造、变造会计凭证、会计账簿及其他会计资料，不得提供虚报的会计报告。

（9）做好发票的保管、收发工作，监督发票的使用情况。

（10）出纳保管现金、支票及有价证券，会计保管发票、财务专用章。

（11）领取支票或者借用现金购物时，须填写借支单，列明借款原因，经主管领导审批后方能领取，使用后及时按报销手续结账。

（12）遵守审批报销程序，报销单须有经手人、证明人、审批人签名。

（13）接受财政、审计、税务等有关部门和主管部门的指导、检查和监督。

第二节　游泳场馆各级人员工作职责

一、游泳场馆管理人员工作职责

管理人员作为泳池工作开展的主要责任人群，对泳池日常的人、物、工作过程、信息和时间、学习培训进行管理。具体有以下几个方面。

（一）场馆人员管理

（1）各个岗位的人员调度，通过调度尽可能做到人尽其才。

（2）员工学习能力的开发与培养，根据员工技术专长，指明员工学习的方向并指导其学习。

（3）调动员工积极性和工作热情，挖掘员工个人潜力。

（4）协调员工内部关系，增强团队凝聚力，形成发展型团队。

（5）贯彻执行场馆有关经营决策及规章制度在场馆的执行。

（二）物的管理

（1）管理好场馆内的器械并确保其正常运行。

（2）管理好办公物品和工具。

（3）管理好物料清单与账本。

（三）工作过程的管理

（1）管理好工作过程，抓好员工技能培训工作，确保服务质量，提高服务效率。

（2）过程巡视，检查各个岗位是否正常运行。

（3）坚持安全第一，防止工伤和重大事故，监督员工按照操作规程办事。

（四）信息和时间管理

（1）合理安排工作时间，确保时间的有效运用。

（2）搜集工作过程中各环节的各种信息，作为场馆管理、促进工作效率的第一手资料。

（五）学习培训管理

（1）以发展理念为先导，教育和引导员工树立正确的发展理念，不断学习、终身学习、团队学习，卓有成效地创建学习型团队。

（2）坚持实用性，做到学以致用、学有所用，提高工作质效。

（3）制订学习计划，规划切实可行的奋斗目标，努力形成有利于员工成长的机制。

二、救生主管（组长）工作职责

救生负责人是游泳场所开放工作中最重要的管理人员，应具备丰富的救生工作经验，有很强的工作责任心；应根据本场所的特点，制定救生管理制度和确定观察区域；应了解所管理的救生员的特点，定期对救生员队伍进行训练；救生负责人在突发情况下应能保持清醒的头脑，指挥救生员进行急救。其主要工作内容有以下几个方面：

（1）在游泳池主管领导下，带领全体救生员同心同德，完成游泳池开放的安全工作。

（2）科学编制好救生观察和通信网络。

（3）制定各类事故预案，编制好突发事故抢救网络体系。

（4）针对游泳池不同时间所产生的各种不安全因素，制定相应措施，而且要落到实处。

（5）制定合理的观察区域图，建立科学严密的救生员上岗观察制度，确保救生员处在最佳的工作状态。

（6）定期组织对救生员进行职业道德教育和救生技能训练。

（7）检查和督促救生员遵守游泳池的各项规章制度。

（8）重视信息收集与反馈，结合本游泳池实际情况，不断改进泳池的安全工作，提高泳池管理的安全系数。

（9）做好每日救生值班记录，建立救生档案，总结历年救生经验。

（10）发生事故时，有条不紊地指挥救生员进行急救工作。

三、救生员工作职责

（1）应熟悉观察所划分的责任区。

（2）熟悉溺水事故发生的现象。

（3）熟悉掌握事故发生的活动形式行为以及发生事故的可能性。

（4）熟悉应急救援过程中自身的责任及施救程序。

（5）参与日常培训，提高施救的技能。

（6）保证每一位泳客的人身安全。

（7）观察泳客使用游泳池的情况及设施安全，及时消除安全隐患，以免造成意外伤害。

（8）牢记急救箱的存放位置，能够正确迅速处理意外事件，并及时向上级汇报。

（9）随时注意游泳池安全及池水清洁。

（10）按时认真填写部门各项表格，认真执行交接班制度。

（11）监督客人随身物品的摆放，随时将乱置物品归位。

（12）严格执行《泳池使用须知》及特别指示，及时劝阻违反规定的泳客，维护泳池的正常秩序。

（13）检查泳池区域内灯光照明、音响、空调、排风等设备的正常使用，发现问题及时报修。

（14）负责药品的保管及投放工作。

（15）负责每日泳池设备的操作。

（16）如遇雷电天气，应立刻督促泳客离开泳池。

四、票务员工作职责及流程

（1）负责值班期间进场门票的领取及发放工作。上岗期间着装要统一、整洁，佩戴工牌。

（2）严格遵守场馆的各项规章制度和有关规定，服从管理和检查，做到不迟到、不早退、不脱岗，工作期间不得从事与工作无关的事情。

（3）负责进场券领取、发放、保管、上报等工作，遵守岗位纪律，严禁无关人员进入票务室。

（4）严格执行排班值班表，如有特殊情况，必须安排好自己的工作，提前一天向相关负责人汇报，并申请批准。

（5）在工作中要热情礼貌、态度和蔼、文明服务，对泳客询问要耐心回答，并使用标准文明用语，不得流露出厌烦、冷淡、生硬的表情，不得恶语伤人或顶撞、讽刺泳客。

（6）熟悉场馆路线及各展品信息，准确为泳客提供方便和优质服务，树立良好的服务形象。

（7）熟悉泳客进场须知，严格执行泳客入场管理规定，禁止向不符合要求的泳客发放门票。

（8）注意观察客流动态，当客流发生变化时，及时加（减）岗。

（9）确保发票岗亭安全，除票务人员外，禁止其他人员进入，如有事情，通过服务窗口交流。

（10）负责发票亭卫生，每天上班后对岗亭进行一次清扫，物品摆放要整齐，保持发票亭卫生清洁。

（11）下班后，整理岗亭，将麦克风、计算器、对讲机等公用物品收放好，锁好门窗后方可离开。如未及时收放物品及未及时锁好门窗，造成的一切损失由个人承担。

（12）听从调度人员安排，熟悉对讲机的使用方法。

（13）积极完成领导交办的其他任务。

五、水质处理员工作职责

（1）自觉遵守劳动纪律，严格执行请示汇报制度，服从工作安排。

（2）负责水质的监测和处理工作。

（3）负责机房设备、电路的日常检查和记录，确保设备和电路正常运行。

（4）负责水处理的药物保管、使用和提交购买计划。

（5）有不断钻研业务的精神，保持池水清澈、透明、无杂物、无沉淀物、水质符合国家卫生标准。药物控制：次氯酸钠在 0.3～1.0 之间；pH 值在 8～7.8 之间。每日做好水质分析，并根据当天的人数控制用药量。

（6）完成领导交办的其他工作。

六、安保人员工作职责

（1）要求全年 365 天时时有人值班，严格执行场馆的管理规定。

（2）不得让闲杂无关人员进入，及时开启和关闭场馆大门，保管好备用钥匙，不得随意外借，借出钥匙要有登记。

（3）不得擅自允许其他无关人员使用场馆。

（4）不得擅自将场馆内财产运出。加强夜间巡视和节假日巡视，及时发现并排除安全隐患，防火防盗。

（5）负责场馆内公物的维护与报修。

（6）掌握场馆内水电开关及消防栓的具体位置，对突发的水电火灾事故能做出及时处理。

（7）监督检查场馆内教室、门窗、灯具及电器关闭情况。经常检查场馆内的设施状况，详细记录设施损坏情况或安全隐患，并及时向后勤管理处或保卫处报告，以便组织维修或整改。

七、医务人员工作职责

（1）根据上级有关部门要求，协助领导制订场馆卫生规划、计划和卫生规章制度。

（2）加强业务培训，不断提高医疗卫生管理水平，从业务上指导全馆人员。

（3）负责指导爱国卫生工作和爱国卫生宣传工作。积极开展创卫工作和除"四害"工作，负责划分日常卫生包干区，组织每日的卫生检查评比工作，向领导提供场馆卫生的评价信息。

（4）负责教学卫生监测。定期测定场馆各区域及其通风情况，做出综合评价。使场馆内进行的教育过程及各种教育设施符合青少年生理、心理发展要求。督察体育设施的卫生、安全、保养。

（5）组织、实施对场馆人员的健康检查。建立学员体能健康档案和卫生保健档案，做好体检、生长发育、疾病监察统计分析，提出保健措施，并对学员进行保健指导。如进行近视眼、沙眼、龋齿、脊柱侧弯曲等常见病、多发病的预防和治疗工作。

（6）积极开展健康教育，利用各种形式进行卫生知识宣传教育。与健康教育教师协作办好有关讲座和开设有关课程，养成学员良好的卫生行为和卫生习惯。进行学生卫生骨干的培训，积极发挥学生干部的骨干作用。

（7）严格执行《食品卫生法》，加强食品卫生的宣传，做好食品饮食和饮水卫生的监督。负责监测食堂从业人员的健康状况，定期做好膳食调查，监测食品卫生"五四"制度执行情况。

（8）负责场馆轻微、常见疾病的门诊。

（9）负责提出每学期医疗费的使用计划，经主管领导审核、馆长批准后负责采购。建立、健全医务室财产、药品的保管、使用和注册制度，做好账物相符，对危险药品要妥善保管，防止意外事故发生。

（10）普及红十字会知识，开展红十字会活动和知识、操作竞赛。

（11）执行场馆卫生工作的特定工作时间制度。

（12）完成主管领导布置的其他工作。

（13）积极开展传染病预防宣传工作，坚持晨检制度，一旦发现传染病立即上报，并采取隔离、消毒措施。负责制定传染病预防预案。

（14）对偶发事件要在第一时间内向有关部门报告，并及时联系与处理。

第三节　救生员队伍的安全保障

一、游泳池救生员岗位配备

定岗定员是一项最为基础的人力资源管理工作。它对优化人才结构、发挥个人专长、保持运转效率、构建科学的岗位管理体系十分重要。按照现行国家标准规定：游泳场所救生员的配备一般有按水域面积和按需设岗两种方法。水域面积在250平方米以下的不规则人工游泳池，至少配备2名定岗救生员；水域面积在250平方米以上的，按面积每增加250平方米及以内增加1名救生员的比例配备定岗救生员。

按照目前执行的国家标准，25米标准池需配备4名定岗救生员、1名巡视员。50米标准池需配备6名定岗救生员、1名巡视员。

非标准游泳场所一般按需设岗，其原则为救生员观察区域不留盲区和死角，以及利于交叉观察。在游泳高峰时段应该增加救生员的流动岗位。有条件的游泳场所必须设置广播指挥工作室。

二、游泳池救生员装备配置

1. 服装

具备基本的防晒和保暖要求，上岗救生员必须外穿中国救生协会统一制作的救生员上岗服装（见图8-1）。

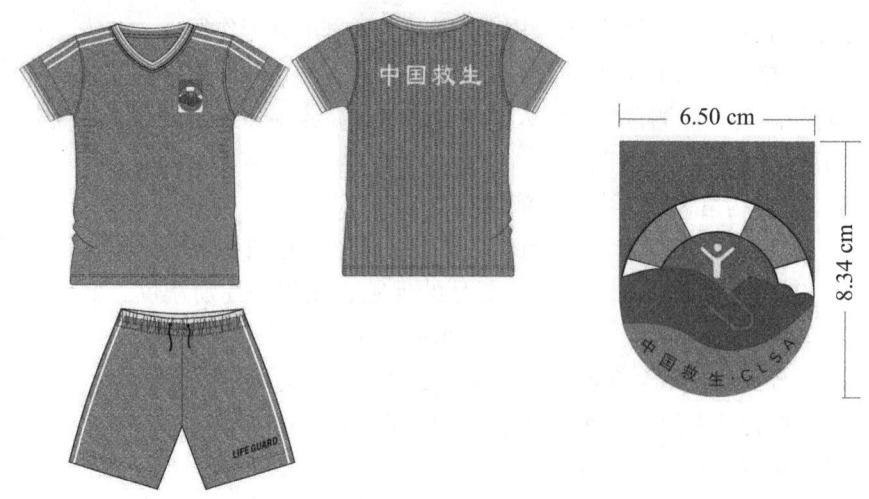

图 8 – 1　救生服装

2. 急救腰包

每名上岗的救生员都必须配备急救腰包。急救腰包内要配备一次性橡胶手套、人工呼吸面罩、救生绳、哨子。要求经常进行检查更新，确保紧急救护时的使用。

3. 手电

必须采用急救手电，手电必须具备 SOS 和爆闪功能，救生员应经常检查手电功能是否正常。

4. 对讲机

救生员配置的对讲机应具备降噪和续航不低于 15 小时的基本要求。

5. 太阳帽、太阳镜

为了应对监管区域水面反光，在必要时救生员应配备太阳帽和太阳镜来保证救生视野。

三、游泳池救生员岗位排班

按救生员级别上岗是救生负责人排班的基本要求。在日常安排救生员上岗时，除了配备足额的救生员外，还要事先确定救生观察台的位置。排班的基本原则是主次责任区明确、老中青结合、初中高级相间。这样合理安排救生员的排岗可提高救生工作质量、确保游泳者的安全，也为救生员提供锻炼和发展的机会，使救生员的个人特长得以发挥。排班原则和要求如下：

1. 不留盲区死角

配置足额救生员岗位，每个责任区必须有 2 人以上视线覆盖；确保不留盲区、不留死角、互相补漏。对于不规则游泳场所，每个岗位责任区不超过 250 平方米。

2. 相对固定

在安排救生员值岗位置时,尽可能在人员搭配和位置上相对固定,由于岗位和人员配置相对固定,救生员熟悉观察区域和同伴,有利于观察和互相补漏。

3. 以老带新

在安排救生员值岗位置时,整个团队需要有1～2名经验丰富的救生员带领年轻救生员值岗,要将有经验的、工作责任心强的救生员安排在重要岗位,年轻救生员安排在辅助岗位。

4. 劳逸结合

严格控制救生员值岗时间,连续值岗不超过2小时,每天值岗不得超过6小时,保障救生员有充沛精力和体力完成观察任务,确保游泳者安全。

5. 灵活机动

在灯光反射、阳光耀眼或逆光时,会产生观察盲区、视盲时段、眩目现象,此时应及时将岗位调整到可视范围内,增派流动岗或巡视岗,确保游泳者安全。

6. 有备无患

在排班时,应有应急预案,将轮岗休息的救生员逐一分工,当意外发生时,这些轮岗休息的救生员知道自己的工作分工。确保意外事故发生时,能做到分工明确、有条不紊。

四、游泳池救生员岗位交接

岗位交接是确保游泳场所安全开放工作不可忽视的一个部分,是救生员上岗前一个非常重要的工作环节。因此,救生管理人员应重视规范救生员每轮次的交接岗。

(1) 上岗救生员按照值班表时间,提前5分钟到岗。

(2) 上岗前应明确自己岗位位置和观察区域范围。

(3) 上岗救生员需面池而站,待下岗救生员走下座位后面对游泳池再上岗就位。

(4) 下岗救生员在交接班时,眼睛不能离开自己负责的水域,侧身下观察台后,向上岗救生员交代本场的水域、重点观察对象等情况,待接岗救生员确认后方可下岗。

(5) 上岗救生员在确认负责水域没有异常的情况下接岗上班。

(6) 下岗救生员在值岗结束或交岗时,应对自己的主责任区与次责任区进行一次巡视,保证责任区内所有游泳者都处于安全状态。

(7) 有按小时清场制度的游泳场所,下岗救生员需在确认责任水域没有异常,在值班救生组长指令下退岗,不得擅自交接岗。

五、游泳池救生员岗位联络

岗位联络包括日常联络和发生严重溺水事故时的联络。

1. 日常联络信号。

通常游泳场所水域面积较大，游泳者众多，声音嘈杂，因此，救生员之间要用固定的信号进行联络。救生员之间的联络信号是保障游泳场所安全开放的一个重要方法，主要有哨音、手势两种联络方式。一般日常联络信号中短哨音（平音）为联系哨音。通常在有危害安全行为时，用急促短哨音和手电筒光照，并配合行为手势告知游泳者和对面/周围救生员。有条件的游泳场所配备对讲机，有利于工作联络和指挥。

2. 发生严重溺水事故时的救生员联络信号

当发生严重溺水事故时，游泳场所通常会采用三音哨（突发事件专用）作为联络信号，通知在场值岗救生员、在休息室的救生员及在游泳场所的所有工作人员。其信号是用长哨音不间断地吹，告知发生溺水事件。有条件的游泳场所用对讲机呼救，并请求各部门按紧急预案各就各位。救援流程为：

（1）当溺水者所在区域内救生员、游泳池管理员发现情况时，立即发出紧急信号（长哨音）。

（2）待岗救生员立即拨打120并通知临场指挥后，协助施救或补位。

（3）主责区救生员立即将溺水者施救上岸，并用肩背至救护室急救，待救护车到达时送往医院。

（4）临场指挥接警后，立即手持无线话筒，疏导泳客、指挥抢救并同时通知门卫或其他岗位人员接救护车及医务人员到救护室。

（5）门卫人员或其他岗位人员，立即同在馆人员赶赴现场，并向领导报告。

（6）泳池管理人员做好临场记录。

思考题

1. 游泳场所应该有哪些管理制度？
2. 游泳场所安全工作制度应包含哪些方面的内容？
3. 你对游泳场馆制度有什么看法和建议？
4. 救生员运动损伤急救技能训练包括哪些内容？
5. 如何保障救生员队伍的日常工作安全？

第九章　游泳公共卫生安全和预防溺水

【学习目标】

1. 树立"预防溺水、遇溺冷静"的安全意识；
2. 了解游泳公共卫生安全常识；
3. 掌握溺水时自我救助的方法。

【章节导引】

与大部分体育活动相同，游泳活动场所一般为公共区域，但由于其水环境的特殊性，疾病传染速度极快，溺水风险也较高。因此，了解掌握游泳公共卫生安全及防溺常识，是减少游泳者活动风险的知识之一。本章主要介绍游泳公共卫生常识、游泳安全常识、溺水事故的预防及自我救助的方法。

第一节　游泳公共卫生和安全常识

一、游泳公共卫生常识

游泳场所是公共的活动区域，由于水传染疾病的速度极快，为了泳池水质的卫生安全，确保每个游泳锻炼者的健康，要求游泳者自觉遵守以下几点。

(一) 游泳前要先淋浴

为保证泳池水质的清洁卫生，游泳者在下水之前，先要冲净全身，再穿正规的泳装进入泳池游泳。

(二) 排泄物处理

游泳时禁止在泳池内大小便、呕吐，如有痰或呕吐物尽快找水槽及垃圾桶排出，以免污染池水影响他人健康。

(三) 严禁在水中嬉戏、打闹、进食

不能在水中嬉戏、打闹，否则容易呛水、溺水等。也不能一边游泳一边吃零食，边游边吃是非常危险的行为，一旦食物阻塞喉咙，很容易造成呛水乃至溺水。

(四) 泳后淋浴冲身

游泳结束后，病菌很容易残留在皮肤上，加上泳池常用氯制剂消毒，容易刺激皮肤，要及时冲净全身，以免感染病菌。淋浴后要及时擦干身体并喝水，以补充流失的水分及防止感冒。

（五）女性月经期间暂不下水游泳

女性在月经期间，身体抵抗力下降，若是去游泳，受冷水刺激，易导致月经不调。经期子宫内膜脱落形成创伤面，子宫颈口略扩大，此时不宜下水游泳，以防止泌尿生殖系统感染疾病。

二、游泳安全常识及注意事项

（一）游泳安全常识

1. 了解健康状况

经常参加游泳锻炼的人，平时也应多注意自己的身体健康状况。应保持睡眠充足，忌在头晕、心脏不舒服、身体无力等各种不适情形下下水游泳。合理安排锻炼时间，当感到疲惫不适应时，适当减少游泳时间或降低运动强度。为了保证游泳者的健康和安全，防止传染疾病，游泳者应当每年到医院做一次健康体检筛查，了解自身的身体状况，无任何疾病者方可买票入场，患有传染性疾病者经治疗后也可进场游泳。患有以下疾病者不可进场游泳。

（1）患有心脏疾患。如先天性心脏病、肥厚心肌病、病毒性心肌炎、未治疗的冠心病者绝不能到公共游泳场所游泳。这类群体本身心脏存在问题，进行剧烈运动时，心脏供氧供血不足，诱发心律失常，容易导致猝死。

（2）患有耳部疾病。慢性化脓性中耳炎患者不宜游泳，游泳池水一旦进入耳道，易将细菌带入，从而加重病情。

（3）患有癫痫者。如果在游泳时癫痫病发作，危险性极高，容易出现痉挛、昏迷，失去自救和呼救能力。

（4）患有红眼病者。红眼病是一种急性传染性疾病，在游泳池里传染速度很快。这类患者应避免到游泳池内活动，以免传染他人。

（5）患有皮肤病者。各种类型的过敏性皮肤病，游泳不仅易诱发荨麻疹、接触皮炎，而且易加重病情。

2. 把握正确的游泳时机

经常参加游泳锻炼可以增强体质、强身健体，但是如果不注意游泳的时机，也会损害健康，甚至危及生命安全。以下情况是不适宜立即下水游泳的。

（1）饱食后不宜游泳。

饱食后胃需要消化食物，此时胃需要大量的血液供应，如果此时进行剧烈运动，血液主要供应给运动的肌肉，会导致胃缺血，严重者还会导致胃痉挛，出现胃痛呕吐。

（2）饥饿时不宜游泳。

空腹饥饿时不宜进行游泳锻炼，饥饿通常会降低血糖，但激烈运动会使血糖升高，导致身体里面的血液黏稠度增大，流动性变弱。这时可以吃一些高热量的食物，补充能量方可进行游泳锻炼。

（3）饮酒后不宜游泳。

酒精对大脑的刺激会引起大脑神经中枢混乱，神经中枢混乱的后果是大脑对消化、运动、呼吸、内分泌等系统失控，会使人体的机能下降，身体的反应能力减弱，动作协调性变差。饮酒后下水游泳就无法清醒地处理可能发生的意外情况，呼吸系统不能自主控制后，本该用嘴呼吸却用了鼻子，一旦水通过鼻子吸入肺部，极易使人窒息，出现生命危险。因此，酒后千万不要下水游泳。

（4）剧烈运动或重体力劳动后不宜游泳。

剧烈运动后，身体处于疲劳状态，肌肉的收缩能力减弱。此时如果下水游泳，不但锻炼没成效，还容易引起呛水、肌肉痉挛，甚至发生溺水事故。此外，剧烈运动刚结束，人体新陈代谢还未恢复正常，体温较高，出汗量大，身体机能处于不稳定状态，此时下水游泳受到冷水刺激，抵抗力差，更容易出现感冒及发烧症状，故应适当休息好再下水运动。

（5）适量饮水

游泳时，我们的身体也在不断排汗，而在水中的我们往往无法察觉自己正在流失水分。因此，需要及时补充一些水分，以确保身体维持在最佳的状态。

（6）做好充分的准备活动。

通常，水温低于人体的体温，游泳者如果从安静的状态直接进入水中游泳，前后的身体温差变化较大，血液循环由缓慢到剧烈，身体各器官短时间内无法适应，尤其是腿部的肌肉供血不足，易导致腿痉挛。为避免这种情况，游泳前应在岸上做 5～10 分钟的有氧运动暖身，然后伸展开腿部、腰部、背部、颈部和两臂的肌肉，促进肌肉的血液循环，并提高神经系统的兴奋性，让身体充分预热，使身体机能预先动起来以满足运动的需要。此外，准备活动还可以提高肌肉温度，增强肌肉的力量和弹性，加大身体各关节的活动范围，可有效防止肌肉痉挛、拉伤及关节扭伤。

其次，做好游泳的预适应环节。进入泳池前，用冷水淋浴或拍打身体及四肢，对易发生痉挛的部位进行适当的按摩。如果平时能够坚持冷水浴，就可提高身体对冷水刺激的适应能力，从而有效避免游泳时发生腿痉挛。游泳者下水后，还可以做一些水中换气练习，以更快地适应水环境。

（7）合理掌握游泳时间与运动负荷。

游泳锻炼的时间长短要视气温、水温及个人的身体状况而定。一般来说，夏天天气炎热，水温较高，水中游泳锻炼的时间可以长一些，冬天天气寒冷，水温较低，在水中锻炼的时间不适宜太长。一般人游泳的适宜水温为 26～32℃。特别是青少年、幼儿的皮肤较薄弱，身体表面积与体积之比大于成人，相对散热速度快，在水中游泳活动的时间不宜太长。所以家长应掌控好时间，及时督促孩子起水擦身。

游泳锻炼时还要注意控制好运动负荷,即游泳的强度和训练量。自我感觉是掌握运动量和运动强度的重要指标,如有轻度呼吸急促,表明运动适量;如果有明显的心慌、气短、心口发热、疲惫不堪,表明运动超限。下水后,活动的强度应逐渐增大,使身体机能逐步调动起来以适应运动的需要,切不可一下水就猛游一通,以免发生突发性痉挛或休克。游泳锻炼的量指的是游泳的距离,应因人而异,强度高时量宜少些,强度低时量可多些。

(二)游泳时的注意事项

1. 普通人群游泳时的注意事项

(1)量力而行。

普通人群在游泳中要注意自己的身体状况,正确评估自我能力,量力而行。若自我感觉不适,如头晕不适、呕吐及痉挛等,要立即上岸,擦干全身,围上浴巾或穿上衣服保暖,在岸边休息,待不适感消失、感觉良好后再下水。

(2)痉挛不慌。

游泳时常会发生痉挛现象,主要发生部位常见于手臂、小腿、脚趾,发生痉挛的情况时,千万不要慌,首先保持镇静,马上停止一切动作,腿尽量放松,仰卧水面,看清方向、呼吸协调,保持体内最大的肺活量,同时加大划水的动作游向岸边,或者在水中用力反向牵拉痉挛的小腿、脚趾,反复反向牵拉开来,另外一只手按在痉挛小腿的膝盖上,使其伸展放松拉开。必要时可以大声呼救,不可手脚乱蹬,最好的自救方法是放松身体仰卧在水面上等待救援,在设法靠近岸边的同时大声呼救。

(3)游后牵拉。

结束游泳锻炼后,应当进行充分的放松和整理活动,在岸边进行充分的关节伸展和韧带牵拉练习,这样可以促进疲劳肌肉的恢复,有利于形成美丽的肌肉线条,同时也可以使肌肉的弹性增加。

2. 老年游泳者注意事项

(1)避免高强度。

老年人的心肺功能逐年减弱,血管壁的弹性下降,高强度的游泳容易造成身体缺氧甚至晕倒。尤其是患有心脏病和高血压病者,快速游泳将促使心率和血压骤然升高而发生意外。

(2)避免餐后立即运动。

对于老年人来说,最适宜的运动时间是在餐后一个半小时之后。主要是因为老年人的消化功能较慢,餐后过早游泳会减少消化器官所需的血液供应量及消化液的分泌,影响消化功能,造成腹部疼痛。

(3)避免长时间憋气。

老年人的呼吸肌力量减弱,肺活量下降,肺泡的弹性降低,长时间的憋气或者潜泳，容易破坏呼吸肌甚至导致肺泡破裂而发生支气管咳血。

（4）循序渐进，量力而行。

老年人在游泳过程中要随时关注自己的身体感受，逐渐增加运动量。每次的运动量以第二天的恢复情况为准，如果第二天感觉不是很疲劳，可以适当增加一点运动量。

第二节　预防溺水与自救方法

一、救生员对溺水事故的预防

救生员不仅要具备拯溺救援的基本能力，也要具有识别各类溺水事故隐患的苗头并有效防范的能力，做到预防及杜绝一切水中事故的发生。

（一）对游泳者进行分类，寻找有安全隐患的人群

以下人群容易出现安全隐患：①不会游泳的人群，包括妇女、儿童和一些初学者。②老弱病残人群，例如有智障或患有高血压、心脏病、癫症等慢性病人群。③饮酒后或激烈运动后的人群。

救生员要对进场游泳的人群进行划分，指导分流，进行跟踪，并做好服务安全管理。大多数游泳者在活动时不会完全在救生员指定的区域游玩，并存在不会游或刚学游的游泳者到深水区活动的情况，特别是儿童，这些都需要救生员能及时发现，劝导他们进入指定安全区。救生员容易忽视的隐患还有以下情况：不会游的人戴着游泳圈进入深水区游玩；大人给小孩戴着游泳圈到深水区。此时，救生员就必须进行劝导，游泳圈不是救生圈，并不具备救生功能，随时存在漏气或破损的可能。同时防范浅水区佩戴游泳圈的小孩翻倒或滑落水下的情况。

（二）对游泳池场地隐藏的安全隐患进行识别

配套花园、庭苑或风景小区的游泳池，有千奇百怪的泳池外形，观赏性取代了必要的安全卫生要求，存在许多的安全及卫生隐患。因此，救生员要具备及时识别发现的能力，并有效防范。具有安全卫生隐患的游泳池大致有以下类别：

1. 桥梁型

在游泳池中间建造了一个观赏亭，并与岸边连接处修一座小桥，不下水人员在桥上休息，桥下没有任何阻挡，任由游泳者穿越。虽增加了游乐性，但却严重阻碍了救生员的视线，游泳者溺水风险较高。

2. 假山型

在游泳池边加装了一些假山、假石装饰，高矮大小不一，阻碍救生员安全巡视，制造盲点。

3. 树木花坛型

在游泳池边种植了大量的树木花草,花坛树木阻隔了救生员的视线和巡视工作。

4. 曲径型

泳池设计追求曲线美,修建一些弯弯曲曲的小水道,沿途加装一些装饰物,由于路线遮挡,救生员无法观察到泳池水道各处的场情,极具溺水隐患。

5. 游乐型

许多游泳场所为增加其乐趣性经常会加装一些充气滑板、滑道的大型漂浮设施,其连接处存在较大缺口,湿水后摩擦系数极低,常出现游泳者失足掉入水中的情况,又因救生员视线被设施遮挡,很难第一时间实施救援,从而导致溺水事故发生。

6. 池底陡坡型

有一些游泳池池底在短距离中出现巨大落差的陡坡,水性不熟者容易在水中失足滑倒,由于是游泳者平滑入水里,救生员很难察觉此时已有溺水情况发生。

7. 其他

游泳池周边围栏不严或太矮,容易攀爬翻越,造成非开放时间有人擅自入内造成事故;池边存在锐角利边,台式阶梯的锐边或马赛克瓷片脱落形成的锋利锐边等,存在安全隐患;安全卫生警示标志错误、欠缺或不明显。

对以上几类泳池可采取改造方式,清除巡视障碍物体,消除视觉盲点区域。也可采用增加救生员数量形式,覆盖泳池各区域,消除隐患。除上述方式外,还需培训救生员安全指导能力,引导游泳者规范活动,并随时调整好器械与水面深浅等安全因素。对于其他型泳池,可采取24小时安全值班人员制,随时维护场地,清除各尖角锐边,并装配好各类安全警示标志。常检查,防闯入,及时清除各类事故隐患。

(三)安全救生员严格遵守安全制度和职业道德

(1)内部人员也要严格遵守游泳池规定。

(2)救生员不得擅自离岗。

(3)值岗救生员不能做与岗位无关的事情。

(4)放水时不能有人游泳。

(5)做好游泳教学管理工作。

二、游泳者对溺水事故的预防

每年溺水事故的发生都毁了不少幸福家庭,每次看到这样的消息都让人万分悲痛。所以,游泳者更应遵循以下游泳"生存规则"。

(1)不要独自去不明的水域游泳,应当到正规的游泳场所,在有救生人员巡场的情况下下水运动。

(2) 下水前应做好充分的准备活动,放松肌肉,以免下水后发生痉挛、脱臼等事故。

(3) 对自己的水性要有自知之明,下水后遇到身体不适不能逞强,不要贸然跳水及潜水,更不能相互打闹,以免喝水、呛水。

(4) 在游泳中如果感到身体不适,如头晕、呕吐、心慌、气短等应当立即上岸休息或呼救。

三、自我救助的方法

1. 立泳

踩水和调整呼吸,是最基本实用的自救方法。在水中溺水后第一反应就是踩水,从而得到休息并使自己镇静下来(见图9-1)。

2. 抱冬瓜

双手抱膝,吸足气,全身放松,不做无谓动作,使背部露出水面如冬瓜状,漂浮一段时间再抬头吸气,如此持续动作,可以在水面上漂浮以待救援(见图9-2)。

图9-1 踩水技术动作

图9-2 抱膝浮体

3. 仰漂

屏住呼吸,头向后仰,放松肢体,双手向两边摆成大字形。因为肺部就像一个大气囊,屏气后,人的比重比水轻,所以人体在水中经过一段下落后会自然上浮。当你感觉开始上浮时,应尽可能地保持仰卧位,使头部后仰(见图9-3)。只要不胡乱挣扎,人体在水中就不会失去平衡。这

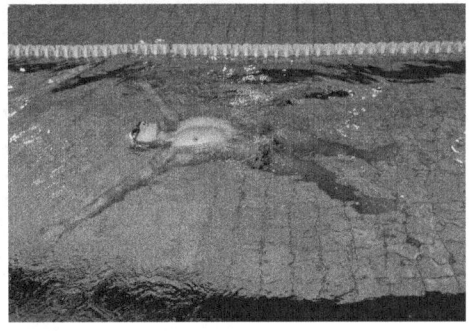

图9-3 仰卧漂浮

样你的口鼻将最先浮出水面,可进行呼吸和呼救。呼吸时尽量用嘴吸气,用鼻呼气,做到吸、屏、吐三个动作,动作协调而缓慢,以防呛水。千万不要试图将整

个头部伸出水面,这将是一个致命的错误。

4. 水中衣物制作浮具

当着衣掉入水中且离岸很远,应把衣服脱掉以便游泳。顺序:先作水母状,解开鞋带脱去鞋子,再脱去长裤并把衣服捆扎结实做成浮具,长裤在水中浸湿,扎紧裤管充气后再扎紧裤腰(见图9-4)。

图9-4　借助辅助物漂浮

5. 利用漂浮物求生

水上漂浮物很多,如防水背包、密封袋、球类、防潮垫、充气枕、空水壶等都可以加以利用,漂浮求生。

6. 肌肉痉挛的自解

若游泳时发生肌肉痉挛一定要保持镇静,不要惊慌,在浅水区或离岸较近时应立即上岸,擦干身体及时保暖。在深水区或离岸较远时,应一面呼救,一面采取解痉措施自救。

(1) 脚趾痉挛:将腿屈曲,向痉挛反方向用力将足趾反复拉开,扳直(见图9-5)。

(2) 脚掌痉挛:迅速用手扳起脚尖,使足背屈,另一手用力按揉脚掌痉挛部位(见图9-6)。

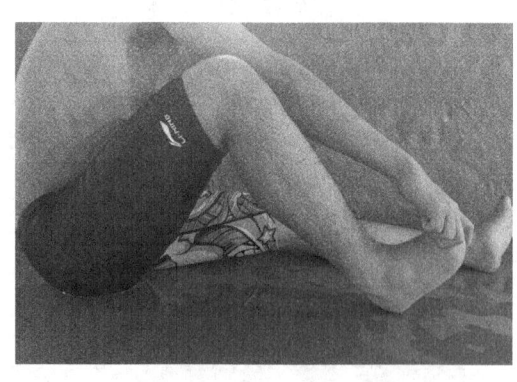

图9-5　脚趾痉挛自解

图9-6　脚掌痉挛自解

(3) 小腿痉挛:最常见,缓解方法也较多,这里介绍其中一种手法:先吸一口气,俯浮在水面上,用痉挛腿对侧之手握住痉挛腿的脚趾,并将其向身体方向拉，同时用另一手掌压在痉挛腿的膝盖上，帮助小腿伸直，促使痉挛缓解，也可以将足跟向前用力蹬直，同时用一手握住痉挛腿的拇指并朝足背方向扳拉，另一手轻轻按揉痉挛的小腿肌肉（见图9-7）。

图9-7　小腿痉挛自解

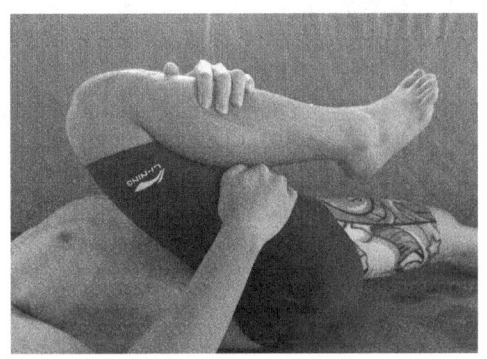

图9-8　大腿后侧肌肉痉挛自解

（4）大腿痉挛：仰卧并立即举起痉挛之腿，使其与身体呈直角或以上，然后双手抱住小腿，用力屈膝，使痉挛大腿贴在胸部，再以手按揉大腿痉挛处肌肉，并将腿慢慢向前伸直，痉挛即可缓解（见图9-8）。

（5）手掌痉挛：用一手掌将痉挛的手掌用力向上或向下按压，并做振颤动作，直至缓解为止（见图9-9）。

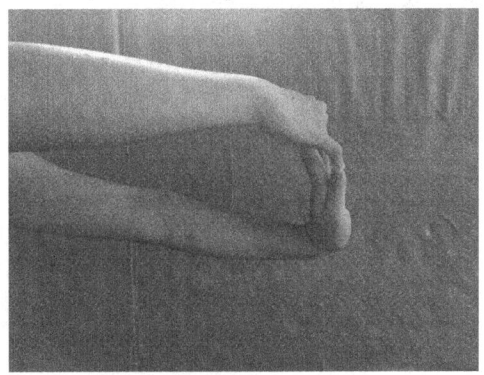

图9-9　手掌痉挛自解

（6）手指痉挛：将手指用力握成拳头，然后再用力将五指伸直，快速连续几次，直到缓解为止（见图9-10）。

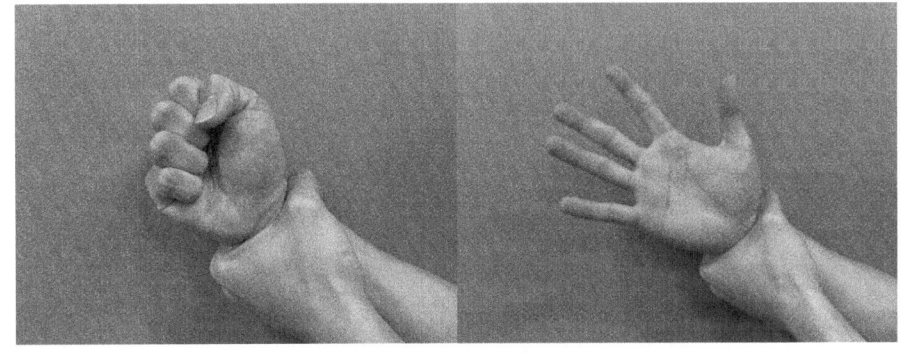

图9-10　手指痉挛自解

（7）上臂痉挛：将痉挛手握拳，并尽量屈肘关节，然后用力伸直，反复数次，直到缓解（见图9-11）。

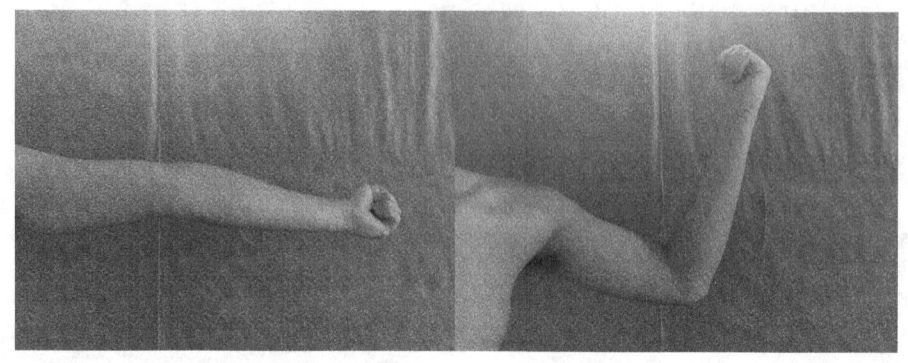

图9-11　上臂痉挛自解

（8）腹肌痉挛：较少见，但危险性极大，应赶快上岸，无法自主上岸时应立即呼救，同时做收腹挺胸动作，取仰卧位，伸直躯干，腿和头部尽量往后伸挺，并用双手配合按摩腹部（见图9-12）。

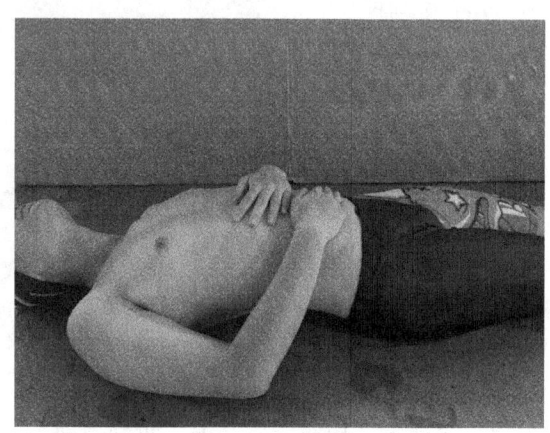

图9-12　腹肌痉挛自解

思考题

1. 游泳者下水前、在水中、起水后有哪些注意事项？
2. 大腿前侧肌肉痉挛的自救方法是什么？
3. 四肢、脚趾、手指肌肉痉挛的自救方法是什么？
4. 救生员应该从哪几个方面预防溺水事故？
5. 游泳者应该如何预防溺水？

第十章 水质净化处理设备与技术

【学习目标】

1. 了解水质处理设备分类、作用及工作流程；
2. 了解游泳池水质检测方法，掌握游泳池水质处理技术；
3. 能够通过颜色、气味分辨游泳池水质处理的相关药品。

【章节导引】

　　游泳池水质的维护及处理是救生员必备的岗位能力，合格的水质是游泳者安心游泳的前提。本章节主要从游泳池水质检测的方法、水的消毒、水的净化、水质处理的操作流程几个方面出发，详细阐述水质采样点、测试工具的选择及方法，消毒用品的选择及方法，水质处理的流程、工艺及系统等内容。

第一节 游泳池水质检测方法

一、采样点的确定及注意事项

（一）采样点的确定

　　游泳池水化验，采取游泳池原水和池水。原水水样在入水口处采集；泳池水采样通常在游泳池的对角线上，以相等的间隔，按面积选取两处以上作为采样点，采样点应距池壁1米以上、水面下30厘米处采取水样。当游泳者少时，池底部和上层水质有很大差异，故最好能够在充分搅拌后采样。

（二）注意事项

　　在游泳池水的测定中，常可见到因采水部位不同而造成结果的差异。为统一评价水质，有必要指定采水点。以25米池为例，一般的池子都是一侧浅，另一侧渐渐加深，故要在浅处、中位处及深处三点的中层取水，如果是50米以上的大游泳池，原则上还是三处，但最好能在四处取水。

　　采样容器的材质对水样储存期间的稳定性影响较大，因此，对采集水样容器的要求为：

（1）容器材质化学稳定性好。
（2）抗极端性能，如抗震性能好，其大小、形状、重量适宜。

(3) 瓶口密封好,封口的材料易得,成本低廉。

(4) 易于清洗,便于反复使用。

采样用容器的选择及水样的保存等可参照表 10–1。

表 10–1 泳池水采样容器及水样保存方法

检验项目	采集容器	保存时间及方法
池水温度	玻璃瓶	现场测定
pH 值	玻璃瓶或聚乙烯瓶	最好现场测定,必要时 4℃保存,6 小时内检测
浑浊度	玻璃瓶或聚乙烯瓶	4℃保存,24 小时内检测
尿素	玻璃瓶	4℃保存,尽快检测
细菌总数	无菌玻璃瓶	加 2 毫升 1.5%硫代硫酸钠保存
大肠菌群	无菌玻璃瓶	加 2 毫升 1.5%硫代硫酸钠保存
游离余氯	玻璃瓶	现场测定
氨氮	玻璃瓶或聚乙烯瓶	每升水样加 0.8 毫升硫酸,4℃保存,24 小时内检测

二、游泳池水质测试工具

(一) pH 及余氯测试试剂盒(见图 10–1)

图 10–1 pH 及余氯测试试剂

(二) 游泳池电子 pH、ORP 验水仪(见图 10–2)

图 10–2 游泳池电子 pH、ORP 验水仪

(三) 电子水质检测仪(见图 10–3)

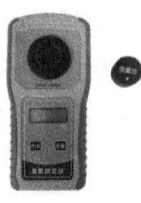

图 10–3 电子水质检测仪

（四）pH 试纸（见图 10-4）

图 10-4　pH 试纸

三、游泳池水质检测方法

游泳池池水的透明程度的量度是指水溶液中所含颗粒物对光的散射情况。浊度是指水中悬浮物对光线透过时所发生的阻碍程度。水中的悬浮物一般是泥土、砂粒、微细的有机物和无机物、浮游生物、微生物和胶体物质等。水的浊度不仅与水中悬浮物质的含量有关，而且与它们的大小、形状及折射系数等有关。游泳池水质检测方法包括目视比浊法和分光光度计法。

（一）目视比浊法——硅藻土标准

该法适用于测定游泳池及公共浴池水的浑浊度。

该法最低检测浓度为 1 度。

原理：1mg 一定粒度的硅藻土在 1000mL 水中产生的浑浊程度称为 1 度，将水样与浑浊度标准液进行目视比浊。

（二）分光光度计法

该法适用于测定游泳池及公共浴池水的浊度。

该法最低检测浓度为 3 度。

原理：在适当的温度下，硫酸肼与六次甲基四胺聚合成为一种白色高分子聚合物，可用来作为浑浊度标准。在 680nm 波长下，天然水中可能存在淡绿色对测定无干扰。

四、游泳池水 pH 值的测定方法

pH 值是水中氢离子活度倒数的对数值。pH 值是最常用的水质指标之一，天然水的 pH 值多在 6～9 范围内；饮用水 pH 值要求在 6.5～8.5 之间。

pH 值是表示水的酸性或碱性之大小。纯水在 25℃时，其 pH 值为 7。

水的 pH 值可用 pH 电位计法和比色法测定。pH 电位计法比较准确，比色法简单方便，但准确度较差。

五、游泳池水余氯的测定

余氯是指水经加氯消毒,接触一定时间后,余留在水中的氯。

余氯有三种形式:

总余氯:包括 $HPCl$、NH_2CO、$NHCl_2$

化合余氯:包括 NH_2Cl、$NHCl_2$ 及氯胺类化合物。

游离余氯:包括 $HOCl$ 及 OCl^- 等。

余氯日常可用邻联甲苯胺比色法测定。此法适用于测定游泳池及公共浴池水中的总余氯及游离余氯。邻联甲苯胺比色法原理:在酸性溶液中,余氯与邻联甲苯胺反应,生成黄色的醌式化合物,用目视法进行比色定量。

(一)使用方法

(1)加入水样至瓶中划痕处。

(2)滴入两滴 OTO 试剂于水样中。

(3)盖好顶盖后摇匀。

(4)迅速对比色板以获取读数。

(二)测试注意事项

(1)水样与邻联甲苯胺溶液接触后,如立即进行比色,所得结果为游离余氯,如放置 10 分钟使产生最高色度,再进行比色,则所得结果为水样的总余氯,总余氯减去游离余氯等于化合余氯。

(2)如余氯浓度很高,则会呈现橘黄色。若水样碱度过高而余氯浓度较低时,将呈现淡绿色或淡蓝色,此时可多加 1mL 邻联甲苯胺溶液,则产生正常的淡黄色。

(3)如水样浑浊度或色度较高,比色时应减除水样所造成的空白。

(4)邻联甲苯胺比色法最低检测余氯的浓度为 0.01mg/L 余氯。

(三)取样注意事项

由于氯的水溶液很不稳定,水样中的氯含量会迅速降低。在日光或其他强光照射或搅动时,氯含量会迅速减少。所以无论采用哪种方法,最好在取样后马上测定,水样不得保存。

六、游泳池水尿素的测定方法

尿素是表明游泳池水受人体污染程度的一项重要指标。池水中的尿素主要来自人体的分泌物和排泄物。据调查,每 20~30 人中就有一人在泳池排尿。我国规定游泳池的尿素含量不超过 3.5mg/L。尿素的测定一般用分光光度法——二乙酰—肟-安替比林。

第二节 游泳池水的消毒

消毒是指杀灭外环境中病原微生物的方法。其目的是切断传染病的传播途径，预防传染病的发生或流行。据研究，可污染游泳池水的致病微生物有上百种，为杜绝介水传染病的发生和流行，保证人体健康，游泳池水必须经过消毒处理方可供使用。目前我国用于游泳池水消毒的方法主要有氯化消毒、二氧化氯消毒、紫外线消毒和臭氧消毒。

一、常用消毒方法

应用于泳池的消毒方法多种多样，可根据泳池的规格、使用人数的多少、对消毒效果要求高低及经济水平等因素，选择相应的消毒技术，目前国际泳协公认泳池水处理设备标准包括纯化学药剂消毒、紫外线处理器+化学消毒剂、臭氧处理器+化学消毒剂、金属离子处理器。

（一）纯化学药剂消毒法

投加化学消毒药剂法，通常是氯系消毒剂，常用氯系消毒剂有：液氯、次氯酸钙（漂白粉）、次氯酸钠（高效漂白粉、漂水）、二氯异氰尿酸钠（优氯净）、三氯异氰尿酸（强氯精）、溴氯海因（溴片）、二氧化氯。

1. 液氯（见图10-5）

优点：含有100%的有效氯，杀菌力强，并有较强的持续杀菌能力和除藻除臭除味的能力。应用广泛，技术工艺比较成熟，消毒系统投资和运行费用价廉，常用于自来水厂消毒。

不足：一般剂量对病毒、病原虫等无效，不能氧化一般的杀虫剂等复杂化合物，受pH影响大，与某些有机物反应生成难闻的氯臭味。液氯作为消毒剂，对人体和环境造成的二次污染也很明显，氯系消毒剂本身与副产物对人体健康有损害。其使用危险，需要特别的安全装备，液氯在储存和运输过程中都应有专业的安全措施。加入游泳池后，其酸性特别强。需要加大量的碱调节pH值，所以，液氯在现在的游泳池中已很少使用。

图10-5 桶装液氯

2. 漂白粉

漂白粉（见图10-6）是氢氧化钙、氯化钙、次氯酸钙的混合物，主要成分是次氯酸钙。

优点：应用最广，其主要成分为次氯酸钙［Ca

图10-6 袋装漂白粉

(OCl)$_2$]，含有效氯25%～30%。次氯酸钙是一种普遍使用的游泳池消毒剂，有效成分次氯酸可渗入细胞内，氧化细胞酶的硫氢基因，破坏细胞代谢。可以应用在不同水质条件的水中，杀菌效果良好。酸性环境中其杀菌力强而迅速，高浓度能杀死芽孢。

不足：性质不稳定，可被光、热、潮湿及CO_2所分解，故应密闭保存于阴暗干燥处，时间不超过1年。因其有腐蚀及漂白作用，故不宜用于金属器械及有色纺织物。如其存放太久，应按实际有效氯含量配制。并且漂白粉反应后有残渣，堵塞管道，影响水质，现逐步被淘汰。

3. 次氯酸钠

次氯酸钠（见图10-7）别名高效漂白粉。纯品为白色粉末，通常为灰绿色结晶，在空气中不稳定。次氯酸钠有氯的气味，能与水混溶，溶液呈碱性。乳状原液的pH值高达12，随水溶液稀释度增加，pH值可降至7～9。具有不稳定性，遇热分解加速。对物品有漂白与腐蚀作用。

优点：其有效氯含量一般在10%～12%，比液氯的危险程度低，消毒效果良好。

图10-7 袋装次氯酸钠

不足：漂水含氯极不稳定，其有效氯会随环境、温度、湿度、光线及存放时间等因素的影响而逐渐下降，由于其衰减特别快，现场不能长期存放，并具有腐蚀性，所以储存和操作都很困难。对设备有很高的要求，设备的日常维护也很困难。另外，次氯酸钠会极大地增加池水的pH值，需要加大量的酸调节。

4. 二氯异氰尿酸钠

二氯异氰尿酸钠（见图10-8）又名优氯净，分子式：$(C_3Cl_2N_3O_3)Na$，简称SDIC，为应用较广的有机氯消毒剂，含有效氯60%～64.5%。

优点：具有高效、广谱、稳定、溶解度高、毒性低等优点。水溶液可用于喷洒、浸泡、接抹，亦可用粉直接消毒污染物、处理粪便等排泄物，用法同漂白粉。与多聚甲醛干粉混合点燃，其气体可用作熏蒸消毒。也可与92号混凝剂（羟基氯化铝由基础加铁粉、硫酸、过氧化氢等合成）以1:4混合成"遇水清"，可作饮水消毒用。并可与硝酸钠配制成各种消毒洗涤液，如涤静美、优氯净等。能够迅速杀灭病毒、细菌及其芽孢，能有效预防肝炎和其他传染性疾病。

图10-8 袋装二氯异氰尿酸钠

不足：杀菌效果受使用条件影响较大，对眼及皮肤有致敏性，有异味等。它可以作为冲击性处理剂使用，同样含有稳定剂氰尿酸，在紫外线下稳定，适合在室外泳池使用，但在室内泳池内使用会导致过稳定问题。

5. 三氯异氰尿酸

三氯异氰尿酸（见图10-9）俗称强氯精，分子式为 $C_3N_3O_3Cl_3$，简称 TCCA，是异氰尿酸的氯化衍生物，其有效氯含量高达 90%，主要为粒状、片状，杀菌能力很强。

优点：三氯异氰尿酸是目前国际上所推广的一种高效、低毒、广谱、快速的杀菌消毒剂，能快速杀灭各种细菌、真菌、芽孢、霉菌、霍乱弧菌。对杀灭甲肝、乙肝病毒具有特效，对性病毒和艾滋病毒也具有良好的消毒效果。

不足：溶解缓慢，在泳池负荷高的时候可能会跟不上余氯消耗的速度，导致消毒能力降低。其 pH 值较低，也需要大量的碱调节。三

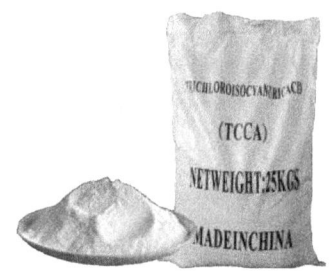

图10-9 袋装三氯异氰尿酸

氯异氰尿酸含有稳定剂氰尿酸，在紫外线下稳定，适合在室外泳池使用，但在室内泳池中使用会导致过稳定问题。同时，使用三氯异氰尿酸亦会不可避免地产生有害的氯代副产物，这也是氯系化学剂的共同缺点。

6. 溴氯海因

溴氯海因俗称溴片（英文简称 BCDMH），分子式为 $C_5H_6BrClN_2O_2$。它的有效成分含有氯和溴，一般为结晶状粉末（见图10-10）和白色片剂。

优点：溴制剂比氯制剂更稳定，气味更温和，对 pH 值的变化不如氯那么敏感。

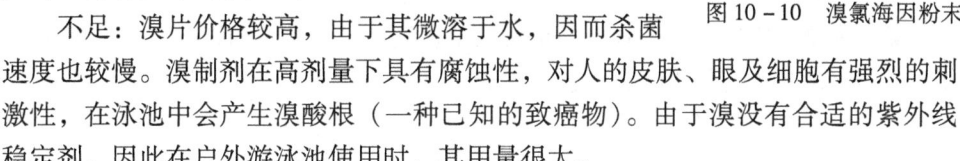

图10-10 溴氯海因粉末

不足：溴片价格较高，由于其微溶于水，因而杀菌速度也较慢。溴制剂在高剂量下具有腐蚀性，对人的皮肤、眼及细胞有强烈的刺激性，在泳池中会产生溴酸根（一种已知的致癌物）。由于溴没有合适的紫外线稳定剂，因此在户外游泳池使用时，其用量很大。

7. 二氧化氯

二氧化氯分子式为 ClO_2，是一种有刺激气味的黄绿色气体，易挥发，市面上有固体（见图10-11）、液体状二氧化氯。在 $-5 \sim 95℃$ 下，质量稳定，不易分解。加入酸以后可被激活，产生游离二氧化氯。它不属于含氯消毒剂，实际上为过氧化物类消毒剂。

优点：二氧化氯具有很强的氧化作用，能使微生物蛋白质中的氨基酸氧化分解，导致氨基酸

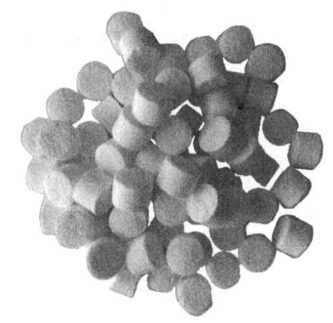

图10-11 二氧化氯固体

断裂、蛋白质分解，从而使微生物死亡。它是一种高效消毒剂，可以杀灭各种微生物，包括细菌繁殖体、芽孢、真菌、病毒甚至原虫等。消毒快而持久，消毒副

产物少,具有有效的杀灭和水质控制效果,应用pH范围大,适用水质范围广,氧化有机物能力强。

不足:二氧化氯本身及其消毒产物也有毒性,副产物会产生亚氯酸与氯酸,其综合作用会引起突变、精子畸形、血液和尿液化学成分异常,影响肝功能与导致肾功能衰竭。有机物对该消毒剂有一定的影响,杀菌效果多受活化剂浓度和活化时间的影响。二氧化氯需要有现场发生设备,设备的投资较大,运行费用较高。现场反应需要使用危险化学品作为原料,这些都具有危险隐患。

（二）紫外线消毒法

紫外线是一种低能量的电磁辐射,其能量只有5eV,穿透力很差。紫外线照射能量较低,不足以引起原子的电离,仅产生激发作用,使电子处于高能状态而不脱开。通过对水体进行紫外线辐射透入微生物体内作用于核酸、原浆蛋白酶,使其发生化学变化而造成微生物死亡。一般多以253.7nm作为杀菌紫外线波长的代表,由于紫外线灯使用较方便,并有一定的杀菌作用,所以在卫生防疫、医疗和工业消毒中使用较普遍。

优点:紫外线消毒的优点是所需接触时间短,杀菌效率高,同时不改变水的物理化学性质,且不产生气味和其他有害的卤代甲烷等副产物。

缺点:对消毒前的原水浊度要求较高,且必须保证一定的水流厚度,当水深较大时杀菌效果急剧下降,且消毒后水中无持续杀菌作用,紫外线消毒也要使用其特定的装置,每支灯管处理水量有限,且需定期清洗更换,成本也较高,并存在光复活现象,影响消毒效果。

（三）臭氧消毒法

臭氧在常温常压下是一种不稳定的淡紫色气体,对各种病毒、细菌均有杀灭能力,对降解各种有机毒物、除色、除臭、除味、改善水质效果极佳。其作用机理是通过破坏细菌的脱氢酶干扰其呼吸功能,氧化各种酶和蛋白质,破坏细胞膜结构而达到消毒的效果。

优点:氧化能力强,能去除或降低水中异味、臭、色和金属离子问题,兼有助凝去降浊度的作用。杀菌效果显著,作用迅速,消毒效果受水质影响小,广谱高效,副作用较小。

(1) 反应快、投量少,臭氧能迅速杀灭扩散在水中的细菌、芽孢、病毒,且在很低的浓度时即有杀菌灭活作用。

(2) 臭氧适应能力强,在pH5.6～9.8,水温0～37℃的范围内,对其的消毒性能影响很小。

(3) 在水中不产生持久性残余。

(4) 能破坏水中有机物,改善水的物理性质和器官感觉,进行脱色和去臭去味作用,使水呈蔚蓝色,而又不改变水的自然性质。

缺点:

（1）臭氧对藻类和红线虫等处理效果差。对受到有机物污染的进水中进行臭氧处理后，大的有机物分子会破裂成微生物新陈代谢的营养源，处理后使水中AOC（生物可同化有机碳）增加 $2 \sim 6$ 倍，并使水中氧含量增加，有利于自养型微生物繁殖，进而使水质恶化呈绿色。

（2）无持续作用，要投加药剂协助。因臭氧在水中的溶解度低，半衰期很短，仅20分钟，所以在日常应用中为保证持续的杀菌作用，往往要投加氯系药剂协助进行。

（3）臭氧消毒法设备费用高，耗电大，使用臭氧机往往还要配备制氧机、干燥机、尾气处理器等。这些都是限制臭氧消毒法广泛推广使用的主要原因。

（4）臭氧有毒性。作为强氧化剂，它是一种很好的消毒剂，恰恰因为这种特性，臭氧几乎能与任何生物组织反应，所以我们在使用臭氧发生器的时候一定要把握量。但目前的技术对臭氧监测较困难，当臭氧超标时，会与呼吸道中的细胞、流体和组织很快反应，导致肺功能减弱和组织损伤。长期处于臭氧环境，会造成人的神经中毒，头晕头痛、记忆力衰退；氧化人体皮肤中的维生素E，致使人的皮肤起皱、出现黑斑等。

（四）铜、银金属离子消毒法

金属离子处理法应用于泳池领域在欧美和日本已相当成熟，是新一代泳池处理技术的领航者。由于金属离子处理法采用纯物理法消毒，处理后不产生任何有害副产物，水质达到欧盟标准，因整个过程不产生废气废物而得到了欧盟环保署的认可与推荐。目前在国际空间站、奥运会泳池、高档别墅私家泳池等得到广泛应用。

作用机理：

（1）据研究，水中的细菌或微小有机物普遍带负电，由安康系统激发的银与铜离子带正电，因此在水中铜银离子能与细菌病毒或微小有机体引致凝絮过程，通过过滤系统把凝絮物清出池外。

（2）银离子还原势极高，是自然界中杀菌能力最强的金属离子，每升水中只要含亿万分之二毫克的银离子，即可杀死水中大部分细菌。当细菌被 Ag^+ 杀后，Ag^+ 又由细菌死亡细胞中游离出来，再与其他菌落接触，周而复始地进行上述过程，这也是银离子杀菌持久的原因。

（3）铜离子对细菌特别是自养型细菌有很强的抑制作用和杀灭作用，可以杀灭在水中的大肠杆菌、痢疾等病菌，特别是防止绿藻污染和通过地板传染足癣等。目前通常使用的各种消菌除藻剂都含有铜成分，就是运用了铜离子能够杀菌灭藻的原理。

优点：

（1）应用pH、温度范围大，适用水质范围广，运行成本低。

（2）无味、无毒，过量投加不会造成危害（是人体必需微量元素，人体吸收过量会自动排出体外）。不会刺激眼睛、皮肤，水体清澈无异味。

（3）可长期抑制某些藻类和真菌的生长，不需额外投放除藻剂硫酸铜。

（4）不影响水质 pH 值，无须添加酸碱度中和剂，因整个反应过程无须添加任何化学药剂，因而不会生成有害副产物造成二次污染。

（5）接触充分时，很低浓度便可杀绝大多数自养细菌，有很持久的杀菌能力，不受光照和有机物浓度影响。

（6）水中细菌微生物、浊度、有机色度和其他胶态悬浮物质都会被铜、银离子吸附，兼有杀菌和去浊度功能。

不足：因整套铜、银离子消毒设备费用昂贵，目前只在国际空间站、国内外奥运会场馆、高档别墅私家泳池、休闲会所及酒店等场所应用。

二、氯化消毒

（一）氯的性质

氯在普通情况下，是一种黄绿色的气体，分子式为 Cl_2，分子量是 70.91。氯是一种强氧化物质，在常温常压下呈黄绿色气体，"氯"就是因为其颜色而得名，氯气较空气重 2.5 倍，具有强烈的刺激性和氯臭味。当加压至 6~7 个大气压时可液化，体积缩小至 1/457，可灌入钢瓶中储存，故又称液氯。液氯较水重 1.5 倍，将液氯置于大气中，立即变成气体，将氯气通入水中可得氯水。氯加入水中可变为盐酸和次氯酸。

（二）氯化消毒的基本原理

1. 氯的杀菌机理

含氯消毒剂是由于在水中容易生成次氯酸，而次氯酸具有强烈的氧化作用，它不仅可与细胞壁发生作用，并且由于分子小，是一个中性分子，不带电荷，可扩散到带负电荷的细菌表面，易于穿过细胞壁，同时，它又是一种强氧化剂，能损害细胞膜，使蛋白质、RNA 和 DNA 等物质释出，并影响多种酶系统（主要是磷酸葡萄糖去氢酶的巯基被氧化破坏），使糖代谢失调，从而使细菌死亡。氯对病毒的作用，在于对核酸的致死性损害。有资料指出病毒对氯的抵抗力较细菌强，其原因可能是病毒缺乏一系列的代谢酶；氯较易破坏 –SH 键，而较难使蛋白质变性。

氯化消毒的作用主要有两个方面：

（1）杀死水中的杂菌及大肠杆菌等细菌。

（2）破坏水中的氨氮化合物。

具体原理如下：

当氯气加到水中后，会发生下列反应：

$Cl_2 + H_2O \rightarrow HOCl + H^+ + Cl^-$　　　①

$HOCl \rightarrow H^+ + OCl^-$　　　②

上式中，HOCl 为次氯酸，是一种弱酸，OCl⁻ 是一种次氯酸根，以上反应很快达到平衡。在②式中，由于 H^+ 能被水中的酸碱中和，最后水中只剩下 OCl⁻ 和 HOCl，而①式中的 Cl⁻ 无杀菌作用。因此次氯酸跟与次氯酸在水中的平衡主要与 pH 值及水温有关。

实验证明：次氯酸的浓度愈高，杀菌作用愈强。当次氯酸溶液中的 pH 值变小后，会释放出更多的次氯酸，杀菌作用随之增强；当溶液的 pH 值变大时，释放出次氯酸的量减少，杀菌作用亦随之降低，见表 10 - 2。

表 10 - 2　pH 值和次氯酸浓度与杀菌作用的关系

pH 值	HOCl 质量分数/%	OCl⁻ 质量分数/%	杀灭 99% 芽孢所需时间/分钟
10.0	0.3	99.7	121.0
9.0	2.9	97.1	19.5
8.0	23.2	76.8	5.0
6.0	97.8	3.2	2.5

另外，漂白粉（主要成分是 [Ca(OCl)$_2$]）、漂白液（主要成分是 [NaOCl]），以及其他含氯消毒剂，经过化学反应，最后的有效消毒成分都是 HOCl。

2. 影响氯化消毒效果的因素

氯化消毒的效果受下列各因素的影响：加氯量、接触时间、pH 值、水温、水的浑浊度和微生物的种类及数量。

（1）加氯量

用氯及含氯化合物消毒时，氯不仅与水中细菌作用，还要氧化水中的有机物和还原性无机物，其需要的氯的总量称为"需氯量"。为保证消毒效果，加氯量必须超过水的需氯量，使在氧化和杀菌后还能剩余一些有效氯，称为"余氯"。一般要求氯加入水中后，接触 30 分钟，水中至少应保持游离性余氯 0.3mg/L。在配水管网末梢，游离性余氯不应低于 0.05mg/L。余氯分为游离性余氯和化合性余氯两种：游离性的如 HOCl、OCl⁻ 和 Cl_2；化合性的如 NH_2Cl 和 $NHCl_2$。前者杀菌力较强，后者杀菌力较弱。

（2）接触时间

氯加入水中后，必须保证与水有一定的接触时间，才能充分发挥消毒作用。用游离性有效氯（指 HOCl 和 OCl⁻）消毒时，接触时间应至少 30 分钟，游离性余氯达 0.3～0.5mg/L；采用氯胺（指 NH_2Cl 和 $NHCl_2$）消毒时，接触时间应为 1～2 小时，化合性余氯达 1～2mg/L。

（3）水的 pH 值

次氯酸是弱电解质，其离解程度取决于水温和水的 pH 值。当 pH 值 < 5.0 时，HOCL 呈 100% 形式存在于水中，随着 pH 值的增高，HOCl 逐渐减少而 OCL⁻ 逐渐增多。当 pH = 6.0 时，HOCl 在 95% 以上；当 pH > 7.0 时，HOCL 含量急剧减少；当 pH = 7.5 时，HOCl 和 OCl⁻ 大致相等；当 pH > 9 时，OCl⁻ 接近 100%。根据对大肠杆菌的实验，次氯酸（HOCl）的杀菌效率比次氯酸离子（OCL⁻）高约 80 倍。因此，消毒时应注意控制水的 pH 值，不要太高，以免生成 OCl⁻ 较多、HOCL 较少而影响杀菌效率。用漂白粉消毒时，因同时产生 Ca(OH)$_2$，可使 pH 值升高。故当漂白粉因保存不当或放置过久而使有效氯含量低时，消毒效果会受到影响。

二氯胺的杀菌效果较一氯胺高，三氯胺则几乎无杀菌作用。它们之间的生成量比例，取决于氨和氯的相对浓度、pH 值和温度等因素。一般而言，当 pH > 7 时，一氯胺的生成量较多；当 pH = 7.0 时，一氯胺和二氯胺近似相等；当 pH < 6.5 时，主要为二氯胺；三氯胺只有当 pH < 4.4 时才存在。

（4）水温

水温高，杀菌效果好。水温每提高 10℃，病菌杀灭率提高 2～3 倍。

（5）水的浑浊度

用氯消毒时，必须使生成的次氯酸（HOCl）和次氯酸离子（OCl⁻）直接与水中细菌接触，方能达到杀菌效果。如水的浑浊度很高，悬浮物质较多，细菌多附着在这些悬浮颗粒上，则氯的作用达不到细菌本身，使杀菌效果降低。这说明消毒前混凝沉淀和过滤处理是必要的。悬浮颗粒对消毒的影响，因颗粒性质、微生物种类不同而不同。如黏土颗粒吸附微生物后，对消毒效果影响甚小，而粪尿中的细胞碎片，或污水中的有机颗粒与微生物结合后，会使微生物获得明显的保护作用。病毒因体积小、表面积大，易被吸附成团，因而颗粒对病毒的保护作用较细菌大。

（6）水中微生物的种类和数量

不同微生物对氯的耐受性不尽相同，除腺病毒外，肠道病毒对氯的耐受性较肠道病原菌强。消毒往往达不到 100% 的杀灭效果，常以 99%、99.9% 或 99.99% 的效果为参数。故消毒前若水中细菌过多，则消毒后水中细菌数就不易达到卫生标准的要求。

思考题

1. 基本水质处理设备包括哪些？
2. 游泳场所需要检测哪些水质？有哪些检测方法？
3. 常见的游泳池水质处理药品有哪些？
4. 常见游泳池给排水系统有哪些形式？
5. 游泳池水的消毒方法有哪些？

第十一章 法律法规基础知识

【学习目标】

1. 树立"法治社会、遵守法律"的社会意识；
2. 了解中华人民共和国民法典、劳动法、合同法基础知识，具备采用法律维护自身劳动权益的能力；
3. 了解国家对高危体育项目经营者的基本要求，掌握体育市场经营管理的有关规定。

【章节导引】

作为一名合格的游泳救生员，要坚持社会主义法治道路，掌握相关法律、法规知识，提高运用法治思维和法治方式维护自身权利、参与社会公共事务、化解矛盾纠纷的意识和能力。本章介绍了民法典、劳动法、合同法、消费者权益保护法及体育法律、法规的一些基础知识。要重点掌握民法典中关于文体活动的法条，劳动争议的处理程序，合同的成立、生效要件及违约救济方式，消费者权利及纠纷解决方式，体育市场经营管理的有关规定等内容。作为高危险性体育项目经营活动的从业者，要了解国家对高危体育项目经营者的基本要求。

第一节 《中华人民共和国民法典》基础知识

2020 年 5 月 28 日，十三届全国人大三次会议表决通过了《中华人民共和国民法典》（以下简称《民法典》）。自 2021 年 1 月 1 日起施行。《民法典》被称为"社会生活百科全书"，是民事权利的宣言书和保障书。法典草案共分 7 编，在其中的侵权责任编中增设的"自甘风险"新规则，与体育行业息息相关。

《民法典》第一千一百七十六条规定："自愿参加具有一定风险的文体活动，因其他参加者的行为受到损害的，受害人不得请求其他参加者承担侵权责任，但是其他参加者对损害的发生有故意或者重大过失的除外。活动组织者的责任适用本法第一千一百九十八条至第一千二百零一条的规定。"

民法典规定的自甘风险规则，体现了法律对体育行业的时代关怀，对于促进全民理性、积极参加体育活动，提高体育活动效率和质量，加强和完善体育法治具有重要保障作用。

对于体育活动组织方来说，"自甘风险"明确了风险责任的划分原则，大大减少了活动参与者受伤索赔责任不明晰为组织者带来的烦恼。新规定很大程度上提高了组织者的积极性，有利于更多体育活动的举办，进而加快实现全民健身的举国大计。

第二节　合同法基础知识

在我国，合同法是调整平等主体之间的交易关系的法律，它主要规定合同的订立、合同的效力及合同的履行、变更、解除、保全、违约责任等问题。作为一名游泳救生员，应该重点掌握合同的订立、合同的生效要件、合同的法律效力以及违反合同应承担的民事责任等知识。

一、合同的概念和特征

合同包括民事合同、行政合同等多种类型。本文所提的合同专指民事合同。《中华人民共和国民法通则》第八十五条规定：合同是当事人之间设立、变更、终止民事关系的协议。合同作为一种民事法律行为，是当事人协商一致的产物，是两个以上的意思表示相一致的协议。只有当事人所作出的意思表示合法，合同才具有法律约束力。依法成立的合同从成立之日起生效，具有法律约束力。合同和契约尽管在国外的某些立法和我国旧民法中是两个不同的概念，但现在一般认为，合同就是契约，契约就是合同，两者是同一概念。

合同具有如下法律特征：

（1）合同是一种民事法律行为，合同以意思表示为要素，并且按意思表示的内容赋予法律效果。

（2）合同是两方或多方当事人意思表示一致的民事法律行为，合同的成立有两方或多方当事人，他们相互意思表示，并且意思表示一致。

（3）合同是以设立、变更、终止民事权利义务关系为目的的民事法律行为。

《中华人民共和国合同法》（以下简称《合同法》）主要调整财产流转关系，规制交易行为，是我国非常重要的一部民事基础法律。作为一名游泳救生员，应该着重掌握怎样订立合同、合同的生效要件、合同的法律效力、违反合同应承担的民事责任等知识。

二、合同的种类

合同是当事人之间设立、变更、终止民事关系的协议。

合同的法律性质：

（1）合同是一种民事法律行为，合同以意思表示为要素，并且按意思表示的内容赋予法律效果。

（2）合同是两方或多方当事人意思表示一致的民事法律行为，合同的成立有两方或多方当事人，他们相互意思表示，并且意思表示一致（合意）。

（3）合同是以设立、变更、终止民事权利义务关系为目的的民事法律行为。

三、合同的订立、成立和生效

（一）合同的订立

合同的订立就是合同当事人进行协商，使双方的意思表示趋于一致的过程，又称合同的签订，包括要约与承诺两个阶段。

（二）合同的成立

合同的成立是指合同因符合一定的法定要件而被法律认为客观存在。合同的成立具有以下特征：合同的成立是指合同在法律上被认为是一种客观存在的事实；合同的成立须符合一定要件，即必须具备法定或约定的构成要素。

1. 合同成立的要件

（1）存在双方当事人。合同是一种双方民事法律行为，因而合同的成立必须存在双方当事人。

（2）当事人须对合同的最基本内容达成合意。

合同成立的根本标志是当事人意思表示的一致，即达成合意。当事人的合意应包括合同的最基本的内容，否则合同没有任何实质内涵。合同的最基本内容，一般是指足以确定合同法律关系的性质以及当事人基本法律关系的条款。

2. 合同成立的时间

在非要式合同中，合同自承诺生效时成立。在要式合同中，其成立时间为完成手续的时间。但是，法律有特别规定或当事人有特别约定的，应从其约定。

3. 合同成立的地点

合同的成立地点在实体法和程序法上具有重要的意义。因此，确定合同的成立地点也就有了极大的价值。

合同的成立地点因要式合同和非要式合同而有不同。要式合同应以完成特别手续的地点为成立地点；非要式合同的成立地点以承诺生效的地点为合同成立地点。

（三）合同的生效

合同的生效是指合同具备一定的要件便能产生当事人预期的法律效果。合同的成立与合同的生效是两个不同的法律概念。在一般情况下，合同的成立与合同的生效在时间上是一致的。但是，不一致的情况也时有发生。例如，附条件的合同即是如此。除此之外，合同具备法定条件即可成立。但是，是否产生法律效力，则非当事人意志所能左右。一项有效成立的合同，并不必然得到法律的保护，欲得到法律的保护，还应具备法律所规定的生效要件。

按《合同法》的有关规定，合同的一般生效要件包括：

（1）订立合同的当事人应该具有相应的民事行为能力。

（2）意思表示真实。

（3）合同不违反法律或者社会公共利益。

一方以欺诈、胁迫的手段或者乘人之危，使对方在违背真实意思的情况下订立的合同，受损害方有权请求人民法院或者仲裁机构变更或者撤销。当事人请求变更的，人民法院或者仲裁机构不得撤销。

四、合同的违约及其救济

合同的违约责任又称违反合同的民事责任，是指合同当事人不履行合同的义务或者履行合同的义务不符合约定时所承担的法律后果，违反合同约定应承担的民事责任主要包括：

（一）支付违约金

违约金是指合同当事人不履行合同债务时根据法律规定和合同的约定向对方当事人支付的一定数额的金钱。支付违约金是合同债务人违反合同时，应当向对方支付约定或法定的一定实物、金钱的责任形式，此种责任形式只有在当事人有明显约定或有规定时才使用，否则就只能适用损害赔偿的民事责任形式。

（二）赔偿损失

赔偿损失是指违约方不履行合同而给他方造成损失时，为了弥补受害人的损失而向受害人支付一定数额金钱的责任方式。损害赔偿具有补偿性，即填补、弥补对方当事人因此所受的损失。

（三）强制实行履行

强制实行履行又称为实际履行、特定履行、继续履行，是违约方不履行合同债务或者履行合同债务不符合约定时，由法院强制违约方依照合同履行的责任方式。

第三节　体育法律法规基础知识

体育法规是我国法律体系的组成部分之一，是国家实现体育事业管理职能的重要保障，是对体育工作依法治理的基本依据。长期以来，我国颁布和实施了多种内容和形式的体育法规，为体育的改革和发展提供了有力保障，正在逐步形成有新时代中国特色的社会主义体育法规体系。

2017年9月，人力资源和社会保障部印发《关于公布国家职业资格目录的通知》（人社部发 2017）68 号），公布了国家职业资格目录，共计 140 项职业资格，其中专业技术人员职业资格 59 项（准入类 36 项、水平评价类 23 项），技能人员职业资格 81 项（准入类 5 项、水平评价类 76 项），准入类职业资格关系公共利益或涉及国家安全、公共安全、人身健康、生命财产安全，均有法律法规或国务院决定作为依据；水平评价类职业资格具有较强的专业性和社会通用性，技术技能要求较高，行业管理和人才队伍建设有确实需要。

现行体育行业技能人员职业资格制度是国务院体育行政部门依据技能人员国家职业资格证书制度的总体要求，在国务院人力资源和社会保障部门的指导下，按照国家相关法律法规制度建立并推行的行业技能人才评价制度和工作体系。

体育行业曾有四类技能人员职业资格——社会体育指导员、游泳救生员、体育经纪人和体育场馆管理员，目前列入公示的职业资格目录清单的只有社会体育指导员和游泳救生员。其中，游泳救生员和游泳、滑雪、潜水、攀岩等高危险性体育项目的社会体育指导员属于技能人员准入类职业资格，其他体育项目的社会体育指导员属于技能人员水平评价类职业资格。

体育作为特殊的产业部门，其从业人员具有其他行业和部门所不具有的特殊性，在专业技术、技能等方面有特定要求。各类从事体育技术培训、辅导、咨询、裁判安全救护等工作的专业技术人员，其所具备的资格、资质是国家对其所具有的专业技术和技能的法律认定，是其从事特定体育经营活动的必备条件。

职业资格证书制度是我国一项重要的劳动就业制度，并在《劳动法》和《职业教育法》中做出了明确规定。国务院颁布的《全民健身条例》（2016 年修订）进一步明确提出了"国家对以健身指导为职业的社会体育指导人员实行职业资格证书制度。对以高危险性体育项目进行健身指导为职业的社会体育指导人员，应当依照国家有关规定取得执业资格证书""经营高危险性体育项目的必须要有达到规定数量的取得国家职业资格证书的社会体育指导人员和救助人员"，这是国家法律法规对体育行业从业人员资质做出的明确要求。

二、体育经营活动相关规定

体育产业是国民经济的有机组成部分。随着社会主义市场经济体制的建立和体育改革的深化，我国的体育产业和体育经营活动发展迅速，已成为促使各种形态的体育产品进入生产、流通、消费领域的新兴产业，其地位和作用已经得到国家法律法规的确认和保障。

（一）从事高危险性体育项目经营活动的条件

从事体育经营活动应具备以下条件：必要的资金和相应的设备；符合治安、消防、卫生和环保条件的适宜场所，符合国家标准的体育设施和体育器材标准；法律、法规规定的应具备的其他条件。

《全民健身条例》第三十二条规定：企业、个体工商户经营高危险性体育项目的，应当符合下列条件，并向县级以上地方人民政府体育主管部门提出申请：①相关体育设施符合国家标准；②具有达到规定数量的取得国家职业资格证书的社会体育指导人员和救助人员；③具有相应的安全保障制度和措施。县级以上地方人民政府体育主管部门应当自收到申请之日起30日内进行实地核查，做出批准或者不予批准的决定。批准的，应当发给许可证；不予批准的，应当书面通知申请人并说明理由。

（二）高危险性体育项目经营的申请、审批和监督

为了规范经营高危险性体育项目行政许可的实施，保障消费者人身安全，促进体育市场的健康发展，2013年，国家体育总局专门制定了《经营高危险性体育项目许可管理办法》（以下简称《办法》），对高危项目经营的申请、审批、监督检查等问题做出了规定。《办法》第七条规定，申请经营高危险性体育项目，应当提交下列材料：①申请书。申请书应当包括申请人的名称、住所，拟经营的高危险性体育项目，拟成立经营机构的名称、地址、经营场所等内容；②体育设施符合相关国家标准的说明性材料；③体育场所的所有权或使用权证明；④社会体育指导人员、救助人员的职业资格证明；⑤安全保障制度和措施；⑥法律、法规规定的其他材料。

申请经营高危险性体育项目的，应当持县级以上地方人民政府体育主管部门的批准文件，到相应的工商行政管理部门依法办理相关登记手续。国家体育总局应当会同有关部门制定、调整高危险性体育项目目录并经国务院批准后予以公布。

经营许可证有效期为五年，样式由国家体育总局统一制定。许可证载明事项发生变更的，经营者应当向做出行政许可决定的体育主管部门申请办理变更手续。体育主管部门同意的，为其换发许可证。许可证到期后需要继续经营的，经营者应提前30日到做出行政许可决定的体育主管部门申请办理续期手续，体育主管部门同意的，为其换发许可证。

上级体育主管部门应当加强对下级体育主管部门实施行政许可的监督检查，及时纠正行政许可实施中的违法行为。县级以上地方人民政府体育主管部门应当对经营者从事行政许可事项的活动实施有效监督，监督检查不得妨碍被许可人的正常经营。

县级以上地方人民政府体育主管部门对经营高危险性体育项目进行检查时，体育执法人员人数不得少于两人，并出示有效的行政执法证件。未出示有效证件的，经营者有权拒绝检查。

三、高危体育项目经营者基本要求

（1）将许可证、安全生产岗位责任制、安全操作规程，体育设施、设备、器材的使用说明，以及安全检查制度、社会体育指导人员和救助人员名录及照片

张贴于经营场所的醒目位置。

（2）就高危险性体育项目可能危及消费者安全的事项和对参与者年龄、身体、技术的特殊要求，在经营场所中应做出真实说明和明确警示，并采取措施防止危害发生。

（3）按照相关规定做好体育设施、设备、器材的维护保养及定期检测，保证其能够安全、正常使用。

（4）保证经营期间具有不低于规定数量的社会体育指导人员和救助人员。社会体育指导人员和救助人员应当持证上岗，并佩戴能标明其身份的醒目标识，体育执法人员依法履行监督检查职责时，经营者应当予以配合，不得拒绝、阻挠。

（5）鼓励经营者依法投保有关责任保险，鼓励消费者依法投保意外伤害保险。

【案例1】安全保障义务及责任承担——李某游泳身亡事故的处理

一、案情

2017年6月18日，李某及家人到XYD公司经营的游泳馆游泳。16时05分15秒左右，李某身体不适，很快无法站立。16时05分27秒左右，XYD公司的救生员将李某拉至岸上。16时05分58秒，救生员开始一面拨打电话，一面招呼其他救生员过来。16时13分50秒左右，急救中心人员到场进行急救。当天下午，李某在朝阳急诊抢救中心抢救无效死亡，居民死亡医学（推断）书上的死亡原因记载为呼吸、心搏骤停。

随后，李某的母亲、女儿向法院起诉，要求XYD公司支付死亡赔偿金、丧葬费、医疗费、被抚养人生活费、精神抚慰金、交通费、住宿费等共170余万元。

原告认为，受害人李某于2017年6月17日在XYD公司办理了会员卡，享受相应的消费服务。在游泳时李某脸色异常，有溺亡的危险，馆内救生员未及时发现，在120急救人员到来之前也没有及时采取救助措施，导致李某在北京市朝阳急诊抢救中心抢救无效死亡。受害人李某进入XYD公司经营的游泳馆后，李某便与XYD公司之间形成了服务合同关系，XYD公司作为游泳馆的经营管理者，对于进入馆内的游泳人员负有确保其人身权益不受损害的安全保障义务。根据侵权责任法的规定，公共场所的管理人或者群众性活动的组织者，未尽到安全保障义务，造成他人损害的，应当承担侵权责任。基于XYD公司及其工作人员未及时履行救助义务和安全保障义务，在救助时间和救助措施方面存在严重过失，XYD公司应对李某的死亡承担全部责任。

二、判决

法院经审理认为，XYD公司在整个事件中已经尽到了合理的安全保障义务，不应对李某的死亡承担全部责任。但从公平原则及人文关怀的角度考虑，酌情判定 XYD 公司补偿原告精神抚慰金 3 万元，驳回原告的其他诉讼请求。

【案例2】凌晨3点在小区泳池溺亡，家属状告开发商等，索赔76万！

一、案情

2018年6月5日早上3点左右，刘某冰去捡拾纸皮，被发现于其居住小区泳池溺水身亡。受害人刘某冰于2017年7月左右入住案发小区，并长期固定居住于此。其生活习惯为晚上8点左右睡觉，早上3点左右起床去小区捡拾纸皮，变卖废旧物品以获得生活补贴收入，事故发生前，刘某冰身体健康。和刘某冰一起生活的近亲属认为刘某冰溺水身亡的事故，泳池经营公司、小区房地产开发公司、小区物业管理公司均有不可推卸的责任，理由是泳池经营公司没有采取必要的安全保障措施，小区房地产开发公司是游泳池的所有权人，应承担共同赔偿责任，小区物业管理公司安保工作存在重大疏忽过失，遂诉至番禺法院，要求上述3家公司共同向原告赔偿死亡赔偿金、丧葬费、误工费、精神损害抚慰金共计763384.5元。

经查明，2017年10月27日，经小区房地产开发公司委托，案外人小区物业管理公司与泳池经营公司签订《游泳池租赁合同》，约定将案发小区游泳池出租给泳池经营公司经营管理。小区物业管理公司有义务监督在泳池经营公司未开放泳池的时段，不得让其他人进入泳池。2018年4月3日，泳池经营公司获得广州市番禺区文化广电新闻出版局的高危险性体育项目经营许可证。涉案泳池开放时间为下午3点至6点，晚上7点至9点半。

二、判决

广州市番禺法院一审认为，原告主张上述3家公司未尽安全保障义务，应承担赔偿责任。从法理上来说，安全保障义务要求义务人采取的措施具有充分性和现实合理性。

对于充分性，泳池经营公司作为涉案泳池的经营机构，持有高危险性体育项目经营许可证，且在有效期限内，参照国家体育总局《关于修改经营高危险性体育项目管理工作文件的通知》，足以证实涉案泳池的各项设施符合国家标准（GB19079.1—2013），例如照明、防护、救生、警示等方面的要求，且对泳池周围进行了围蔽。物业管理公司作为小区物业管理服务提供方，已在泳池周边设置摄像头，按照物业服务协议约定对小区进行巡查，在泳池外的醒目位置提示"禁止攀爬""非开放时间禁止入内"等字样。房地产开发公司作为泳池出租方，在审查泳池经营公司具备相应的经营资质后，已尽到合理的注意义务。

对于现实合理性，如应原告要求，泳池夜晚非营业时间仍有照明设施且照明程度达到可见场内警示字迹，在非营业时间内均应清干池水且有专人看守，物业公司对小区全范围的 24 小时实时巡逻，不仅不符合普通人认知的合理性，也不符合经济原则，导致营运成本剧增，最终成本转化至普通消费者，小区内游泳亦变成奢侈活动，完全背离了经济活动的初衷。

关于小区房地产开发公司是否存在过错的问题，法院认为，该公司作为涉案泳池的出租方，其将涉案泳池租赁给具有经营资质，持有高危险性体育项目经营许可证的泳池经营公司使用，该公司尽到了谨慎选择的义务，对涉案游泳池的管理并不存在过错。因此，小区房地产开发公司无须承担赔偿责任。

受害人刘某冰具有完全民事行为能力，在涉案小区已居住一年，对于小区内绿化、泳池乃至垃圾桶的位置都非常熟悉，其非营业时间进入泳池，明显违背了基本社会活动准则，违反了安全注意义务在先，造成的溺亡损失应由其自行承担损害后果。

综上，依据《中华人民共和国侵权责任法》第六条，《中华人民共和国民事诉讼法》第六十四条规定，一审判决：驳回原告的全部诉讼请求。宣判后，原告提起上诉。后经广州市中级人民法院二审驳回上诉，维持原判。

思考题

1. 救生员应具备哪些法律法规基础知识？
2. 劳动合同有哪些种类？
3. 游泳场所需具备哪些场地、设施设备条件？
4. 游泳场所有哪些卫生、环境管理要求？

参 考 文 献

[1] 国家体育总局职业技能鉴定指导中心,中国救生协会. 游泳救生员(游泳池救生)[M]. 2版. 北京:高等教育出版社,2020.

[2] 许琦. 水上救生技术[M]. 北京:北京体育大学出版社,2006.

[3] 吉宏. 救生员教程[M]. 北京:科学出版社,2019.

[4] 李华. 游泳救生及水上运动[M]. 北京:清华大学出版社,2015.

[5] 茅勇. 海浪救生[M]. 北京:海洋出版社,2017.

[6] 肖红. 个体水上救生理论与装备技术[M]. 北京:中国纺织出版社,2020.

[7] 高捷. 游泳池救生教程[M]. 北京:北京体育大学出版社,2014

[8] Ph D, MBIM, DSTA, et al. LIFE SAVING TECHNIQUE [M]. Hong Kong:ISEE PRODUCTION, 1999.

[9] 王全兴. 劳动法学[M]. 北京:法律出版社,2017.

[10] 韩世远. 合同法总论[M]. 北京:法律出版社,2018.

[11] 乔新生. 消费者权益保护法总论[M]. 北京中国检察出版社,2018.

[12] 《公共场所设计卫生规范 第3部分:人工游泳场所》GB37489.3—2019.

[13] 《游泳池给水排水工程技术规程》CJJ122—2017.

附 录

附录1：高危险性体育项目经营活动行政许可申请书

高危险性体育项目经营活动行政许可申请书

申请人信息			
姓名或名称		联系电话	
身份证号码			
住所			
拟成立经营机构信息			
经营单位名称			
拟经营项目（范围）		单位性质	
法定代表人		负责人	
联系人		联系电话	
申请单位地址			
经营场所地址			
申请材料数量及保密要求：			
保 证 书　　本申请单位保证：所申报内容及所附申请材料均真实、合法，复印件和原件一致。如有不实之处，我单位愿承担相应法律责任，并承担由此造成的一切后果。 申请经办人（签章）：＿＿＿＿＿　　负责人（签章）：＿＿＿＿＿ 法定代表人（签章）：＿＿＿＿＿　　申请单位（公章）：＿＿＿＿＿			
材料是否齐全： 经办人员： 　　　　年　月　日	实地核查意见： 经办人员： 　　　　年　月　日		体育主管部门意见： （公章） 　　　　年　月　日

［注］非法人单位或企业，请在法人相关表格内填"无"。

附录2：游泳场所体育设施符合相关国家标准的说明性材料

游泳场所体育设施符合相关国家标准的说明性材料

游泳场所名称：　　　　　　　　　　　　　　　地址：

游泳场所尺寸及面积：

场所	主要内容说明	是否合格
人工游泳场所	游泳池壁及池底光洁、不渗水、呈浅色	
	无视线盲区	
	带出发台的游泳池，从出发端开始延伸至少6m的范围内，水深应不小于1.35m	
	池面有明显的水深度、深浅水区警示标识，或标志明显的深、浅水隔离带	
	水面面积500m² 以下至少2个，500m² 以上（含500m²）至少4个出入水池扶梯	
	扶梯应经过光滑倒角处理，不应有粗糙或锐角部位	
	游泳池池岸、卫生间、淋浴间及更衣室地面应防滑，在湿润状态下地面静摩擦系数不少于0.5	
	游泳池内的排水设施应设置安全防护罩	
	游泳池区域的水面水平照度不低于200lx	
	开放夜场的游泳池应有足够的应急照明灯	
	儿童游泳池不应配备戏水设备	
	有广播设施	
	游泳池水面面积250m² 以下的，应至少设置2个救生观察台，水面面积在250m² 及以上的，应按面积每增加250m² 及以内增设1个救生观察台	
	救生观察台高度不小于1.5m	
	有救生圈、救生杆和护颈套等救生器材	
	有急救药品、氧气袋等急救用品	
	在醒目位置悬挂社会体育指导员（游泳）、游泳救生员的姓名、照片、职业资格证书编号等信息	
	在醒目位置悬挂"游泳人员须知""严禁跳水""严禁追跑打闹""防滑""佩戴泳帽"等必要的安全警示	
	在醒目位置悬挂溺水抢救操作规程及溺水事故处理制度等	

检查人：

检查单位（盖章）：　　　　年　　月　　日

附录 3：卫生许可证申请表.

中华人民共和国卫生监督文书

卫生许可申请书

（公共场所单位新办、延续）

申请单位：
申请日期：

填表说明

1. 本表为公共场所单位申请新办、复核、延续卫生许可使用,可在市或区卫生监督所网站下载。

2. "申请单位名称"和"法人代表"应与企业名称预先核准登记通知书或营业执照名称一致;"单位地址"应与房产证或租赁合同一致;"原卫生许可证号"在新建办理卫生许可时不需填写;"组织机构代码证号"在卫生许可延续时填写。

3. 卫生许可申请书需按表内栏目逐一填写,带"*"项目为必填项目,不得漏项缺项,如无该项目可用"无"表示。

4. 卫生许可申请书须保持整洁,不得折叠;用电脑打印或黑色钢笔、黑色签字笔填写均可,字迹清楚,内容准确、真实、合法、有效并加盖申请单位公章或由单位负责人签字确认。

5. 主要指标解释说明:

(1) 从业人员数:指从事与本申请许可项目相关的,直接为顾客提供服务的人员数。从业人员数≤职工总数。

(2) 持健康合格证明人数:填报从业人员中持有效健康合格证明的人员数。持健康合格证明人数≤从业人员数。

(3) 营业面积:填报卫生许可证上载明的"许可范围"所属的行业类别相关的使用面积,包括营业场所及辅助用房。

申请单位*	
单位地址*	
经济性质*	□国有全资 □集体全资 □股份合作 □有限责任（公司） □股份有限（公司） □私有 □其他内资 □内地与港澳台合资 □内地与港澳台合作 □中外合资 □中外合作 □外资 □个体工商户 □其他

法人代表*		法人身份证号码*	
单位负责人*		单位负责人身份证号码*	
联系人*		联系人电话*	
职工总数*		从业人员数*	
持健康合格证明人数*		建筑面积*	
营业面积（m²）*		统一社会信用代码*（注册号、组织机构代码）	
申请许可类型*	□首次申办卫生许可	□卫生许可延续	
原卫生许可证号			

申请许可项目*	主营项目：（只能勾选一个项目） 住宿场所：□宾馆 □旅店 □招待所 □酒店 □度假村 □旅馆 □集团酒店式公寓 购物场所：□书店 □商场 □超市 沐浴场所：□桑拿 □浴室 □足浴 □温泉浴 □SPA休闲中心 □洗浴中心 文化娱乐场所：□影剧院 □录像厅 □游艺厅（室）□歌舞厅 □音乐厅 □卡拉OK 公共交通等候场所：□候船室 □候车（含地铁）室 美容美发场所：□理发店 □美容店（不含医疗美容）□理发店（不含烫染） 文化交流场所：□展览馆 □博物馆 □美术馆 □图书室 体育场所：□游泳场 □游泳馆	兼营项目：（可勾选多个项目） 住宿场所：□宾馆 □旅店 □招待所 □酒店 □度假村 □旅馆 □集团酒店式公寓 购物场所：□书店 □商场 □超市 沐浴场所：□桑拿 □浴室 □足浴 □温泉浴 □SPA休闲中心 □洗浴中心 文化娱乐场所：□影剧院 □录像厅 □游艺厅（室）□歌舞厅 □音乐厅 □卡拉OK 公共交通等候场所：□候船室 □候车（含地铁）室 美容美发场所：□理发店 □美容店（不含医疗美容）□理发店（不含烫染） 文化交流场所：□展览馆 □博物馆 □美术馆 □图书室 体育场所：□游泳场 □游泳馆

申请单位保证书

本单位填报内容及提供的申请资料均真实、可靠。如有虚假，愿承担有关法律责任。

法定代表人/负责人签字（申请单位盖章）：

年　　月　　日

申报材料		
编号	材料名称	页数

一、首次申办卫生许可证

☐1. 卫生许可证申请表　　　　　　　　　　　　　　　　　　　（　）

☐2. 营业执照（没有营业执照的，可提供企业名称预先核准通知书，非企业组织提供组织机构代码证）　　　　　　　　　　　　　　　　　　　　　　　　（　）

☐3. 法定代表人或负责人身份证明材料　　　　　　　　　　　　（　）

☐4. 公共场所地址方位示意图　　　　　　　　　　　　　　　　（　）

☐5. 公共场所地址方位平面图　　　　　　　　　　　　　　　　（　）

☐6. 卫生设施平面布局图　　　　　　　　　　　　　　　　　　（　）

☐7. 一年内的卫生检测报告（50个房间以上的住宿场所、游泳场所需提供，签署告知承诺书时无法及时提交检测报告的，应当在行政审批机关进行回访检查前提交）　（　）

☐8. 集中空调通风系统卫生检测报告（使用集中空调通风系统的提供，签署告知承诺书时无法及时提交检测报告的，应当在行政审批机关进行回访检查前提交）　（　）

☐9. 从业人员的名单（签署告知承诺书时无法及时提的，应当在行政审批机关进行回访检查前提交）（　）

☐10. 从业人员健康合格证明（验原件，交复印件；签署告知承诺书时无法及时提交的，应当在行政审批机关进行回访检查前提交）　　　　　　　　　　　　（　）

☐11. 公共场所卫生管理制度（包括卫生管理小组职责和人员名单）　（　）

☐12. 办理人身份证明（委托代办的提交）　　　　　　　　　　（　）

☐13. 办理人受申请单位或法人委托的书面证明材料（委托代办的提交）（　）

☐14. 公共场所卫生行政许可告知承诺书　　　　　　　　　　　（　）

二、卫生许可证延续

☐1. 卫生许可证申请表　　　　　　　　　　　　　　　　　　　（　）

☐2. 一年内的卫生检测报告（50个房间以上的住宿场所、游泳场所需提供，签署告知承诺书时无法及时提交检测报告的，应当在行政审批机关进行回访检查前提交）　（　）

☐3. 集中空调通风系统卫生检测报告（使用集中空调通风系统的提供，签署告知承诺书时无法及时提交检测报告的，应当在行政审批机关进行回访检查前提交）　（　）

☐4. 卫生许可证　　　　　　　　　　　　　　　　　　　　　　（　）

☐5. 营业执照（无法提供营业执照的，非企业组织提供组织机构代码证）（　）

☐6. 从业人员名单（签署告知承诺书时无法及时提交的，应当在行政审批机关进行回访检查前提交　　　　　　　　　　　　　　　　　　　　　　　　（　）

☐7. 从业人员健康合格证明（签署告知承诺书时无法及时提交的，应当在行政审批机关进行回访检查前提交）　　　　　　　　　　　　　　　　　　（　）

☐8. 公共场所卫生行政许可告知承诺书　　　　　　　　　　　　（　）

☐9. 办理人受申请单位或法人委托的书面证明材料（委托代办的提交）（　）

☐10. 办理人身份证明（验原件，交复印件，委托代办的提交）　（　）

☐11. 法定代表人或负责人身份证明材料（验原件，交复印件，法人委托代办的提交）
　　　　　　　　　　　　　　　　　　　　　　　　　　　　　（　）

卫生设施：
1. 集中空调通风系统：有□ 无□ 2. 饮用水：集中式供水（市政供水□ 自建设施供水□ 分质供水□）二次供水□ 分散式供水□ 3. 通风系统设计方案中场所可接待人数的最大值____人。 4. 功能间（如没有该项请填写"无"）：洗消间（ ）间 布草房（ ）间 烫染间（ ）间 回收间（ ）间 员工更衣室（ ）间 水果间（ ）间 洗衣房（ ）间 仓库（ ）间 公共卫生间（ ）间 清扫工具存放间（ ）间 5. 洗涤消毒设施和设备：洗消池（ ）个 消毒柜（ ）个 清扫工具（ ）套

以下为审查审批部门填写
窗口受理人员经办意见： 签名： 年 月 日
局审批意见： 签名： 年 月 日
发出文书： □ 发出卫生许可证 　编号：粤卫　证字【　】第【　　　】号 　发证日期： 年 月 日　有效截止日期： 年 月 日 □ 发出不予行政许可决定书 　文书编号： 　打印文书人员签名： 年 月 日

附录 4　游泳救生员国家职业技能鉴定考核实施细则及申报流程

游泳救生员
国家职业技能鉴定考核实施细则

国家体育总局职业技能鉴定指导中心　　组编
中国救生协会

前　言

　　游泳救生员是指在游泳场所观察游泳者，进行安全防护，并对溺水者进行赴救和现场急救的人员。游泳救生员直接关系到游泳者的生命安全。国家规定，游泳场所开放必须配备一定数量的、取得国家职业资格证书的游泳救生员。

　　国家体育总局职业技能鉴定指导中心于2012年发布了《游泳救生员国家职业技能鉴定考核实施细则》。为适应经济社会发展的需要，客观反映现阶段游泳救生员职业能力的要求，与中国救生协会制定了《游泳救生员国家职业技能鉴定考核实施细则》（以下简称"《细则》"）。《细则》调整了心肺复苏相关内容，增加了浮标救生、自动体外除颤器（AED）相关内容的考核（自动体外除颤器的考核最晚执行日期为2020年1月1日）。《细则》是今后游泳救生员考核鉴定的主要依据。

目 录

一、初级游泳救生员技能考核实施细则 ………………………… 203
   （一）初级游泳救生员技能考核内容（表1-1）…………… 203
   （二）初级游泳救生员实操考核标准（表1-2、表1-3）… 203
   （三）初级游泳救生员技能考核说明 ………………………… 203
   （四）初级游泳救生员技能考核评分标准 …………………… 204

二、中级游泳救生员技能考核实施细则 ………………………… 209
   （一）中级游泳救生员技能考核内容（表2-1）…………… 209
   （二）中级游泳救生员实操考核标准（表2-2）…………… 210
   （三）中级游泳救生员技能考核说明 ………………………… 210
   （四）中级游泳救生员技能考核评分标准 …………………… 211

三、高级游泳救生员技能考核实施细则 ………………………… 216
   （一）高级游泳救生员技能考核内容（表3-1）…………… 216
   （二）高级游泳救生员实操考核标准（表3-2）…………… 217
   （三）高级游泳救生员技能考核说明 ………………………… 217
   （四）高级游泳救生员技能考核评分标准 …………………… 218

   附件4-1 初级游泳救生员水上技能操作考核评分表 ……… 222
   附件4-2 初级游泳救生员现场赴救组合技术题签（徒手救生）…… 223
   附件4-3 初级游泳救生员现场赴救组合技术题签（浮标救生）…… 224
   附件4-4 初级游泳救生员心肺复苏考核评分表 …………… 225
   附件4-5 初级游泳救生员陆上解脱考核题签 ………………… 226
   附件4-6 初级游泳救生员陆上解脱考核评分表 …………… 227
   附件4-7 中级游泳救生员水上技能操作考核评分表 ……… 228
   附件4-8 中级游泳救生员现场赴救组合技术题签 ………… 229
   附件4-9 中级游泳救生员陆上佩戴颈托考核评分表 ……… 233
   附件4-10 中级游泳救生员陆上急救板使用考核评分表 …… 234
   附件4-11 中级游泳救生员心肺复苏考核评分表 …………… 235
   附件4-12 中级游泳救生员自动体外除颤器考核评分表 …… 236
   附件4-13 高级游泳救生员培训与管理考核评分表 ………… 237
   附件4-14 高级游泳救生员模拟教学题签 …………………… 238
   附件4-15 高级游泳救生员浅水中急救板使用考核评分表 … 239
   附件4-16 高级游泳救生员心肺复苏与自动体外除颤器（AED）考核评分表 ………………………………………… 240

一、初级游泳救生员技能考核实施细则

（一）初级游泳救生员技能考核内容（表1-1）

表1-1　初级游泳救生员技能考核内容

达标项目	实操部分	理论部分
◎25米速度游 ◎潜泳20米	◎现场赴救 ◎现场急救	详见考核说明

（二）初级游泳救生员实操考核标准（表1-2、表1-3）

表1-2　初级游泳救生员实操考核标准（徒手救生）

	现场赴救（徒手救生）						现场急救	合计
	入水	接近	拖带	上岸	解脱	合计	心肺复苏	
选考方式	必考					—	必考	
鉴定比重（%）	10	10	10	10	20	60	40	100
考试时间（分钟）	15						5	20
考核形式	水中操作				陆上操作	—	实操	

注：1. 游泳池最浅区不低于1.35m。2. 徒手救生从公布之日起至2020年2月29日执行。

表1-3　初级游泳救生员实操考核标准（浮标救生）

	现场赴救（浮标救生）						现场急救	合计
	入水	接近	拖带	上岸	解脱	合计	心肺复苏	
选考方式	必考					—	必考	
鉴定比重（%）	10	10	10	10	20	60	40	100
考试时间（分钟）	15						5	20
考核形式	水中操作				陆上操作	—	实操	

注：1. 游泳池最浅区不低于1.35m。2. 从2020年3月1日起，徒手救生和浮标救生抽考一项。

（三）初级游泳救生员技能考核说明

1. 总体要求

（1）考生必须通过达标项目的测试，否则不能参加技能考试。

（2）考核形式：理论考试采取闭卷笔试，总分为100分。实操考核在陆上或水上操作，总分为100分。在考核内容中，理论考试或实操考核如有一科未达到60分，即视为不合格。

（3）考试时间：理论考试为60分钟，实操考核为20分钟。

（4）考试内容：职业道德（包括道德概念和职业守则）、救生游泳基本技

术、赴救技术、现场急救技术等。

2. 达标测试

（1）25米速度游：男子≤20秒，女子≤22秒为达标。

（2）20米潜泳：蹬边出发，在20米潜泳距离内，躯体未露出水面且方向准确为达标。

未达标者不能参加其他技能项目的考核。

3. 实操考核

（1）现场赴救

①考核内容（一）：徒手救生：入水、接近、拖带、上岸技术。

◎鉴定比重：总分的40%。

◎考核时间：10分钟。

◎考核形式：水中操作。学员假扮溺水者，游至距岸边15米处正面、侧面或背面原地等候。考评员给考生发出信号，考生入水、接近溺水者，并将其拖带至岸边，并上岸。

注：不允许考生戴游泳镜考核。接应救生员指岸上配合救援的救生员。

②考核内容（二）：浮标救生：入水、接近、拖带、上岸技术。

◎鉴定比重：总分的40%。

◎考核时间：10分钟。

◎考核形式：水中操作。学员假扮溺水者，游至距岸边15米处正面、侧面或背面原地等候。考评员给考生发出信号，考生携带救生浮标入水、接近溺水者，和接应救生员将其拖带至岸边，并和接应救生员完成上岸。

注：不允许考生戴游泳镜考核。接应救生员指岸上配合救援的救生员。

③考核内容（三）：头发被抓解脱、手被抓解脱、颈部被抱解脱、腰部被抱解脱等解脱技术。

◎鉴定比重：总分的20%。

◎考核时间：5分钟。

◎考核形式：陆上操作。

（2）现场急救

考核内容：心肺复苏（开放呼吸道、呼吸支持、心脏按压等）。

◎鉴定比重：总分的40%。

◎考核时间：5分钟。

◎考核形式：对模拟人进行心肺复苏的操作。

注：心肺复苏是初级游泳救生员实操考核中的否定项目，如果心肺复苏操作程序错误或其该项目总分不足24分，即算该项目考核不合格。心肺复苏项目考核不合格者，初级游泳救生员实操考核即为不合格。

（四）初级游泳救生员技能考核评分标准

1. 初级游泳救生员达标测试标准（见表1-4）

表 1-4 初级游泳救生员游泳技能达标标准

达标项目	距离	达标要求	说　明
速度游	25 米	男≤20 秒； 女≤22 秒	达标合格后才能进入下一阶段的考核。各项均可补考一次
潜　泳	20 米	1. 蹬边出发，潜游至 20 米处出水面； 2. 躯体不能露出水面； 3. 方向准确	

2. 初级游泳救生员实操考核评分标准

（1）现场赴救评分标准

①徒手救生：入水、接近、拖带、上岸考核评分标准（见表1-5）

②浮标救生：入水、接近、拖带、上岸考核评分标准（见表1-6）

③解脱（陆上完成）考核评分标准（见表1-7）

（2）现场急救评分标准

心肺复苏考核评分标准（见表1-8）

表 1-5 徒手救生：入水、接近、拖带、上岸考核评分标准

考核内容及分值		考核要点	扣分标准
入水 （10 分）	蛙腿式	①入水时，两腿向下做蛙泳蹬夹腿，同时两手臂向下抱压水； ②头部始终保持在水面上； ③目光始终不离开赴救目标	两臂或两腿没有分开，扣4分； 水没过头部，扣10分； 目光离开溺水者，扣4分
	跨步式	①入水时，两手向前下方抱压水，同时两脚做剪水动作； ②头部始终保持在水面上； ③目光始终不离开赴救目标	两臂或两腿没有分开，扣4分； 水没过头部，扣10分； 目光离开溺水者，扣4分
接近 （10 分）	正面接近	①入水后，游至离溺水者3米左右急停； ②下潜至溺水者髋部以下，转体180°； ③单手或双手腋下控制住溺水者	3米左右未急停下潜，扣3分； 没有在溺水者髋部以下将溺水者转体180°，扣5分； 未能有效控制住溺水者，扣2分
	背面接近	①救生员游至距溺水者1~2米处急停； ②单手或双手托腋或夹胸控制住溺水者	距离太近或太远，扣4分； 没有急停，扣4分； 未能有效控制住溺水者，扣2分
	侧面接近	①游至溺水者3米左右处，转为侧向游进，抓住溺水者近侧手腕； ②单手或双手托腋或夹胸控制住溺水者	游至溺水者3米左右后未侧向游进，扣3分； 未抓住溺水者近侧手腕，扣5分； 未能有效控制住溺水者，扣2分

续上表

考核内容及分值		考核要点	扣分标准
拖带 (10分)	夹胸	①反蛙泳腿或侧泳腿技术拖带； ②溺水者口鼻必须露出水面； ③使溺水者保持身体水平位置； ④夹胸手不能压迫溺水者的颈动脉	拖带技术运用不合理，扣4分； 拖带中溺水者口鼻没入水中，第1次扣5分，两次计0分； 拖带脱手，扣10分； 拖带方向错误，扣2分； 溺水者下肢下沉，扣4分； 拖带时压迫溺水者的颈动脉，扣5分
	双手托腋	①救生员托住溺水者的双腋，采用反蛙泳或仰泳拖带； ②溺水者口鼻必须露出水面； ③使溺水者保持身体水平位置	
上岸 (10分)	深水无阶梯双人上岸	①水中救生员在池边固定好溺水者； ②水中救生员先将溺水者一手交给接应救生员，再将溺水者另外一手交给接应救生员； ③接应救生员用交叉手方式接分别递过来的溺水者手臂； ④接应救生员将溺水者转体180°，然后将溺水者拉上岸； ⑤水中救生员双手托溺水者，协助接应救生员施救上岸； ⑥水中救生员指挥接应救生员将溺水者放平呈仰卧姿势	水中救生员与接应救生员上岸时脱手，扣10分； 水中救生员未能使溺水者背对池岸进行上岸，扣5分； 水中救生员未协助接应救生员进行上托，扣2分； 水中救生员未指挥接应救生员对溺水者头部进行保护，扣2分

注：分值——40分，考核形式——实操。上岸部分只对水中救生员进行成绩评定。

表1-6 浮标救生：入水、接近、拖带、上岸考核评分标准

考核内容及分值		考核要点	扣分标准
入水 (10分)	蛙腿式或跨步式	①救生浮标置于胸前，呈抱胸姿势固定浮标，拖绳置于浮标和胸部之间； ②腿呈蛙步姿势或跨步姿势入水； ③入水时，身体前倾，上体靠近水面； ④头部始终保持在水面上； ⑤目光始终不离开赴救目标	浮标没有固定好或入水时脱落，扣10分； 未采用蛙腿式或跨步式入水方式入水，扣5分； 身体姿势错误，扣4分； 水没过头部，扣10分
	鱼跃浅跳式	①一手持浮标和拖绳鱼跃入水； ②入水时将浮标抛在持浮标手的体侧； ③入水后迅速把头露出水面，用抬头爬泳迅速接近溺水者； ④急停后将浮标置于胸前	没有手持浮标或提前脱落，扣5分； 浮标影响入水，扣10分； 浮标放置错误，扣5分

续上表

考核内容及分值		考核要点	扣分标准
接近 （10分）	水面昏迷溺水者	①距离2～3米位置急停观察； ②游到溺水者后方施救位置； ③救生员靠近溺水者背后，借用救生浮标的浮力双手由溺水者后背经腋下控制溺水者； ④使溺水者口鼻朝上，露出水面	浮标位置错误，扣4分； 急停位置过近或过远，扣4分； 施救位置错误，扣5分； 控制方法错误，扣6分； 口鼻没水，1次扣5分； 未能有效控制溺水者，扣4分
拖带 （10分）	水面昏迷溺水者	①利用浮标的浮力在溺水者背后固定控制溺水者； ②拖带时救生员将救生浮标置于自己胸前并穿过腋下； ③将救生浮标移至溺水者背部腋下位置； ④拖带时溺水者头部露出水面并侧在一边，方便观察昏迷者情况，防止与救生员头部相撞	控制手法错误，扣5分； 浮标脱离或位置错误，扣10分； 浮标没有移至溺水者背部腋下位置，扣5分； 溺水者头部没有侧在一边，扣5分
上岸 （10分）	深水无阶梯双人上岸	①水中救生员在池边固定好溺水者； ②水中救生员先将溺水者一手交给接应救生员，再将溺水者另外一手交给接应救生员； ③接应救生员用交叉手方式接分别递过来的溺水者手臂； ④接应救生员将溺水者转体180°，然后将溺水者拉上岸； ⑤水中救生员双手托溺水者，协助接应救生员施救上岸； ⑥水中救生员指挥接应救生员将溺水者放平呈仰卧姿势	水中救生员与接应救生员上岸时脱手，扣10分； 水中救生员未能使溺水者背对池岸进行上岸，扣5分； 水中救生员未协助接应救生员进行上托，扣2分； 水中救生员未指挥接应救生员对溺水者头部进行保护，扣2分

表 1-7 解脱（陆上完成）考核评分标准

考核内容	考核要点	扣分标准
头发被抓	①两种方法：压腕掰手解脱法、压掌推肘解脱法； ②解脱后，有效控制住溺水者	解脱时用力过度或不足，扣 4 分； 解脱过程动作不连贯，扣 4 分； 解脱动作的手法错误，扣 8 分； 解脱后未能有效控制溺水者，扣 4 分
手被抓握	①单手被抓：转腕法、推击法； ②交叉手（臂）被抓：推击加转腕； ③单手被双手抓：推击法、转腕法； ④解脱后，有效控制住溺水者	
颈部被抱持	①颈部被抱持：正面被溺水者抱持时，上推双肘解脱法；背面被抱持时，压腕上推单肘解脱法； ②解脱后，有效控制溺水者	
腰部被抱	①正面抱持：夹鼻推颌解脱法； ②背面抱持：弓身抽手掰指解脱法； ③解脱后，有效控制溺水者	

注：分值——20 分；考核形式——实操。

表 1-8 心肺复苏考核评分标准

分类	考核内容及分值	考核要点	扣分标准
1. 判断意识	环境安全，1 分	环视四周，确认环境安全	未口述环境安全，扣 1 分
	判断意识和呼救，4 分	用力拍打溺水者双肩同时大声呼唤。无反应，确认溺水者意识丧失； 启动应急预案（拨打急救电话 120，拿 AED 到现场）	未拍打溺水者肩膀，扣 2 分； 未启动应急预案，扣 2 分
	判断呼吸，2 分	眼睛观察胸腹部是否有起伏，判断时间 5～10 秒	未判断呼吸或时间不足（超过），扣 2 分
	摆放体位，1 分	溺水者取仰卧位	取位错误或体位摆放不正确，扣 1 分
2. 开放气道	清理口腔，1 分	如果溺水者口腔有异物，则清理；没有则口述"没有异物"	未清理口中异物或没有口述"没有异物"，扣 1 分
	开放气道，4 分	一只手掌压住前额，另一只手食指和中指上抬下颌骨，将头部后仰	打开手法错误，扣 2 分； 头部后仰位置错误，扣 2 分

续上表

分 类	考核内容及分值	考核要点	扣分标准
3. 人工呼吸	口对口吹气，4 分	用一只手的拇、食两指捏住溺水者鼻翼，张开口包住溺水者的嘴通气至胸部隆起。吹气后应与溺水者口部脱离。口对口吹气 2 次，每次通气应该维持大约 1 秒	吹不进气，扣 4 分；方法不正确，达到通气结果，漏气扣 2 分；方法正确但达不到通气结果，扣 2 分；吹气时间不足或通气过度，扣 2 分
4. 胸外按压	胸外按压，22 分	部位：掌根按压胸骨下半部，两乳头连线与胸骨交叉点；姿势：双手交叠，十指相扣，双肘关节伸直，用掌根部按压；以髋关节为轴，身体重量垂直下压，压力均匀，每次按压后胸廓充分回弹，掌根不能离开胸壁；胸外按压 30 次，按压通气比例 30：2，按压频率 100～120 次/分，按压深度 5～6 厘米。按压与放松的比例为 1：1；按压中断时间少于 10 秒钟	按压部位不准确，考核不能通过；按压动作错误，扣 3 分；按压通气比例，错误扣 3 分；频率错误，扣 5 分；深度错误，扣 5 分；未充分回弹，扣 3 分；掌根离开胸壁，扣 3 分
5. 评估	重新评估，1 分	30 次胸外按压，2 次口对口通气为一个循环，约 2 分钟，完成 5 次循环后重新评估	考评员未示意结束，自行停止，视为未完成

注：未完成全部考核流程，心肺复苏零分。分值——40 分，考核形式——实操。

二、中级游泳救生员技能考核实施细则

（一）中级游泳救生员技能考核内容（表 2-1）

表 2-1　中级游泳救生员技能考核内容

达标项目	实操部分	理论部分
◎25 米速度游 ◎水中徒手踩水	◎现场赴救 ◎现场急救	详见考核说明

（二）中级游泳救生员实操考核标准（表2-2）

表2-2　中级游泳救生员实操考核标准

	现场赴救						现场急救				
	入水	接近	解脱	拖带	上岸	合计	佩戴颈托	陆上急救板的使用	心肺复苏	自动体外除颤器	合计
选考方式	必考					—	必考	必考	必考	必考	—
鉴定比重（%）	5	8	12	10	5	40	10	20	20	10	60
考试时间（分钟）	5					5	5	5	5	5	20
考核形式	水中操作					—	实操	陆上操作	实操	实操	—

注：游泳池最浅区不低于1.35m。

（三）中级游泳救生员技能考核说明

1. 达标测试

（1）25米速度游：男≤18秒，女≤20秒为达标。

（2）水中徒手踩水：要求考生在20秒内徒手踩水，并且两臂肘关节始终露出水面。

注：未达标者不能参加其他技能项目的考核。

2. 实操考试

（1）现场赴救

◎考核内容：入水、接近、解脱、拖带、上岸技术。

◎鉴定比重：总分的40%。

◎考核时间：5分钟。

◎考核形式：学员假扮溺水者，游至距岸边15米处正面、侧面或背面原地等候。考评员给考生发出信号，考生完成入水、接近、解脱溺水者，并将其拖带至岸边上岸。

注：在现场赴救这一项目考核中，不允许考生戴游泳镜考核。

（2）现场急救

①佩戴颈托

◎考试内容：为颈椎受伤者佩戴颈托。

◎鉴定比重：总分的10%。

◎考核时间：5分钟。

◎考核形式：学员假扮颈椎受伤者，考生两人一组，互相交叉操作，对受伤者佩戴颈托。考评员根据完成情况打分。

②陆上急救板的使用

◎鉴定比重：总分的20%。

◎考核时间：5分钟。

◎考核形式：学员假扮颈椎受伤者，考生两人一组配合，互相交叉操作，另再配备两名学员，协同完成。考评员根据完成情况打分。

③心肺复苏

◎考试内容：开放呼吸道、呼吸支持、心脏按压等。

◎鉴定比重：总分的20%。

◎考核时间：5分钟。

◎考核形式：对模拟人进行心肺复苏的操作。

注：心肺复苏是中级游泳救生员实操考核中的否定项目，如果心肺复苏操作程序错误或该项目得分不足12分，即该项目考核不合格。心肺复苏项目考核不合格者，中级游泳救生员实操考核即为不合格。

④自动体外除颤器

◎考试内容：自动体外除颤器正确使用。

◎鉴定比重：总分的10%。

◎考核时间：5分钟。

◎考核形式：对模拟人进行心脏除颤操作。

3．理论考试

（1）考试时间：60分钟。

（2）考试内容：游泳公共卫生安全常识、游泳卫生常识、自我救助、安全标识设置、突发事件紧急处理预案、救生器材、急救器材、救生员装备、器材的管理与保养、通信器材和联络信号的设置、救生基本技术、现场赴救、现场急救等。

（3）考试形式：闭卷笔试。

（四）中级游泳救生员技能考核评分标准

1．中级游泳救生员达标测试标准（表2-3）

表2-3　中级游泳救生员达标测试标准

达标项目	达标标准	说　明
25米速度游	男≤18秒 女≤20秒	达标合格后才能进入下一阶段进行考核，各项均可补考一次
20秒踩水	水中徒手踩水20秒，要求肘关节露出水面	

2. 中级游泳救生员实操考核评分标准

(1) 现场赴救评分标准

入水、接近、解脱、拖带、上岸考核评分标准(见表2-4)

(2) 现场急救评分标准

①佩戴颈托考核评分标准(见表2-5);

②陆上急救板的使用考核评分标准(见表2-6);

③心肺复苏考核评分标准(见表2-7);

④自动体外除颤器考核评分标准(见表2-8)。

表2-4 入水、接近、解脱、拖带、上岸考核评分标准

考核内容及分值		考核要点	扣分标准
入水 5分	蛙腿式	①入水时,两腿向下做蛙泳蹬夹腿,同时两臂向下抱压水; ②头部始终保持在水面上; ③目光始终不离开赴救目标	两臂或两腿没有分开,扣2分; 水没过头部,扣5分; 目光离开溺水者,扣2分
	跨步式	①入水时,两臂向前下方抱压水,同时两脚做剪水动作; ②头部始终保持在水面上; ③目光始终不离开赴救目标	两臂或两腿没有分开,扣2分; 水没过头部,扣5分; 目光离开溺水者,扣2分
接近 8分	正面接近	①入水后,游至离溺水者3米左右急停; ②下潜至溺水者髋部,并将溺水者转体180°; ③单手或双手腋下控制住溺水者	游至离溺水者3米左右未急停下潜,扣2分; 没有在溺水者髋部以下将其转体180°,扣4分; 未能有效控制溺水者,扣2分
	背面接近	①救生员游至距溺水者1~2米处急停; ②单手或双手托腋或夹胸控制住溺水者	没有急停,扣2分; 距离太近、太远,扣4分; 未能有效控制溺水者,扣2分
	侧面接近	①游至溺水者3米左右处,转为侧向游进,抓住溺水者近侧手腕; ②单手或双手托腋或夹胸控制住溺水者	游至溺水者3米左右未侧向游进,扣2分; 未抓住溺水者近侧手腕,扣4分; 未能有效控制溺水者,扣2分

续上表

考核内容及分值		考核要点	扣分标准
解脱 12分	头发被抓	①两种方法：压腕掰手解脱法、压掌推肘解脱法； ②解脱后，有效控制住溺水者	解脱时用力过度或不足，扣2分； 解脱过程动作不连贯，扣2分； 解脱动作的手法错误，扣4分； 解脱后未能有效控制溺水者，扣4分
	手被抓握	①单手被抓：转腕法、推击法； ②交叉手（臂）被抓：推击加转腕； ③单手被双手抓：推击法、转腕法； ④解脱后，有效控制住溺水者	
	颈部被抱持	①颈部被抱持：正面被溺水者抱持时，上推双肘解脱法；背面被抱持时，压腕上推单肘解脱法； ②解脱后，有效控制溺水者	
	腰部被抱	①正面抱持：夹鼻推颌解脱法； ②背面抱持：弓身抽手掰指解脱法； ③解脱后，有效控制溺水者	
拖带 10分	夹胸	①反蛙泳腿或侧泳腿技术拖带； ②溺水者口鼻必须露出水面； ③溺水者保持身体水平位置； ④夹胸手不能压迫溺水者的颈动脉	拖带技术运用不合理，扣4分； 拖带中溺水者口鼻没入水中，第1次扣5分，两次计0分； 拖带脱手，扣10分； 拖带方向错误，扣2分
	双手托腋	①救生员托住溺水者的双腋，采用反蛙泳或仰泳拖带； ②溺水者口鼻必须露出水面； ③使溺水者保持身体水平位置	溺水者下肢下沉，扣4分； 拖带时压迫溺水者的颈动脉，扣5分
上岸 5分	深水无阶梯单人上岸	①单手抓住溺水者的一只手，压在池岸边上，将溺水者的另一只手重叠按住； ②按住溺水者重叠的双手背，用蛙腿脚蹬夹上岸； ③交叉手紧握溺水者手腕处，将溺水者转体180°背对岸边，垂直上提； ④上岸后脱出一手移至溺水者颈背部，另一手将溺水者双腿原地旋转90°	上岸时脱手，扣5分； 没有用两手交叉的方法，将溺水者原地转体180°，扣5分； 原地旋转溺水者双腿时，未对其头部进行保护，扣2分

表2-5 佩戴颈托考核评分标准

考核内容及分值	考核要点	扣分标准
检查 2号位：1分	①询问伤情； ②检查颈部	其中一项未完成，扣1分
复位 1号位：3分 2号位：2分	①双手掌放在受伤者头两侧，拇指轻按额部，食指、中指按面颊，无名指和小指放在耳下； ②左右复位； ③前后复位	1号位手法错误，扣1分； 1号位鼻尖与肚脐未呈一条直线，扣1分；2号位，扣1分； 1号位头部仰至嘴角和耳垂的连线与地面没有垂直，扣1分；2号位扣1分
佩戴 2号位：4分	①测量：用手指度量受伤者下颌骨角下方到锁骨的距离； ②佩戴：将颈套一端穿入后颈，将下颌垫小圆点与受伤者的下颌尖吻合	尺寸调节不当，扣2分； 下颌垫小圆点与受伤者的下颌尖不吻合，扣1分； 颈托过紧或过松，扣1分

表2-6 陆上急救板的使用考核评分标准

考核内容	考核要点	扣分标准
1号位：头锁－改良斜方肌挤压－侧翻－复原平卧位－斜方肌挤压－平移复位－头部两侧放置泡沫垫－头部扣带； 2号位：头胸固定－侧翻－复原平卧位－头胸固定－胸、腰、脚扣带－头胸固定	①技术动作正确，口令准确、协调一致； ②顺序正确：头锁－头胸固定－改良斜方肌挤压－侧翻－插入急救板－复原平卧位－头胸固定－斜方肌挤压－平移定位－胸、腰、脚扣带－头胸固定－头部两侧放置泡沫垫－扣带	1号位头锁错误，扣2分； 1号位改良斜方肌挤压错误，扣2分； 1号位斜方肌挤压错误，扣2分； 1号位没有平移复位，扣2分； 2号位头胸固定手法错误，扣2分（每次1分）； 2号位侧翻不到位或没有控制溺水者，扣2分； 2号位扒板手法错误，扣2分； 2号位胸、腰、脚扣带顺序及手法错误，扣2分（系胸带时，两手臂被扣，脚底没有绕"8"字）； 1号位头部两侧泡沫垫放置不到位，扣1分； 1号位头部扣带不正确，扣1分； 1号位口令不清晰、不准确，扣2分

注：对1号位和2号位两名学员同时进行成绩评定，完成后相互交换。1号位为指挥者。

表2-7 心肺复苏考核评分标准

分类	考核内容及分值	考核要点	扣分标准
1. 判断意识	环境安全，1分	环视四周，确认环境安全	未口述环境安全，扣1分
	判断意识和呼救，1分	用力拍打溺水者双肩同时大声呼唤，无反应，确认溺水者意识丧失；启动应急预案（拨打急救电话120，拿AED到现场）	未拍打溺水者肩膀，扣1分；未启动应急预案，扣1分
	判断呼吸，1分	眼睛观察胸腹部是否有起伏，判断时间5～10秒	未判断呼吸或时间不足（超过），扣1分
	摆放体位，1分	溺水者取仰卧位	取位错误或体位摆放不正确，扣1分
2. 开放气道	清理口腔，1分	如果溺水者口腔有异物，则清理；没有则口述"没有异物"	未清理口中异物或没有口述"没有异物"，扣1分
	开放气道，1分	一只手掌压住前额，另一只手食指和中指上抬下颌骨，将头部后仰	打开手法错误，扣0.5分；头部后仰位置错误，扣0.5分
3. 人工呼吸	口对口吹气，3分	用一只手的拇、食两指捏住溺水者鼻翼，张开口包住溺水者的嘴通气至胸部隆起。吹气后应与溺水者口部脱离。口对口吹气2次，每次通气应该维持大约1秒	吹不进气，扣3分；方法不正确，未达到通气结果，漏气扣1分；方法正确但达不到通气结果，扣2分；吹气时间不足或通气过度，扣1分
4. 胸外按压	胸外按压，10分	部位：掌根按压胸骨下半部，两乳头连线与胸骨交叉点；姿势：双手交叠，十指相扣，双肘关节伸直，用掌根部按压；以髋关节为轴，身体重量垂直下压，压力均匀，每次按压后胸廓充分回弹，掌根不能离开胸壁；胸外按压30次，按压通气比例30:2，按压频率100～120次/分，按压深度5～6厘米。按压与放松的比例为1:1。按压中断时间少于10秒钟	按压部位不准确，考核不能通过；按压动作错误，扣2分；按压通气比例错误，扣1分；频率错误扣2分；深度错误扣2分；未充分回弹，扣2分；掌根离开胸壁，扣1分

续上表

分类	考核内容及分值	考核要点	扣分标准
5. 评估	重新评估，1分	30次胸外按压，2次口对口通气为一个循环，约2分钟，完成5次循环后重新评估	考评员未示意结束，自行停止，视为未完成

注：未完成全部考核流程，心肺复苏零分。

表2-8 自动体外除颤器考核评分标准

考核内容及分值	考核要点	扣分标准
打开电源，1分	打开电源	未打开电源，扣1分
擦干胸部，1分	擦干将要贴电极片部位的水	未擦干贴电极片部位的水，扣1分
贴电极片，1分	两块电极板分别贴在右胸上部和左胸左乳头外侧	电极片贴的位置不正确，扣1分
连接电源插头，1分	贴电极片后将插头插入主机插孔	插插头和贴电极片顺序错误，扣1分
分析心律，2分	遣散溺水者周围人群，不可触碰溺水者，使用AED进行分析	触碰溺水者，干扰AED分析，扣2分
除颤，4分	AED提示可电击心律，再次遣散周围人群，不可触碰溺水者，确保施救者安全，给予除颤，除颤后立即心肺复苏	未确保施救者和周围人群安全，扣2分；除颤后未立即心肺复苏，扣2分

三、高级游泳救生员技能考核实施细则

（一）高级游泳救生员技能考核内容（表3-1）

表3-1 高级游泳救生员技能考核内容

实操部分	理论部分
◎培训与管理 ◎浅水中急救板的使用 ◎心肺复苏与自动体外除颤器（AED）的讲解与操作	见考核说明

（二）高级游泳救生员实操考核标准（表3-2）

表3-2　高级游泳救生员实操考核标准

	培训与管理	浅水中急救板的使用	心肺复苏与自动体外除颤器（AED）的使用	合计
选考方式	必考	必考	必考	—
鉴定比重（%）	40	20	40	100
考试时间（分钟）	40	10	10	60
考核形式	笔试、口试	实操	实操、口试	—

注：游泳池最浅区不低于1.35m。

（三）高级游泳救生员技能考核说明

1. 实操考核

（1）培训与管理

①考试时间：40分钟。

②考试内容：培训与管理。

③鉴定比重：总分的40%。

④考核形式：培训部分的分值为20分，考核形式为考生抽取题签，进行现场示范与讲解，考评员根据考生对教学及考核技术要点的把握、示范面的掌握及示范能力、讲解与表达能力等几个方面进行现场评分。管理部分的分值为20分，考核形式为笔试，考生根据命题，制订一份有针对性的开发管理计划。考评员将根据考生的布岗图、观察区划分、值岗救生员管理以及应急预案的制定等几方面进行评分。

（2）浅水中急救板的使用

①考核时间：10分钟。

②鉴定比重：总分的20%。

③考核形式：学员假扮颈椎受伤者，考生两人一组配合，互相交叉操作。再配备两名学员，协同完成。考评员根据完成情况打分。注：在考核浅水中急救板的使用时，不允许考生戴游泳镜。

（3）心肺复苏与自动体外除颤器（AED）的使用

①考核时间：10分钟。

②鉴定比重：总分的40%。

③考核形式：首先对电脑模拟人进行心肺复苏，其次做好心肺复苏与自动体外除颤器（AED）的衔接，再次正确使用自动体外除颤器（AED），最后进行自动体外除颤器（AED）分析决策。

④考试说明：做一个循环的心肺复苏，使用自动体外除颤器（AED），再做一个循环心肺复苏。

注：心肺复苏和自动体外除颤器（AED）是高级游泳救生员实操考核中的否定项目，如果心肺复苏和自动体外除颤器（AED）操作程序错误或其该项目考核不合格，高级游泳救生员实操考核即为不合格。

2. 理论考试

（1）考试时间：60分钟

（2）考试内容：游泳公共卫生与安全常识，游泳卫生常识，自我救助，安全标志设置，突发事件紧急处理预案，救生器材，急救器材，救生员装备、器材的管理与保养，通信器材和联络信号的设置，救生基本技术，现场赴救，现场急救等。

（四）高级游泳救生员技能考核评分标准

1. 培训与管理考核评分标准

在培训部分的考核中，考评员将从教学及考核技术要点的把握、示范面的掌握及示范能力、讲解能力与语言表达能力等几个方面对考生进行评定。在管理部分的考核中，考评员将从布岗图、观察区划分、值岗救生员管理、应急预案的制定等几个方面对考生进行评定。

2. 浅水中急救板使用考核评分标准（见表3-3）

3. 心肺复苏与自动体外除颤器（AED）使用考核评分标准（见表3-4）

表3-3 浅水中急救板使用考核评分标准

内容		考核要点	扣分标准
上臂固定法	1号位救生员使用手法将伤者头部固定，脸部向上，口鼻露出水面，招呼同伴协助，并向池岸边靠近	◎固定手法正确； ◎口鼻露出水面	扣2分 扣2分
	2号位救生员持急救板轻轻下水，在1号位救生员的指挥下，将板插入伤者身下，随即使用手钳固定法将伤者头部以及身体固定在急救板上	◎轻轻入水； ◎板位准确； ◎固定手法正确	扣1分 扣2分 扣1分
	1号位救生员将伤者两臂放置于身体两侧，然后到板头，背靠池边，用肩、胸承托板头，两臂固定板边，双手扶持伤者面颊，固定头部	◎两臂放在体侧； ◎用肩、胸承托板头； ◎用两臂固定板边； ◎双手固定头部	扣1分 扣1分 扣1分 扣1分
	2号位救生员按胸、腰、腿顺序固定伤者	依次扣上胸、腰、腿	扣2分
	2号位救生员用手钳固定法固定伤者头部	固定手法正确	扣1分
	1号位救生员用头部固定器固定伤者头部	放置固定器并固定正确	扣2分
	1号位和2号位救生员移至急救板两侧，将板头抬上池岸	动作轻缓，配合协调	扣1分
	2号位救生员上岸抓紧板头，1号位救生员移至板尾，两人合力将伤者搬到池岸地面	两名救生员配合时，口令准确	扣2分

表3-4 心肺复苏与自动体外除颤器（AED）使用考核评分标准

考核内容及分值		考核要点	扣分标准
心肺复苏 18分	环境安全，1分	环视四周，确认环境安全	未口述环境安全，扣1分
	判断意识并呼救，2分	用力拍打溺水者双肩同时大声呼唤。无反应，确认溺水者意识丧失；启动应急预案（拨打急救电话120，拿AED到现场）	未拍打溺水者肩膀，扣1分；未启动应急预案，扣1分
	判断呼吸，1分	眼睛观察胸腹部是否有起伏，判断时间5～10秒；溺水者取仰卧位	未判断呼吸或时间不足（超过），扣1分；取位错误或体位摆放不正确，扣1分
	摆放体位，1分		
	清理口腔，1分	如果溺水者口腔有异物，则清理；没有则口述"没有异物"；一只手掌压住前额，另一只手食指和中指上抬下颌骨，将头部后仰	未清理口中异物或没有口述"没有异物"，扣1分；打开手法错误，扣1分
	开放气道，1分		
	口对口吹气，2分	用一只手的拇、食两指捏住溺水者鼻翼，张开口包住溺水者的嘴通气至胸部隆起。吹气后应与溺水者口部脱离。口对口吹气2次，每次通气应该维持大约1秒	吹不进气，扣1分；方法不正确，达到通气结果，漏气扣1分；方法正确但达不到通气结果，扣1分；吹气时间不足或通气过度，扣1分

续上表

考核内容及分值			考核要点	扣分标准
心肺复苏 18 分	胸外按压，8 分		部位：掌根按压胸骨下半部，两乳头连线与胸骨交叉点	按压部位不准确，考核不通过； 姿势：双手交叠，十指相扣，双肘关节伸直，用掌根部按压；以髋关节为轴，身体重量垂直下压，压力均匀，每次按压后胸廓充分回弹，掌根不能离开胸壁。胸外按压 30 次，按压通气比例 30:2，按压频率 100～120 次/分，按压深度 5～6 厘米。按压与放松的比例为 1:1。按压中断时间小于 10 秒钟，按压动作错误，扣 1 分； 按压通气比例错误，扣 1 分； 频率错误，扣 2 分； 深度错误，扣 2 分； 未充分回弹，扣 1 分； 掌根离开胸壁，扣 1 分
	重新评估，1 分		30 次胸外按压，2 次口对口通气为一个循环，约 2 分钟，完成 5 次循环后重新评估	考评员未示意结束或 AED 到达现场，考生自行停止，视为心肺复苏未完成
自动体外除颤器（AED）操作	AED 使用 12 分	立即使用 AED，4 分	AED 到达现场后立即使用 AED	未立即使用 AED，扣 4 分
		打开电源，1 分	打开电源	未打开电源，扣 1 分
		擦干胸部，2 分	擦干将要贴电极片部位的水	未擦干贴电极片部位的水，扣 2 分
		贴电极片，2 分	两块电极板分别贴在右胸上部和左胸左乳头外侧	电极片贴的位置不正确，扣 2 分
		连接电源插头，1 分	贴电极片后将插头插入主机插孔	插插头和贴电极片顺序错误，扣 1 分
		分析心律，2 分	提示溺水者周围人离开，不可触碰溺水者，使用 AED 进行分析	触碰溺水者，干扰 AED 分析，扣 2 分

续上表

考核内容及分值			考核要点	扣分标准
自动体外除颤器（AED）操作	AED分析决策（一种可能）8分	电击心律：除颤，8分	AED提示可电击心律，再次提示溺水者周围人离开，不可触碰溺水者，确保施救者及周围人安全，给予除颤，除颤后立即心肺复苏	未确保施救者和周围人群安全，扣4分；除颤后未立即心肺复苏，扣4分
		不可电击心律：心肺复苏，8分	AED提示不可电击心律，请持续心肺复苏	AED分析后未立即心肺复苏，扣8分
	AED重新分析，2分		进行2分钟心肺复苏后，AED重新分析心律，根据AED提示予以除颤或持续心肺复苏	未按照AED提示进行操作，扣2分

附件4-1：初级游泳救生员水上技能操作考核评分表

初级游泳救生员水上技能操作考核评分表

准考证号	姓名	组/道	25米速度游 (男≤20秒，女≤22秒)		20米潜泳		现场赴救：徒手救生或浮标救生（40分）				总分	备注
			合格（√）	补考成绩	合格（√）	补考成绩	入水 10分	接近 10分	拖带 10分	上岸 10分		

考评员签字：　　　　　　　　　　　　　日期：　　　年　　月　　日

附件 4 – 2：初级游泳救生员现场赴救组合技术题签（徒手救生）

- 蛙腿式入水 – 正面接近 – 夹胸拖带 – 深水无阶梯双人上岸
- 蛙腿式入水 – 正面接近 – 双手托腋拖带 – 深水无阶梯双人上岸
- 蛙腿式入水 – 背面接近 – 夹胸拖带 – 深水无阶梯双人上岸
- 蛙腿式入水 – 背面接近 – 双手托腋拖带 – 深水无阶梯双人上岸
- 蛙腿式入水 – 侧面接近 – 夹胸拖带 – 深水无阶梯双人上岸
- 蛙腿式入水 – 侧面接近 – 双手托腋拖带 – 深水无阶梯双人上岸
- 跨步式入水 – 正面接近 – 夹胸拖带 – 深水无阶梯双人上岸
- 跨步式入水 – 正面接近 – 双手托腋拖带 – 深水无阶梯双人上岸
- 跨步式入水 – 背面接近 – 夹胸拖带 – 深水无阶梯双人上岸
- 跨步式入水 – 背面接近 – 双手托腋拖带 – 深水无阶梯双人上岸
- 跨步式入水 – 侧面接近 – 夹胸拖带 – 深水无阶梯双人上岸
- 跨步式入水 – 侧面接近 – 双手托腋拖带 – 深水无阶梯双人上岸

附件 4-3：初级游泳救生员现场赴救组合技术题签（浮标救生）

情景描述：救生员在值岗时，发现一名溺水者，其状态为水面昏迷，无意识，救生员携带救生浮标进行施救。考生技术动作要求：

- 蛙腿式入水 – 接近 – 拖带 – 深水无阶梯双人上岸

情景描述：救生员在值岗时，发现一名溺水者，其状态为水面昏迷，无意识，救生员携带救生浮标进行施救。考生技术动作要求：

- 跨步式入水 – 接近 – 拖带 – 深水无阶梯双人上岸

情景描述：救生员在值岗时，发现一名溺水者，其状态为水面昏迷，无意识，救生员携带救生浮标进行施救。考生技术动作要求：

- 鱼跃浅跳式入水 – 接近 – 拖带 – 深水无阶梯双人上岸

附件 4-4：初级游泳救生员心肺复苏考核评分表

初级游泳救生员心肺复苏考核评分表

准考证号	性别	姓名	安全、意识、求救（5分）	判断呼吸（2分）	摆放体位（1分）	清理口腔（1分）	开放气道（4分）	人工呼吸（4分）	胸外按压（22分）	评估（1分）	最终分数	操作程序错误（√）	备注

考评员签字：　　　　　　　　　　　　　　　　日期：　　　　年　　月　　日

附件 4-5：初级游泳救生员陆上解脱考核题签

- 单手被双手抓握解脱法
- 背面颈部被抱持解脱法
- 正面腰部被抱持解脱法
- 背面腰部肘部同时被抱持解脱法
- 头发被抓解脱法

附件4-6：初级游泳救生员陆上解脱考核评分表

初级游泳救生员陆上解脱考核评分表

准考证号	性别	姓名	题签代码	用力过度或不足（4分）	动作不连贯（4分）	手法错误（8分）	未能有效控制（4分）	最终分数	备注

考评员签字：　　　　　　　　　　　　　　　　日期：　　　　年　　月　　日

附件4-7：中级游泳救生员水上技能操作考核评分表

中级游泳救生员水上技能操作考核评分表

准考证号	组/道	姓名	25米速度游(男≤18秒，女≤20秒) 合格(√)	25米速度游 补考成绩	20秒踩水 合格(√)	20秒踩水 补考成绩	直接赴救（40分）入水 5分	接近 8分	解脱 12分	拖带 10分	上岸 5分	总分	备注

考评员签字：　　　　　　　　　　　　　　　日期：　　　年　　月　　日

附件4-8：中级游泳救生员现场赴救组合技术题签

第一组：
- 蛙腿式入水 – 正面接近 – 单手被双手抓握解脱 – 夹胸拖带 – 深水无阶梯单人上岸
- 蛙腿式入水 – 正面接近 – 单手被双手抓握解脱 – 双手托腋拖带 – 深水无阶梯单人上岸
- 蛙腿式入水 – 背面接近 – 单手被双手抓握解脱 – 夹胸拖带 – 深水无阶梯单人上岸
- 蛙腿式入水 – 背面接近 – 单手被双手抓握解脱 – 双手托腋拖带 – 深水无阶梯单人上岸
- 蛙腿式入水 – 侧面接近 – 单手被双手抓握解脱 – 夹胸拖带 – 深水无阶梯单人上岸
- 蛙腿式入水 – 侧面接近 – 单手被双手抓握解脱 – 双手托腋拖带 – 深水无阶梯单人上岸
- 跨步式入水 – 正面接近 – 单手被双手抓握解脱 – 夹胸拖带 – 深水无阶梯单人上岸
- 跨步式入水 – 正面接近 – 单手被双手抓握解脱 – 双手托腋拖带 – 深水无阶梯单人上岸
- 跨步式入水 – 背面接近 – 单手被双手抓握解脱 – 夹胸拖带 – 深水无阶梯单人上岸
- 跨步式入水 – 背面接近 – 单手被双手抓握解脱 – 双手托腋拖带 – 深水无阶梯单人上岸
- 跨步式入水 – 侧面接近 – 单手被双手抓握解脱 – 夹胸拖带 – 深水无阶梯单人上岸
- 跨步式入水 – 侧面接近 – 单手被双手抓握解脱 – 双手托腋拖带 – 深水无阶梯单人上岸

第二组：
- 蛙腿式入水 – 正面接近 – 背面颈部被抱持压腕解脱 – 夹胸拖带 – 深水无阶梯单人上岸
- 蛙腿式入水 – 正面接近 – 背面颈部被抱持压腕解脱 – 双手托腋拖带 – 深水无阶梯单人上岸
- 蛙腿式入水 – 背面接近 – 背面颈部被抱持压腕解脱 – 夹胸拖带 – 深水无阶梯单人上岸
- 蛙腿式入水 – 背面接近 – 背面颈部被抱持压腕解脱 – 双手托腋拖带 – 深水

无阶梯单人上岸
- 蛙腿式入水－侧面接近－背面颈部被抱持压腕解脱－夹胸拖带－深水无阶梯单人上岸
- 蛙腿式入水－侧面接近－背面颈部被抱持压腕解脱－双手托腋拖带－深水无阶梯单人上岸
- 跨步式入水－正面接近－背面颈部被抱持压腕解脱－夹胸拖带－深水无阶梯单人上岸
- 跨步式入水－正面接近－背面颈部被抱持压腕解脱－双手托腋拖带－深水无阶梯单人上岸
- 跨步式入水－背面接近－背面颈部被抱持压腕解脱－夹胸拖带－深水无阶梯单人上岸
- 跨步式入水－背面接近－背面颈部被抱持压腕解脱－双手托腋拖带－深水无阶梯单人上岸
- 跨步式入水－侧面接近－背面颈部被抱持压腕解脱－夹胸拖带－深水无阶梯单人上岸
- 跨步式入水－侧面接近－背面颈部被抱持压腕解脱－双手托腋拖带－深水无阶梯单人上岸

第三组：
- 蛙腿式入水－正面接近－正面腰部被抱持解脱－夹胸拖带－深水无阶梯单人上岸
- 蛙腿式入水－正面接近－正面腰部被抱持解脱－双手托腋拖带－深水无阶梯单人上岸
- 蛙腿式入水－背面接近－正面腰部被抱持解脱－夹胸拖带－深水无阶梯单人上岸
- 蛙腿式入水－背面接近－正面腰部被抱持解脱－双手托腋拖带－深水无阶梯单人上岸
- 蛙腿式入水－侧面接近－正面腰部被抱持解脱－夹胸拖带－深水无阶梯单人上岸
- 蛙腿式入水－侧面接近－正面腰部被抱持解脱－双手托腋拖带－深水无阶梯单人上岸
- 跨步式入水－正面接近－正面腰部被抱持解脱－夹胸拖带－深水无阶梯单人上岸
- 跨步式入水－正面接近－正面腰部被抱持解脱－双手托腋拖带－深水无阶梯单人上岸
- 跨步式入水－背面接近－正面腰部被抱持解脱－夹胸拖带－深水无阶梯单人上岸

- 跨步式入水 - 背面接近 - 正面腰部被抱持解脱 - 双手托腋拖带 - 深水无阶梯单人上岸
- 跨步式入水 - 侧面接近 - 正面腰部被抱持解脱 - 夹胸拖带 - 深水无阶梯单人上岸
- 跨步式入水 - 侧面接近 - 正面腰部被抱持解脱 - 双手托腋拖带 - 深水无阶梯单人上岸

第四组：
- 蛙腿式入水 - 正面接近 - 背面腰部肘部同时被抱持解脱 - 夹胸拖带 - 深水无阶梯单人上岸
- 蛙腿式入水 - 正面接近 - 背面腰部肘部同时被抱持解脱 - 双手托腋拖带 - 深水无阶梯单人上岸
- 蛙腿式入水 - 背面接近 - 背面腰部肘部同时被抱持解脱 - 夹胸拖带 - 深水无阶梯单人上岸
- 蛙腿式入水 - 背面接近 - 背面腰部肘部同时被抱持解脱 - 双手托腋拖带 - 深水无阶梯单人上岸
- 蛙腿式入水 - 侧面接近 - 背面腰部肘部同时被抱持解脱 - 夹胸拖带 - 深水无阶梯单人上岸
- 蛙腿式入水 - 侧面接近 - 背面腰部肘部同时被抱持解脱 - 双手托腋拖带 - 深水无阶梯单人上岸
- 跨步式入水 - 正面接近 - 背面腰部肘部同时被抱持解脱 - 夹胸拖带 - 深水无阶梯单人上岸
- 跨步式入水 - 正面接近 - 背面腰部肘部同时被抱持解脱 - 双手托腋拖带 - 深水无阶梯单人上岸
- 跨步式入水 - 背面接近 - 背面腰部肘部同时被抱持解脱 - 夹胸拖带 - 深水无阶梯单人上岸
- 跨步式入水 - 背面接近 - 背面腰部肘部同时被抱持解脱 - 双手托腋拖带 - 深水无阶梯单人上岸
- 跨步式入水 - 侧面接近 - 背面腰部肘部同时被抱持解脱 - 夹胸拖带 - 深水无阶梯单人上岸
- 跨步式入水 - 侧面接近 - 背面腰部肘部同时被抱持解脱 - 双手托腋拖带 - 深水无阶梯单人上岸

第五组：
- 蛙腿式入水 - 正面接近 - 头发被抓解脱 - 夹胸拖带 - 深水无阶梯单人上岸
- 蛙腿式入水 - 正面接近 - 头发被抓解脱 - 双手托腋拖带 - 深水无阶梯单人上岸
- 蛙腿式入水 - 背面接近 - 头发被抓解脱 - 夹胸拖带 - 深水无阶梯单人上岸

- 蛙腿式入水 – 背面接近 – 头发被抓解脱 – 双手托腋拖带 – 深水无阶梯单人上岸
- 蛙腿式入水 – 侧面接近 – 头发被抓解脱 – 夹胸拖带 – 深水无阶梯单人上岸
- 蛙腿式入水 – 侧面接近 – 头发被抓解脱 – 双手托腋拖带 – 深水无阶梯单人上岸
- 跨步式入水 – 正面接近 – 头发被抓解脱 – 夹胸拖带 – 深水无阶梯单人上岸
- 跨步式入水 – 正面接近 – 头发被抓解脱 – 双手托腋拖带 – 深水无阶梯单人上岸
- 跨步式入水 – 背面接近 – 头发被抓解脱 – 夹胸拖带 – 深水无阶梯单人上岸
- 跨步式入水 – 背面接近 – 头发被抓解脱 – 双手托腋拖带 – 深水无阶梯单人上岸
- 跨步式入水 – 侧面接近 – 头发被抓解脱 – 夹胸拖带 – 深水无阶梯单人上岸
- 跨步式入水 – 侧面接近 – 头发被抓解脱 – 双手托腋拖带 – 深水无阶梯单人上岸

附件 4-9：中级游泳救生员陆上佩戴颈托考核评分表

中级游泳救生员陆上佩戴颈托考核评分表

准考证号	性别	姓名	1号位角色				2号位角色			佩戴颈托（4分）	总分（满分10分）
			头锁（1分）	复位（3分）		检查（1分）	复位（2分）				
				左右复位（1分）	前后复位（1分）		左右复位（1分）	前后复位（1分）			

考评员签字： 日期： 年 月 日

附件4-10：中级游泳救生员陆上急救板使用考核评分表

中级游泳救生员陆上急救板使用考核评分表

准考证号	性别	姓名	1号位						2号位			
			头锁(2分)	改良斜方肌挤压(2分)	斜方肌挤压(2分)	平移复位(2分)	头部两侧放泡沫垫(1分)	头部扣带(1分)	口令不清晰不准确(2分)	头胸固定(2分)	侧翻(2分)	扒板(2分)	胸腰胯扣带(2分)

考评员签字：　　　　　　　　　　　　　　　　日期：　　　年　　月　　日

附件4-11：中级游泳救生员心肺复苏考核评分表

中级游泳救生员心肺复苏考核评分表

准考证号	性别	姓名	安全、意识、求救（2分）	判断呼吸（1分）	摆放体位（1分）	清理口腔（1分）	开放气道（1分）	人工呼吸（3分）	胸外按压（10分）	评估（1分）	最终分数	操作程序错误（√）	备注

考评员签字：　　　　　　　　　　　　　　　　　　日期：　　　年　　月　　日

附件4-12：中级游泳救生员自动体外除颤器考核评分表

中级游泳救生员自动体外除颤器考核评分表

准考证号	性别	姓名	打开电源（1分）	擦干胸部（1分）	贴电极片（1分）	连接电源插头（1分）	分析心律（2分）	除颤（4分）	最终分数	备注

考评员签字：　　　　　　　　　　　　　　日期：　　　年　　月　　日

附件 4-13：高级游泳救生员培训与管理考核评分表

高级游泳救生员培训与管理考核评分表

姓名	培训部分			管理部分				总分
	教学及考核技术要点的把握（10分）	示范面的掌握及示范能力（4分）	讲解能力与表达（6分）	分数	布岗图（3分）	观察区划分（4分）	值岗救生员管理（6分）	应急预案（7分）	分数	

考评员签字： 日期： 年 月 日

附件 4-14：高级游泳救生员模拟教学题签

- 讲解踩水技术
- 讲解抬头爬泳技术
- 讲解反蛙泳技术
- 讲解长划臂蛙泳潜远技术
- 讲解侧泳技术
- 讲解蛙腿式入水技术
- 讲解跨步式入水技术
- 讲解正面接近技术
- 讲解背面接近技术
- 讲解侧面接近技术
- 讲解双手托腋技术
- 讲解夹胸拖带技术
- 讲解深水无阶梯单人上岸技术
- 讲解深水无阶梯双人上岸技术
- 讲解"单手被双手抓握"解脱方法
- 讲解"背面颈部被抱持"解脱方法
- 讲解"正面腰部被抱持"解脱方法
- 讲解"背面腰部、肘部同时被抱持"解脱法
- 讲解"头发被抓"压掌推肘解脱法
- 讲解"头发被抓"压腕掰指解脱法
- 讲解心肺复苏与自动体外除颤器（AED）操作步骤及要点

附件4-15：高级游泳救生员浅水中急救板使用考核评分表

高级游泳救生员浅水中急救板使用考核评分表

姓名	1号位 固定手法正确（2分）	1号位 口鼻露出水面（2分）	1号位 轻轻入水（1分）	12号位 板位准确（2分）	12号位 固定手法正确（1分）	1号位 两臂放在体侧（1分）	1号位 用肩承托板头（1分）	1号位 用两臂固定板边（1分）	2号位 双手固定头部（1分）	2号位 依次扣上胸、腰、腿（2分）	2号位 固定手法正确（1分）	1号位 放置固定器和固定正确（2分）	2号位 动作轻缓，配合协调（1分）	1号位 配合时，发出口令准确（2分）	总分

考评员签字： 日期： 年 月 日

附件 4-16：高级游泳救生员心肺复苏与自动体外除颤器（AED）考核评分表

高级游泳救生员心肺复苏与自动体外除颤器（AED）考核评分表

姓名	心肺复苏操作，18分						心肺复苏与自动体外除颤器（AED）的衔接 4分	自动体外除颤器（AED）操作，8分				自动体外除颤器（AED）分析决策，8分		自动体外除颤器（AED）重新分析，2分	总分
	安全意识、呼吸数(3分)	判断呼吸(1分)	摆放体位(1分)	清理口腔(1分)	开放气道(1分)	人工呼吸(2分)	胸外按压(8分)	评估(1分)	操作程序错误(√)	及时使用AED(4分)	打开电源(1分)	擦干胸部(2分)	贴电极片(2分)	连接电源插头(1分)	分析心律(2分)	电击心律：除颤(8分)	不可电击心律：心肺复苏(8分)		

考评员签字：　　　　　　　　　　　　　　　　　日期：　　　年　　月　　日

游泳救生员报考条件与流程

救生员的救生技术关乎游泳场所游泳者的生命安全。救生员考试是检查救生培训的一项重要工作，通过考试可以检查和发现学员掌握救生知识和技能的程度，是衡量学员是否可以成为一名合格救生员的重要手段。

由于救生员大多为季节性用工，仅在夏季游泳场所开放旺季才从事救生工作，救生工作具有很强的兼职性，同时，救生员工作需要熟练的技术与充沛的体能做保障。因此，为保障游泳者的安全，提高救生员的质量，每年的救生员年审是救生管理工作中非常重要的一个环节。

一、国家职业资格游泳救生员申报条件

凡热爱救生工作，品行端正，有很强的工作责任心；身体健康，无精神类或严重慢性疾病者；年龄 18～60 周岁；按要求参加该等级救生员规定课程培训、课时符合要求者均可报考等级救生员。具体要求如下：

（一）具备以下条件之一者，可申报五级/初级工：

1. 具有 200m 不间歇连续游（不限时）的游泳技能，经本职业初级正规培训达规定标准学时数，并取得结业证书。

2. 取得中等及以上职业学校①本专业或相关专业②毕业证书。

（二）具备以下条件之一者，可申报四级/中级工：

1. 取得本职业五级/初级工职业资格证书后，累计从事本职业工作 3 年（含）以上且无安全责任事故。经本职业中级正规培训达规定标准学时数，并取得结业证书。

2. 国家二级及以上游泳运动员取得本职业五级/初级工职业资格证书后，累计从事本职业工作 2 年（含）以上且无安全责任事故。经本职业中级正规培训达规定标准学时数，并取得结业证书。

3. 获得大专及以上本专业或相关专业毕业证书且取得本职业五级/初级工职业资格证书后，累计从事本职业工作 2 年（含）以上且无安全责任事故。

（三）具备以下条件之一者，可申报三级/高级工：

1. 取得本职业四级/中级工职业资格证书后，累计从事本职业工作 5 年（含）以上且无安全责任事故。经本职业高级正规培训达规定标准学时数，并取得结业证书。

2. 获得本科及以上本专业或相关专业毕业证书且取得本职业四级/中级工职业资格证书后，累计从事本职业工作 4 年（含）以上且无安全责任事故。

（四）考核鉴定方法

考试由理论考试与技能实操考试两部分组成。

理论知识考试采用闭卷笔试、机考等方式，主要考核从业人员应掌握的基本要求和相关知识要求；技能操作考核采用现场实际操作、模拟操作等方式，主要考核从业人员应具备的技能水平。理论知识考试和技能操作考核均实行百分制，成绩皆达60分及以上者为合格。

二、国家职业资格游泳救生员报考流程

凡符合条件者，均可在游泳救生协会认可的培训机构申请报考等级救生员，报考时，需提供以下有效证件和资料：

1. 报考初级救生员：身份证（原件及复印件2份）、一寸正冠照片两张。

2. 报考中高级救生员：身份证（原件及复印件2份）、一寸正冠照片两张、有效等级救生员证件。

各级培训机构对报考者进行审核，审核通过后，组织申请者参加救生员培训课程，完成规定培训课时的学员，可参加考试，考试合格后发放相应等级救生员证书。

附录5：经营游泳场馆相关审批条件和程序

经营高危险体育项目（游泳）审批条件及程序

一、经营高危险体育项目（游泳）审批条件

根据《国家体育总局关于做好经营高危险性体育项目管理工作的通知》（体政字〔2013〕40号，2013年5月1日起施行）、《体育总局关于修改经营高危险性体育项目管理工作文件的通知》（体政字〔2014〕37号）、《广东省高危险性体育项目经营活动管理规定》（2006年12月1日广东省第十届人民代表大会常务委员会第二十八次会议通过，自2007年5月1日起施行）规定，申请经营高危险性游泳项目需满足以下条件：

（一）游泳池、救生设施、救生器材等设施符合国家标准（GB19079.1-2013）；

（二）有符合国家标准（GB19079.1-2013）数量要求的游泳救生员和社会体育指导员（游泳）；

（三）有安全生产岗位责任制，溺水抢救操作规程，溺水突发事件应急预案，游泳设施、设备、器材安全检查制度，救生员定期培训制度等安全保障制度和措施。

二、经营高危险体育项目（游泳）审批程序

（一）申请材料

1. 申请书（附件1，申请人自行准备）。申请书应当包括申请人的名称、住所，拟经营的高危险性体育项目，拟成立经营机构的名称、地址、经营场所等内容；

2. 体育设施符合相关国家标准的说明性材料（附件2，申请人自行检查提供或检验机构、认证机构检查出具，需要合格证明的须出具合格证明）；

3. 经营场所的所有权或使用权证明及复印件；

4. 人力资源和社会保障部统一印制的社会体育指导员（游泳）、游泳救生员职业资格证书及复印件；

5. 安全保障制度和措施（溺水抢救操作规程、溺水事故处理制度、救生员定期培训制度以及治安保卫、安全救护、卫生检查、设备维修、人员服务岗位责任制度等）的书面材料；

6. 法律、法规规定的其他材料（工商营业执照、卫生许可证、法人及经营场所负责人身份证复印件；经营场所的建筑平面图；可行性报告；举办赛事的提供竞赛规程或者组织实施方案）。

（二）申办流程（图1）

1. 收件

（1）核对申请人是否符合申请条件；（2）依据办事指南中材料清单逐一核对是否齐全；（3）核对每个材料是否涵盖材料要求中涉及的内容和要素。

2. 受理

（1）能当场受理或通过当场补正达到受理条件的，直接进入受理步骤，当场出具受理通知书；（2）根据一次性告知通知书内容进行补正后达到受理条件的，出具决定受理通知书；（3）收件之日起5个工作日内未收到一次性告知通知书的，从收件之日起即为受理。

3. 审查

提出初步意见，转入决定步骤。

4. 决定

复核审查步骤阶段提出的初步意见。申请符合国家未开放档案利用规定的，准予行政许可。申请不符合国家未开放档案利用规定的，不准予行政许可。

5. 制证

准予行政许可决定书，不准予行政许可决定书。

6. 送达

窗口领取、代理人送达、委托送达、公告送达、邮寄送达。（审批流程见图1，证书样例见图2）

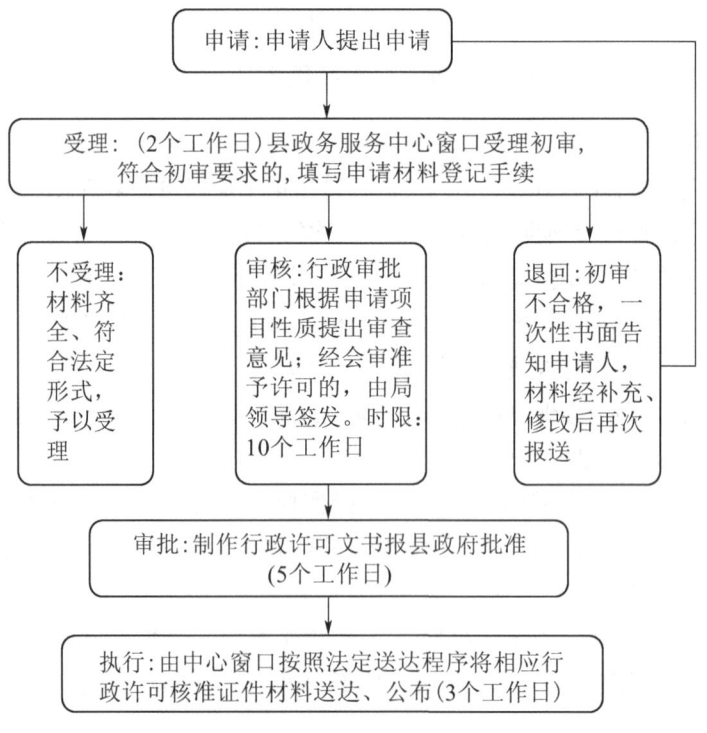

图1 高危险体育项目（游泳）审批流程

图 2　高危险性体育项目许可证样例

游泳场馆卫生许可审批条件及程序

一、游泳场馆卫生许可审批条件

依据《公共场所卫生管理条例实施细则》（2017 年修改，2017 年 12 月 26 起实施）、《公共场所卫生管理条例》（国发〔1987〕24 号，1987 年 4 月 1 日起实施）、《广东省卫生健康委关于全面推开公共场所卫生许可告知承诺制工作的通知》（粤卫规〔2019〕9 号，2019 年 7 月 1 日起施行）关于游泳场馆卫生许可证申办的事项说明，需满足以下条件：游泳场所是指提供游泳健身、训练、比赛、娱乐活动的室内外水面（域）及其设施设备。包括室内外人工游泳池、馆等游泳场。

二、游泳场馆卫生许可审批程序

（一）申请材料

1. 卫生许可证申请表；
2. 卫生设施平面布局图；

3. 办理人受申请单位或法人委托的书面证明材料；

4. 公共场所卫生管理制度；

5. 从业人员健康合格证明；

6. 企业名称预先核准通知书或营业执照；

7. 法定代表人或负责人身份证明材料；

8. 公共场所地址方位示意图；

9. 公共场所地址方位平面图；

10. 一年内的卫生检测报告（仅限于 50 个房间以上的住宿场所、游泳场所、安装集中空调通风系统的场所）；

11. 集中空调通风系统卫生检测报告或评价报告；

12. 居民身份证；

13. 从业人员的名单；

14. 事业单位法人证书；

15. 生产经营场地合法使用证明（仅限广州市）

（二）网上办理流程

1. 申请，申请人登录广东政务服务网，选择对应的业务类别，上传电子申请材料，提出申请；

2. 受理，窗口工作人员通过受理系统进行预审，对符合申请条件的，予以受理（纸质材料通过 EMS 邮寄至政务中心窗口）；对资料不齐的，一次性告知需要补正的全部内容。

3. 审查，窗口工作人员将案件送交区社管局经办人员进行审查；

4. 决定，区社管局经办人员将案件呈批给具有审批权的领导审定签发；

5. 送达，空港政务中心通过 EMS 邮寄出件。

（三）线下办理流程（图 3）

1. 申请，申请人到空港政务服务中心现场提交材料。

2. 受理，窗口工作人员对符合申请条件的，予以受理；对资料不齐的，一次性告知需要补正的全部内容。

3. 审查，窗口工作人员将案件送交区社管局经办人员进行审查；

4. 决定，区社管局经办人员将案件呈批给具有审批权的领导审定签发；

5. 送达，空港政务服务中心通过 EMS 邮寄出件。（办理卫生许可证流程见图 3，证书样例见图 4）

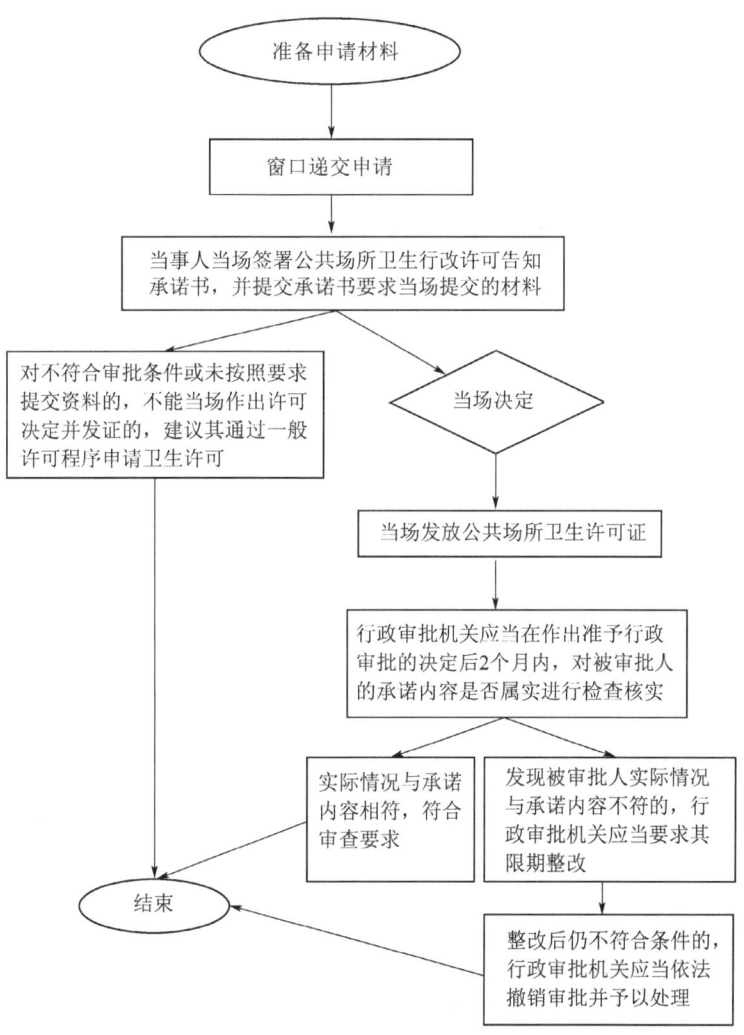

图 3　办理卫生许可证流程

图 4　公共场所卫生许可证样例